L'ÂNE D'OR

Collection dirigée

par

Alain Segonds

COLLECTION « L'ÂNE D'OR »

POLYMNIA ATHANASSIADI
La lutte pour l'orthodoxie dans le platonisme tardif de Numénius à Damascius.

LUCA BIANCHI
Censure et liberté intellectuelle à l'université de Paris (XIIIe - XIVe siècles).

ALAIN BOUREAU
Théologie, science et censure au XIIIe siècle.

LUC BRISSON ET F. WALTER MEYERSTEIN
Inventer l'univers.
Puissance et limites de la raison.

LUCIANO CANFORA
La bibliothèque du patriarche.

E. R. DODDS
Païens et chrétiens dans un âge d'angoisse.

GERMANA ERNST
Tommaso Campanella.

G. FOWDEN
Hermès l'Égyptien.

EUGENIO GARIN
Le zodiaque de la vie.

M. A. GRANADA, ED. MEHL (édd.)
Nouveau ciel. Nouvelle terre.
Kepler. La physique céleste.

PIERRE HADOT
Études de philosophie ancienne.
Plotin, Porphyre. Études néoplatoniciennes.
Études de patristique et d'histoire des concepts.

JEAN IRIGOIN
La tradition des textes grecs.

PIERRE KERSZBERG
Kant et la nature.

ANNE KRAATZ
Mode et philosophie ou le néoplatonisme en silhouette 1470-1500.

LA PENSÉE SCIENTIFIQUE DE CARDAN

Claude Langlois
Le crime d'Onan.

Michel-Pierre Lerner
Le monde des sphères (2 vol.), 2e éd. corrigée et augmentée.

Anne Merker
Une morale pour les mortels. L'éthique de Platon et d'Aristote.

Jean-Marc Narbonne
Hénologie, ontologie et *Ereignis.*

Nuccio Ordine
Le mystère de l'âne.
Le seuil de l'ombre.

J. Pigeaud
Poétiques du corps
Folies et cures de la folie. La manie.

Francisco Rico
Le rêve de l'Humanisme.

Denis Savoie
La Gnomonique, 2e éd. corrigée et augmentée.

Philippe Sers
Totalitarisme et avant-gardes.

Élisabeth Soubrenie
L'art de la conversion au siècle de la métaphysique anglaise.

Stéphane Toussaint
Humanismes/Antihumanismes de Ficin à Heidegger.

Maaike van der Lugt
Le ver, le démon et la vierge. Les théories médiévales
de la génération extraordinaire.

À paraître

J. Evans
Histoire pratique de l'Astronomie ancienne.

S. Timpanaro
La genèse historique de la méthode de Lachmann.

LA PENSÉE SCIENTIFIQUE DE CARDAN

sous la direction de Jean-Yves Boriaud

PARIS

LES BELLES LETTRES

2012

Publié avec le concours de l'université de Nantes
et de l'équipe Modernité de l'Antique

ISBN : 978-2-251-42038-7

Cet ouvrage est tout particulièrement dédié
à la mémoire d'Alain Segonds,
qui en avait souhaité la publication aux Belles Lettres
et surveillé attentivement l'élaboration.

Avant-propos

JEAN-YVES BORIAUD

Susciter un colloque sur « La pensée scientifique de Gerolamo Cardano » peut sembler ambitieux : toujours en effet la pensée de Cardan se veut « scientifique » au sens où nous pouvons entendre ce mot, c'est-à-dire à la recherche de la *ratio* qui sous-tend les rapports des choses entre elles, fût-ce dans les domaines à nos yeux les moins « scientifiques », comme la chiromancie ou la physiognomonie. Cette *ratio* est en l'occurrence l'instrument qui permet de pénétrer le réel, afin de rendre compte de sa cohérence. Ainsi, dans son ouvrage le plus fameux, celui qui connut d'emblée la plus grande fortune éditoriale, le *De subtilitate*, Cardan opère-t-il un mouvement de retour vers l'essentiel, vers l'infime, vers le « subtil », dans un processus d'*attenuatio* semblable à celui qu'accomplit le feu lorsqu'il réduit la matière complexe à son élément essentiel : la pierre, sous son action, n'est plus que sable, le métal se ramène au liquide, le bois se fait cendre, et les choses se saisissent alors, dans leur irréductibilité, à travers leurs différences infimes (Marialuisa Baldi). Mais comment cet essentiel peut-il devenir objet de savoir ? La question est récurrente chez Cardan, et d'abord dans la méthode, quand il opère comme dans le *De arcanis aeternitatis* le départ entre une *cognitio* à qui il assigne pour objet les *sensilia*, et une *scientia* réservée aux choses lointaines (*de remotis*). Ce souci de la compréhension *scientifique* du sensible, « connaissance parfaite des choses imparfaites » (Marialuisa Baldi), nous le trouvons sans difficulté dans ce qui, pour nous, est immédiatement « scientifique » au sein l'œuvre de Cardan, lorsqu'elle s'inscrit de manière déterminante dans l'histoire de la mathématique (Évelyne Barbin, Myriam Papin), ou lorsque le Cardan médecin s'interroge sur les limites de sa pratique médicale (Gabriele Marasco), ou également lorsqu'il lit Galien (Frédéric Le Blay) pour situer, dans son rapport à son lointain modèle, sa propre démarche, mais son souci de fonder ses raisonnements en raison va extrêmement loin, puisqu'il touche des domaines comme la divination, et notamment l'onirocritique où il s'ingénie à trouver la *ratio* qui régit les rapports entre le rêve et sa concrétisation dans le monde réel, son *eventus* : tout le *Traité des songes* a ainsi pour vocation de faire entrer l'oniromancie dans le domaine de l'*ars*, c'est-à-dire de la technique, en procédant *ad rationem ex experimento*, comme il est dit dans le *De rerum varietate*. Mieux encore : comme le souligne ici Guido Canziani, ce souci de rationalisation s'étend à ce qui serait pour nous le domaine de la métaphysique lorsque Cardan s'essaye, au troisième livre du *Theonoston*, à « prouver » rationnellement le bien-fondé de la *palingenesis*, montrant que c'est par une investigation raisonnée que peuvent se saisir les « mystères de l'éternité ». Même souci, enfin, (Germana Ernst) de « rationaliser » la morale, dans une des questions les plus délicates du temps, celle de la sorcellerie, où les comportements et les jugements irrationnels débouchaient sur une « chasse », dont Cardan démontre l'inanité, en même temps qu'il établit en raison (Gabriele Marasco) le prudent *credo* moral du médecin, ce *primum non nocere* qui lui interdit d'essayer sur ses malades, sans les avoir dûment expérimentés, les médicaments originaux que les mondes nouveaux de la Renaissance fournissent à foison aux praticiens européens.

Ce colloque, qui se propose de prolonger les travaux de ceux de l'Université de Milan, dirigés par Guido Canziani et Marialuisa Baldi (*Girolamo Cardano. Le opere, le Fonti, la Vita*, Milano, 11-13 décembre 1997 ; *Cardano e la Tradizione dei Saperi*, Milano, 23-25 mai 2003) autour du *Progetto Cardano*, a donc pour objet de rendre compte des progrès de la connaissance d'une œuvre vaste et souvent déroutante jusque dans sa brumeuse chronologie (Ian Maclean) en saisissant quelques moments essentiels de la réflexion globale de Cardan sur la matière de son étude, qu'elle soit médicale, mathématique ou philosophique, et en accordant en même temps une large place à l'attention qu'il porte lui-même à sa propre démarche méthodologique.

Il m'est agréable de remercier ici l'équipe de recherche nantaise « Modernité de l'Antique » qui a permis l'organisation matérielle de ce colloque, ainsi que le Conseil Scientifique de l'Université de Nantes, l'U.F.R. Lettres et Langages et le département de Langues Anciennes de cette Université, qui y ont eux aussi contribué.

Cardan et les sorcières*

Germana Ernst

Le monde est vaste, le temps est long, l'erreur et la crainte ont un grand pouvoir sur les hommes[1].

1. Historiens et fables

Au livre XV du *De varietate*, qui traite de la divination artificielle, un chapitre est consacré aux *striges, seu lamiae, et fascinationes*. L'incipit de ces quelques pages, aussi brèves que denses, est étonnant : il consiste en une transcription littérale d'un long passage des *Scotorum historiae* d'Hector Boethius — un texte que Cardan cite en de nombreuses autres occasions — dans lequel l'auteur arrête son attention sur un sombre épisode de maléfice[2].

Boethius raconte l'histoire de Dussus, roi des Écossais, atteint par une maladie à laquelle les médecins ne trouvent ni explication ni remède. Bien que ses humeurs ne soient aucunement altérées, le souverain ne réussit pas à trouver le sommeil et transpire de façon si abondante que son corps se consume, pourrissant lentement. Alors que Dussus est de plus en plus épuisé par la transpiration et la veille, le bruit court qu'il est victime de pratiques magiques exécutées dans une petite ville de Moravie, où sont envoyés, afin d'enquêter sur ce fait, des messagers du roi. Arrivés à destination, ceux-ci, grâce aux confidences que leur fait une prostituée, fille de sorcière, apprennent qu'un rite magique est

* Je remercie vivement Florence Plouchart-Cohn pour la traduction de ces pages.

en cours. Ayant fait irruption dans la maison qu'elle leur a indiquée, les envoyés du roi surprennent une sorcière en train d'approcher du feu une statuette en cire représentant le roi, tandis que sa compagne, après avoir récité des formules magiques, verse sur la statuette une mixture maléfique. La transpiration, l'insomnie et le mal-être du souverain étaient donc dus à ce rituel, qui l'aurait tué en peu de temps s'il n'avait été interrompu par les envoyés du roi. Ceux-ci, une fois les objets du rite détruits, punissent immédiatement (*extemplo*) la coupable, qui expie son crime sur le bûcher. Le jour même, le roi arrête de transpirer, réussit à s'endormir et retrouve rapidement la santé.

Après avoir évoqué un autre cas de maléfice, Cardan rappelle qu'il existe à propos de ces faits une *magna dubitatio* : ceux qui les tournent en dérision, les qualifiant de fables et en appelant à des explications naturelles, s'opposent à ceux qui les tiennent pour vrais, alléguant toute une série d'*experimenta*. Sans dévoiler pour le moment sa propre position, Cardan passe ensuite à un exposé des grandes lignes de la sombre mythologie de la sorcellerie. On dit des sorcières qu'elles adorent comme une divinité la « maîtresse » (*ludi dominam*), et elles-mêmes reconnaissent participer à des festins nocturnes, au cours desquels elles dansent, mangent à satiété dans de splendides banquets, s'enivrent et s'accouplent. On leur impute des crimes horribles, qu'elles n'hésitent pas à avouer sous la torture, bien qu'elles sachent qu'elles les paieront de leur vie, des crimes qui impliquent notamment des enfants et des pratiques d'empoisonnement. L'un des principaux arguments mis en avant par les partisans de la véridicité de cet *ars* est celui de l'homogénéité et de la convergence de leurs aveux. Il serait donc invraisemblable, poursuivent-ils, de les considérer comme des rêves : les contenus des rêves sont en effet différents en fonction des individus, et ne peuvent être identiques à ceux des rêves des autres ; l'hypothèse de mensonges est tout aussi absurde : qui mentirait en sachant qu'il risque sa vie ? Puisqu'il ne s'agit pas non plus d'affabulations — les sorcières sont loin d'être folles, elles se comportent même souvent de façon sage et sensée — c'est donc que nous nous trouvons face à des faits réels. Ces *rudes foeminae* (ce sont en effet des femmes dans la plupart des cas) connaissent les propriétés des plantes et peuvent soigner les maladies les plus graves et les plus mystérieuses ; certaines prédisent l'avenir.

Le tableau devient plus sinistre lorsque Cardan rappelle que selon certaines déclarations, les sorcières font cuire enfants et animaux pour en recomposer ensuite les os et leur redonner vie, donnant lieu à un spectacle atroce et obscène, qui les amuse et les émerveille. Ceux qui sont victimes d'empoisonnements vomissent d'étranges objets, et on retrouve dans leurs lits des clous, des cheveux, des aiguilles, des os, des morceaux de charbon et de verre. En ce qui concerne ce dernier phénomène, on pourrait penser à un trucage. C'est ce que pense Cardan sur le fond (*ego tecum sentio*), même s'il a connu il y a longtemps un paysan, un homme honnête et sincère, qui était affecté d'un mal étrange et vomissait, après qu'on avait prononcé des formules magiques, les objets les plus disparates, et une fois guéri, continuait à avoir des douleurs au ventre, à des dates et des horaires précis, comme s'il avait avalé un sac plein de morceaux de verre[3].

L'opinion personnelle de Cardan sur ces pratiques commence toutefois à apparaître plus clairement lorsqu'il cite deux épisodes racontés par Giovan Francesco Pico della Mirandola, philosophe véritable et reconnu. Dans la *Strix*, celui-ci dit avoir rencontré un vieux prêtre, nommé Benedetto Berna, qui prétendait avoir cohabité pendant plus de quarante ans avec un démon qui avait pris l'apparence d'une femme, qu'il appelait Ermelina et traitait comme sa femme : il dormait avec elle, la promenait, lui parlait, à tel point que l'assistance le prenait pour un fou. Un autre vieil homme, âgé de plus de quatre-vingts ans, nommé Pinneto, disait quant à lui avoir vécu pendant quarante ans avec un démon aux apparences de femme, nommé Florina[4]. De tels récits suscitent l'indignation de Cardan : il s'agit là d'épisodes absurdes, inconsistants, dénués de tout caractère raisonnable et totalement indignes du sérieux de celui qui les raconte. Il est impossible qu'il se soit agi de corps véritables, puisqu'ils trompaient les sens et la raison ; s'il s'agissait de simulacres, nous nous trouverions face à des situations encore plus cruelles que celles inventées par Mezentius, qui attachait des vivants à des cadavres[5] : quoi qu'il en soit, rien qu'à penser à de semblables choses, notre âme est horrifiée, notre esprit stupéfait — « horret animus, mens stupet, ubi talia cogitat ».

Cardan dénonce sans ambages la crédulité excessive d'un penseur qui n'a pas hésité à mêler « les fictions de certains platoniciens, les mensonges des moines, les rumeurs populaires, les chansons des pauvres femmes et tous les types de sornettes [...] au discours sacré de la philosophie », contaminant tout son art de la façon la plus indigne qui soit, si bien qu'on ne peut le qualifier ni de péripatéticien, ni de véritablement platonicien, ni même de chrétien : et tout ceci dans la seule intention de plaire à ses lecteurs et de flatter leurs goûts. Saint Augustin lui-même aurait mieux fait, selon Cardan, de s'abstenir d'absurdités analogues : il aurait eu moins de lecteurs, mais aurait sans aucun doute bénéficié d'une meilleure réputation parmi les savants[6].

Cardan est d'une grande sévérité à l'encontre de la confusion entre philosophie et théologie. Dans un autre passage du *De varietate*, après avoir précisé qu'en tant que philosophe, il se conforme aux principes naturels contenus dans les choses, il affirme que la loi du Christ ne peut être que *verax* : mais on ne peut en dire autant des théologiens, lesquels, quand ils font les philosophes, disent souvent des choses fausses et se rendent ridicules. Si le cas de Lactance, qui nie l'existence des antipodes, est le plus connu, d'autres saints pères, comme Augustin, Tertullien, Justin, ont « également contribué, en s'adressant à la plèbe, à affaiblir plus qu'à renforcer l'autorité de notre loi ». Leurs écrits concordent certes avec les fables des païens, mais la philosophie n'a rien à voir avec de semblables fictions : « non convenit illorum figmentis ». Des fictions qui sont d'autant plus inacceptables qu'elles concernent le rôle des démons et du diable dans des vicissitudes humaines considérées comme prodigieuses. Cardan n'hésite pas à affirmer explicitement qu'« il existe un unique Dieu, créateur de tous les biens, par la vertu duquel toutes choses sont faites, et au nom duquel se fait tout bien : [...] en dehors de lui, il n'existe aucun autre dieu que l'on doive révérer et adorer. Si nous respectons ces principes avec un esprit pur, nous nous rendons à notre tour purs et indemnes de tout péché. Je ne sais pas qui est le diable, je ne le connais pas et je ne l'aime pas ; j'adore un unique Dieu et n'obéis qu'à lui[7] ».

Il ne faut pas répandre de fausses opinions sur les démons parmi le peuple et les illettrés, qui pourraient alors aisément attribuer aux démons ce qui appartient à Dieu, et commettraient des crimes incommensurables en s'adonnant à ces arts. La véritable science de Dieu appartient à ceux qui l'aiment véritablement et qui, méprisant les richesses et les honneurs, placent la vérité au-dessus de leur vie même.

La sévère condamnation, de la part de Cardan, des fables que les théologiens font passer pour des histoires vraies, s'adoucit quand il s'agit des historiens. Si les sujets traités sont de la première importance, il n'y a aucun besoin de s'abaisser à des récits imaginaires : Tite Live s'en est abstenu avec raison, alors qu'on critique la crédulité d'Hérodote. Mais si les thèmes affrontés sont susceptibles d'ennuyer le lecteur, des digressions romanesques ou pittoresques peuvent être utiles pour donner un peu de couleur au tableau, et être tolérées, surtout si elles n'altèrent pas la substance des faits. Hector Boethius, que Cardan a cité au début, quand il s'arrête sur des événements proprement historiques, tels que les batailles, les causes des guerres, les familles illustres, les actes des princes, est extrêmement efficace et fiable, et fournit des indications géographiques et environnementales avec beaucoup de précision et d'attention. Il faut donc lui concéder quelques ornements quand la matière est trop aride ; pour ce qui est de l'histoire du maléfice jeté au roi, il l'a racontée dans cette intention — ou peut-être parce qu'il y croyait vraiment, mais même dans ce cas il ne serait pas si coupable puisque « non initié à la philosophie sacrée »[8].

2. Les sorcières

Pour Cardan, la plus grande partie de ce qu'on raconte sur les faits et méfaits des sorcières est invraisemblable. S'interrogeant sur l'origine de la forte recrudescence de semblables délires, il en identifie et indique plusieurs causes fondamentales. L'une d'elles est sans aucun doute liée à l'ignorance des causes naturelles. Citant d'élégants et célèbres vers d'Horace et de Virgile, Cardan rappelle que, dans l'Antiquité, on croyait que les éclipses de lune elles-mêmes étaient le résultat de rituels magiques exécutés par des magiciennes. La nature, œuvre d'une sagesse bien plus grande que celle de l'intellect humain qui la questionne, est gouvernée par un ordre admirable et ne se trompe jamais, mais dans de nombreux cas la cause reste cachée — *sed in plerisque latet causa*.

Pour tenter de comprendre ce phénomène, il faut donc analyser le personnage de la sorcière, et Cardan en dresse un portrait précis à travers l'énumération de ses caractéristiques. Les *lamiae*, appelées *striges* dans les milieux populaires du nom d'un rapace nocturne, sont dans la plupart des cas

> des femmes réduites à la mendicité, pauvres, qui se nourrissent dans les vallées de châtaignes et de légumes sauvages, et qui ne pourraient se maintenir en vie si elles ne buvaient pas de temps en temps un peu de lait. Elles sont de ce fait émaciées, laides, avec des yeux exorbités, pâles et d'un teint sombre, et on reconnaît chez elles dès le premier regard les symptômes de la bile noire et de la mélancolie. Elles sont taciturnes et dérangées, et ne sont pas très différentes de ceux que l'on considère comme possédés par le démon : obstinées dans leurs opinions et persévérantes à tel point que si l'on ne fait attention qu'à leurs paroles, à la façon intrépide et constante dont elles racontent des choses qui n'ont jamais eu lieu ni ne peuvent avoir lieu, on les croit vraies. Il ne faut donc pas s'étonner qu'elles réussissent à tromper par leur comportement ceux qui ne connaissent pas la philosophie[9].

Le premier élément que Cardan, en bon médecin, souligne avec force est la faible quantité et la pauvreté de leur alimentation, qui ne peut que se répercuter sur les conditions générales de leur organisme, générant un excès de bile noire qui constitue une véritable pathologie et peut avoir des effets dévastateurs, notamment sur l'imagination. L'importance d'une alimentation plus riche apparaît clairement dans l'histoire exemplaire que lui a racontée son père. Un paysan nommé Bernardo, accusé de pratiques magiques, que ni les menaces ni la persuasion n'avaient convaincu de se rétracter, aurait été brûlé sur le bûcher si son maître, qui l'aimait beaucoup, n'était intervenu et n'avait obtenu des juges de le garder chez lui pendant vingt jours. Durant ce laps de temps, il commença à le nourrir de façon substantielle, lui faisant avaler quatre œufs frais chaque matin et autant le soir, ainsi que de la viande en quantité, des bouillons gras et du bon vin. Quand il vit que l'homme reprenait conscience jour après jour, se réveillant de sa torpeur prolongée, il l'exhorta à renoncer à ses fantasmes absurdes et dangereux, et à retourner dans le giron de l'Eglise : ce que Bernardo fit sans se faire prier, et après avoir recouvré la raison et être redevenu un chrétien parfait, il vécut en paix jusqu'à la fin de ses jours. Sans l'humanité et le bon sens de son maître, il aurait été condamné à un terrible supplice par des juges impitoyables[10].

Une autre cause de l'explosion des faits de sorcellerie provient selon Cardan des mécanismes judiciaires eux-mêmes. Les inquisiteurs et les juges sont non seulement cruels, mais souvent mus par l'avidité la plus effrénée. Jusqu'à une époque récente, rappelle Cardan, ceux qui dénonçaient et condamnaient les présumés coupables avaient le droit de s'approprier leurs biens, et pour ne pas avoir l'air de condamner injustement ces malheureux, ils exagéraient les faits, y ajoutant bon nombre d'affabulations. Ce pouvoir exercé sur les pauvres et les fous fut supprimé par le très sage sénat vénitien, quand il se rendit compte que l'avidité de ces loups (et l'annotation dans la marge fait explicitement référence aux Dominicains, loups assoiffés de sang chassant les hérétiques et les sorcières plutôt que 'chiens du Seigneur') en était arrivée à condamner des personnes totalement innocentes par pure aspiration au gain : au point qu'on ne donnait plus tant la chasse à ceux qui méprisaient le culte divin qu'à ceux qui possédaient des richesses — « neque contemptor divini cultus quaerebatur, sed divitiarum possessor ». Pour cette même raison, les persécutions ont changé récemment d'objectif, se tournant de préférence vers les disciples de Luther qui, habitant les villes et étant bien plus riches, représentent des proies bien plus appétissantes que les misérables accusés de sorcellerie, qui sont maintenant traités de façon plus douce : ce qui montre de façon encore plus éclatante combien toute cette affaire est « emplie de folie et d'avidité »[11].

En ce qui concerne la législation et les procès, rappelons que Cardan était ami avec l'un des plus célèbres jurisconsultes de l'époque, Andrea Alciato, dont il tracera après sa mort un portrait affectueux et percutant, faisant l'éloge de l'envergure et de la profondeur de sa doctrine, de son éloquence, de la pureté de son style, des qualités qui lui faisaient mériter sa réputation de nouveau Cicéron[12]. Alciato avait été l'un des rares juristes à mettre en cause ce que soutenaient les « nouveaux théologiens » à l'égard des sorcières. Après qu'un inquisiteur avait envoyé sur le bûcher, dans les vallées subalpines, plus de cent de ces malheureuses, provoquant une révolte de la part des paysans qui en étaient arrivés à prendre les armes, il avait été consulté par l'évêque pour donner son avis. De façon lucide et équilibrée, dans des pages que Cardan a certainement en mémoire, le juriste distingue plusieurs cas : les personnes qui commettent, de façon pleinement consciente, des empoisonnements et des crimes odieux, notamment contre des enfants, doivent sans aucun doute être punies de la manière la plus sévère qui soit. Mais Alciato se montre très sceptique sur la réalité des réunions nocturnes, qui lui semblent le fruit d'hallucinations et de délires. Les partisans de la réalité des sabbats n'accordaient aucun crédit aux maris qui témoignaient que leurs femmes, accusées de s'être rendues de nuit au *ludus*, n'avaient pas en réalité quitté le lit conjugal. Selon leurs accusateurs, les maris étaient induits en erreur par un démon qui, prenant l'apparence de leur femme, se couchait à leur côté pendant que leur femme en chair et en os se rendait aux festins. Alciato réplique à cet argument par un étonnement et un bon sens en réalité incompatibles avec la logique perverse de la question : « mais pourquoi ne pas croire que le cacodémon est resté avec ses amis démons, et la femme en revanche avec son mari ? Pourquoi associer un corps réel à une fête imaginaire, et un corps fictif à un lit vrai ? ». Anticipant de quelques dizaines d'années ce qu'écrira Montaigne dans son célèbre essai intitulé *Des boiteux*, pour Alciato beaucoup des femmes offertes à Vulcain en d'atroces holocaustes « auraient mérité d'être soignées avec de l'ellébore plus que par le feu »[13].

3. La mélancolie

Pour Cardan, les sorcières sont donc dans la majorité des cas de vieilles femmes, pauvres, mal nourries, qui vivent dans des lieux solitaires et s'alimentent presque exclusivement avec de la nourriture non seulement insuffisante, mais qui augmente leur bile noire et génère la mélancolie. Les sorcières

> souffrent de la maladie de la bile noire, comme le montrent la qualité de leur nourriture, la nature de l'air qu'elles respirent, la forme et l'aspect même de leur visage et de leur corps, ainsi que leurs paroles pleines de sottise et pour ainsi dire d'incohérence, et leur expression torve quand elles parlent[14].

En tant que médecin, Cardan dut soigner à plusieurs reprises des patients souffrant de cette pathologie, à laquelle il consacre quatre de ses *Consilia medica*, traitant de ses symptômes et de ses remèdes[15]. Les cas pris en considération concernent en réalité des personnes issues de la haute société, très éloignées des conditions de vie misérables des *lamiae* : mais malgré cette importante différence, elles présentent des symptômes similaires. Toute forme de mélancolie se caractérise par des passions comme la peur et la tristesse, par la tendance à fuir le contact humain, par l'obstination et par des idées obsessionnelles, en vertu desquelles un patient était convaincu que chacun de ses actes était un péché digne de la plus terrible punition, un autre était pris par la colère au point de craindre pour sa propre vie (*a tractu mihi valde metuam*), un autre encore se prenait pour Dieu. Dans toutes ces situations, on se trouve face à de graves dysfonctionnements de l'imagination, agitée par des angoisses et des fantasmes. Pour ce qui est des médicaments spécifiques à cette pathologie, Cardan se montre extrêmement méfiant à l'égard de l'antimoine et d'autres remèdes 'modernes' qui lui semblent dangereux et contraires à la nature ; il conseille de recourir au traditionnel ellébore noir à fleurs rouges, utilisé en onguents et en sirops, efficaces pour purger les humeurs. Mais le remède le plus sûr reste de vivre dans la tranquillité, dans un environnement sain, en mangeant des aliments adaptés et en s'entourant de tout ce qui peut réjouir et rasséréner, en évitant toute préoccupation et toute pensée triste : *vivat laetus et sine curis*[16].

La bile noire est un déchet du sang, qui alimente de façon perverse les peurs et les angoisses dont elle est issue et qui provoque des cauchemars, des désirs de mort, l'amour de la solitude, le jeûne pendant de longues périodes ; elle peut également avoir des effets insolites, qui suscitent l'étonnement, comme la prédiction d'événements à venir, une sorte d'immunité face aux poisons, la connaissance de langues étrangères sans les avoir apprises, comme le rappelle Erasme au sujet d'un homme de Spolète qui parlait parfaitement l'allemand sans être jamais allé en Allemagne et qui, une fois guéri par les médecins qui l'avaient libéré de ses vers, ne savait dire un mot dans cette langue[17]. La bile noire est également responsable de véritables altérations de l'esprit : quand elle occupe la partie supérieure du cerveau, elle peut pousser au crime ceux qui sont pris de fureur, tandis que, toujours à cause de cette humeur, ils sont capables de supporter les pires tortures et même la mort. C'est pourquoi Cardan exhorte à la modération dans le choix des châtiments : il sait bien que les princes préfèrent les punitions exemplaires, afin de défendre leur sécurité personnelle, mais la dureté des peines ne sert qu'à rendre les crimes plus atroces, et il vaut mieux isoler les coupables dans des prisons plutôt que de les envoyer à la mort, afin que leurs humeurs aient le temps de s'apaiser et de disparaître, et qu'ils aient la possibilité de se rendre compte de ce qu'ils ont fait et de se repentir de leurs crimes[18]. L'une des caractéristiques communes à tous ceux qui sont accusés de sorcellerie, et qui dérive elle aussi de la bile noire, est l'obstination à rester sur ses positions :

> une fois initiés à ces cérémonies, ils maintiennent leurs dires avec une telle constance qu'ils ne peuvent être vaincus par la raison ni fléchis par la compassion de leurs compagnons, et ils ne changent d'opinion ni par des promesses, ni sous l'emprise de la violence des tortures ou de la peur de la mort. La cause d'une telle opiniâtreté est à rechercher dans la qualité de l'humeur (comme je l'ai dit ailleurs), qui peut également se retourner contre elle-même[19].

Leur obstination lors des procès et des séances de torture dérive également du fait qu'ils sont convaincus d'être liés au diable, qu'ils révèrent et craignent à la fois :

> Elles imaginent que le démon les sauvera du supplice et de la mort. Si quelqu'un les fait réfléchir sur la mort de telle ou telle sorcière, comme cela arrive souvent, elles répondent qu'elles sont mortes non pas parce que le diable n'a pas été capable de les sauver, mais parce qu'il était en colère, car elles avaient révélé ses secrets ; et elles résistent ainsi aux tortures sans avouer, prises par une double peur : celle du supplice et celle du démon lui-même,

et Cardan de conclure avec étonnement et désolation : « Il est vraiment prodigieux d'aimer quelqu'un qui ne nous a rien apporté de bon, et de craindre quelqu'un que l'on n'a jamais vu »[20].

4. *Mirabilia* et rêves

Le chapitre XVIII du *De subtilitate* est consacré aux *mirabilia*. Il s'agit de pages remplies d'anecdotes, de remèdes, de recettes. Cardan est présent au milieu de la foule qui se bouscule sur les places pour admirer l'adresse exceptionnelle des jongleurs, des mimes, des danseurs, des cracheurs de feu et des briseurs de chaînes, des funambules qui accomplissent sur des cordes tendues à des hauteurs vertigineuses des acrobaties à couper le souffle ; il observe tout d'un regard lucide, essayant de comprendre quel est le truc ou de calculer les lois de la physique qui permettent de réaliser ces prouesses qui peuvent sembler à la plèbe l'œuvre du démon. Au-delà de son indubitable admiration pour la force physique ou le long entraînement requis pour de telles exhibitions, Cardan ressent parfois un certain malaise, observant l'estomac noué les dangereuses acrobaties exécutées par des enfants (*maximo nostro pro illius vita metu*), ou rappelant d'un ton peiné que dans l'Antiquité, on en était arrivé à dresser des éléphants pour qu'ils dansent sur une corde devant l'empereur Claude, et commentant « l'habitude et l'avidité mauvaise des hommes, alliées à l'extrême docilité des animaux qui atteignent presque l'intelligence humaine, qui ont permis d'en arriver là »[21].

Beaucoup de prodiges proviennent de ces secrets rapports de sympathie, que l'on peut définir comme « accord des choses sans raison manifeste », et d'antipathie, qui correspond au conflit et à la division. Cardan démontre par une casuistique serrée que des faits considérés comme inexplicables et prodigieux sont en réalité liés à des propriétés occultes qui peuvent perdurer même après la mort. Dans presque tous les cas qui semblent relever du prodige, certains étant véritablement très proches du miracle, on peut trouver une explication naturelle, sans avoir besoin de faire appel aux démons : comme le rappelle Cardan avec ironie, certains funambules turcs convertis au christianisme n'en perdirent pas pour autant leur adresse ; dans certains cas, enfin, il s'agit de trucages, réalisés par des démons en chair et en os, bien plus rusés que les démons célestes[22].

Cardan traite ensuite des propriétés occultes des herbes et des plantes ; il en vient à parler des rêves et du lien étroit qu'ils ont avec certaines substances. À plusieurs occasions, Cardan remarque que le sommeil joue un rôle très important dans la vie humaine, puisqu'il représente un tiers de sa durée[23], et que tout le monde devrait se soucier de la qualité de son sommeil et de ses rêves — auxquels, ce n'est pas un hasard, Cardan a consacré les dix livres des *Somniorum Synesiorum*. Puisque la nature des rêves dépend de la qualité de la nourriture, Cardan s'arrête longuement sur ce qui suscite des rêves « joyeux, tristes ou agités », évoquant également les visions et les prétendus vols nocturnes des sorcières :

> Mais, outre cela, la mélisse favorise la tranquillité de l'esprit et le rend complètement hilare, chassant toute préoccupation. Absorbée après le dîner, elle suscite des rêves agréables, alors que le chou suscite des rêves tristes, les haricots des rêves agités, et l'ail et l'oignon des rêves terribles. D'où les croyances des sorcières, qui se nourrissant de céleri, de châtaignes, de fèves, d'oignons, de choux et de haricots, croient être transportées durant leur sommeil dans différents endroits et y vivre des expériences variées, en fonction du tempérament de chacune[24].

Les récits de voyages nocturnes doivent donc être ramenés à

la dimension onirique, et sont provoqués par un certain type d'alimentation, fondé sur des aliments pauvres, crus, sauvages, dont les effets sont renforcés par le recours à l'un des plus célèbres ingrédients du mythique rituel des sorcières, l'onguent qu'elles ont l'habitude d'étaler sur leur corps :

> elles encouragent ces imaginations grâce à un onguent, dont elles oignent tout leur corps. On dit qu'il est composé de graisse d'enfant extraite des tombes, mélangée à du jus de persil et d'aconit, à du *pentaphyllium* et à de la fleur de farine. Et le nombre de choses qu'elles croient voir est stupéfiant : ce sont tantôt des visions joyeuses, comme des théâtres, des vergers, des scènes de pêche, des vêtements, des ornements, des danses, des beaux jeunes gens et les étreintes qu'elles désirent le plus ardemment ; mais aussi des rois et des magistrats avec leurs courtisans, et toutes les sortes de gloire et de pompe propres au genre humain, et beaucoup d'autres choses splendides, car il arrive de voir en rêve et en peinture des choses plus belles et plus grandes que celles offertes par la nature. À l'inverse, elles peuvent voir des scènes tristes, des corbeaux, des prisons, des lieux solitaires, des scènes de torture[25].

Quoi qu'il en soit, Cardan souligne qu'il s'agit toujours de phénomènes naturels : il connaît bien les effets des aliments et des onguents sur le corps et sur l'imagination. Il a expérimenté lui-même les propriétés de l'onguent appelé *populeon*, car il est fabriqué à partir des feuilles du peuplier, lequel appliqué sur les artères des mains et des pieds, ainsi que sur les tempes et le foie selon certains, favorise le sommeil, suscitant dans la plupart des cas des rêves joyeux, car la sève des feuilles nouvelles du peuplier réjouit l'âme et fait apparaître des images lumineuses et colorées : aucune couleur n'est en effet plus joyeuse que le vert[26].

La nuit et les ténèbres peuvent être peuplées de visions et de fantômes, devenant la projection de nos angoisses les plus profondes. Il ne faut donc pas s'étonner que leurs propres peurs ou des hasards ensuite exagérés fassent apparaître à ceux qui voyagent de nuit « des incendies dans le ciel, des étoiles filantes, des gouffres, des feux follets, des ombres, des spectres, des bruits indistincts, des hululements, des bêtes féroces, des serpents, des brigands, des voleurs, des cadavres, des lémures, des fantômes, des murmures, des gémissements de gens tourmentés, des chiens enragés : choses terrifiantes sans cause manifeste »[27]. Et les délires en cas de fièvre ou de maladie grave sont encore moins surprenants : l'illustre théologien Andreas Osiander raconte qu'adolescent, quand il avait des crises de fièvre quarte, il avait l'impression d'être dans une forêt, entouré de bêtes féroces ; il était terrorisé et personne ne réussissait à le calmer, ni à le convaincre que c'était le produit de son imagination ; seul son père avait le pouvoir de le ramener à la réalité, mais dès qu'il s'éloignait, les images angoissantes revenaient[28].

Dans certains lieux, du fait de conditions climatiques et environnementales particulières, il arrive de voir des morts et des démons, comme en Islande à cause des vapeurs denses de l'air, du grand froid et de l'alimentation composée avant tout de poisson ; dans les déserts de l'Afrique et de l'Inde, le soleil éblouissant peut faire voir aux marcheurs de fausses images et des apparitions[29]. Les lieux solitaires et les longs jeûnes peuvent susciter des visions et des hallucinations, comme cela arrive aux ermites, même si ceux-ci les attribuent à Dieu et aux démons : si on ne peut exclure que cela soit parfois le cas, ce sont en général « la solitude même et l'esprit épuisé par le labeur et les jeûnes, le tempérament modifié par les aliments sauvages qui représentent devant leurs yeux ce que leur humeur mélancolique évoque en eux »[30]. Et pour ces mêmes raisons, « des choses incroyables et jamais vues bouleversent les femmes communément appelées sorcières, y compris lorsqu'elles sont éveillées. Elles se nourrissent en effet de châtaignes, de racines et d'eau, et habitent dans des endroits des vallées où l'air est très perturbé »[31].

Toutes ces apparitions, même si elles sont insolites ou rares, ont une explication naturelle, et se produisent le plus souvent chez des personnes faibles ou craintives, qui sont à la merci de leurs propres passions :

> les hommes forts voient rarement, ou même jamais, des spectres : ils n'imaginent pas en effet toutes ces choses angoissantes qui sont l'effet de la crainte ; la peur prévaut sur toutes les autres passions pour ce qui est de susciter en nous certaines images ; l'amour vient en seconde place. C'est pourquoi de semblables visions se retrouvent avant tout chez les personnes qui ont peur, ensuite chez celles qui aiment[32].

5. Onguents, enfants, poisons

Parmi les ingrédients de l'onguent des sorcières, Cardan ne manque pas de citer le plus inquiétant d'entre eux : cette 'graisse d'enfants' qui constituait l'un des éléments les plus sinistres de la sombre mythologie de la sorcellerie[33]. Quand Cardan traite la question de l'un des plus terribles chefs d'accusation avancés contre les sorcières, celui des infanticides, il nie qu'ils soient perpétrés avec des moyens et des fins non naturels. Certaines vieilles femmes peuvent effectivement blesser gravement des nouveaux-nés ou de jeunes enfants, mais cela se produit, encore une fois, selon des modalités entièrement naturelles. Leur haleine fétide est ainsi très dangereuse, car elle peut abîmer les poumons des enfants, ou bien leur regard, dont les pouvoirs maléfiques potentiels sont prouvés par l'expérience, comme on le voit chez certains serpents qui font du mal aux hommes par leur seul regard, ou dans le cas des miroirs qui se couvrent de taches si on les approche de l'esprit corrompu des femmes en période menstruelle ; ou encore l'imagination, dont le pouvoir peut agir sur des corps tendres et délicats comme ceux des enfants, qui ne sont ni gouvernés et ni protégés par l'esprit. Pour toutes ces raisons, et à cause de ces façons variées de nuire, il n'est pas prudent de leur confier des enfants, « neque tutum est illis infantes committere »[34].

Cardan démolit en outre un des arguments fondamentaux sur lesquels s'appuient les partisans de la véridicité de la sorcellerie : la prétendue convergence des dépositions des sorcières. À son avis, une telle homogénéité est loin d'exister, leurs dépositions sont tissées de mensonges, de fatuités, d'incohérences et de contradictions ; elles ne sont même pas d'accord sur les jours des prétendues réunions nocturnes et les dénonciations, fondées sur de simples rumeurs, de complices présumées sont tout à fait indignes de foi et concernent des personnes qu'elles ne connaissent que de vue. Les analogies entre les visions qu'elles décrivent et leur obstination à les considérer comme réelles sont la conséquence de leur esprit altéré et des conversations qu'elles ont entre elles, où elles s'influencent mutuellement[35]. Les fous ont une conception altérée de la réalité et de leur propre personne, comme celui dont parle Rasi, qui se prenait pour un coq et pendant un certain nombre d'années se levait à une heure précise pour chanter comme un coq. Certaines vont jusqu'à se faire une gloire de la mort ou des malheurs qui touchent leurs ennemis pour de tout autres raisons, par vantardise et pour faire montre de pouvoirs extraordinaires qu'elles sont loin de posséder : comme ce médecin qui se vantait de tuer par sa haine ceux qu'il laissait mourir par incompétence[36].

Il est vrai que dans la plupart des cas il s'agit de personnes impies et superstitieuses, qui se complaisent dans des gestes blasphématoires : elles renient le Christ, et vont jusqu'à coudre des hosties dans leurs vêtements ou à cracher sur les portraits des saints ; elles utilisent parfois réellement de dangereux poisons (domaine dans lequel certaines prostituées perverses sont en réalité plus expertes) et commettent des crimes atroces. Cardan rappelle qu'« on a trouvé des femmes qui tuaient des enfants, assaisonnant leur chair avec du sel, je ne sais pas bien dans quel but » et qu'il a été le témoin oculaire de la condamnation méritée de l'une d'entre elles : « l'une d'elles a payé le prix d'une si atroce cruauté sous mes yeux »[37]. Celles qui se rendent coupables de semblables crimes méritent peines et condamnations ; mais « s'il n'y a pas de crime et si elles sont accusées uniquement sur la base de la rumeur publique, elles font partie des folles ». Dans tous les cas, elles n'ont aucun pouvoir extraordinaire, elles ne savent pas prédire l'avenir ni guérir miraculeusement, mais sont « toutes malades de l'esprit, insensées, misérables, mauvaises et inconstantes » (*omnes amentes, fatuae, miserae, improbae et inconstantes*).

Au cours de cette analyse exemplaire, Cardan ne manque pas de proposer une hypothèse sur les origines du sabbat, le ramenant à la survivance d'anciens rites païens, contraints à la marginalité et à la clandestinité par les persécutions et les interdictions. Dans les cas où des réunions nocturnes ont véritablement lieu, celles-ci

> trouvent leur origine dans les orgies antiques, durant lesquelles les femmes se déchaînaient de façon manifeste. Ensuite, par crainte de la loi qui interdisait de telles pratiques, elles commencèrent à les célébrer en cachette, et quand cela aussi devint interdit, elles continuèrent à se comporter de la même manière au moins en imagination, tant l'idée de l'erreur antique était durable : et une certaine image de ces danses et de ces excès a survécu jusqu'à aujourd'hui[38].

Ce type de débauche était par ailleurs déjà pratiqué par des sectes hérétiques médiévales (les disciples de Dolcino par exemple) et il est encouragé par des personnes mauvaises qui veulent pouvoir se livrer à toutes sortes d'abus sexuels. De tels épisodes et pratiques ont pris peu à peu consistance au cours du temps : de même que les fleuves grossissent au fur et à mesure qu'ils coulent, certains événements humains — et la mythologie de la sorcellerie, avec ses rites et ses crimes, en fait partie —

grandissent progressivement, au point d'être finalement bien différents de ce qu'ils étaient au début.

Les pratiques d'empoisonnement sont également liées à des épisodes qui se sont déroulés en temps de peste. Cardan a été le témoin de différentes épidémies, et son père lui-même est tombé malade, après avoir fait pendant la nuit un rêve prémonitoire. Racontant un sombre épisode qui a eu lieu à Casale en 1536, Cardan nous informe de la présence de personnages qui préfigurent et annoncent ceux qui deviendront tristement célèbres sous le nom d'*untori* à l'occasion de la grande peste de Milan en 1630, et seront soumis à des procédures judiciaires immortalisées par Manzoni[39]. Alors que l'épidémie commençait à décliner, raconte Cardan, une quarantaine de scélérats, hommes et femmes, avaient fabriqué un onguent qu'ils appliquaient sur les portes afin de contaminer ceux qui les touchaient, et une poudre vénéneuse qu'ils répandaient sur les vêtements. Une fois cette conjuration criminelle découverte, les complices furent condamnés à mort et durent subir de terribles tortures, après avoir avoué leur intention de tuer tous les habitants au cours d'une fête religieuse, en appliquant l'onguent sur les chaises, et avoir préparé pour cela plus de vingt chaudrons de poison. Mais dans ce cas aussi, il s'agit de crimes entièrement humains, et les scélérats agissaient avec la complicité des familles des victimes, qui encourageaient ces crimes pour entrer en possession de l'héritage[40].

La mythologie de la sorcellerie est donc démontée jusque dans ses rouages les plus minimes par Cardan, qui nous montre avec quelle prudence il faut avancer sur un terrain aussi obscur et incertain, afin de distinguer entre récits imaginaires, hallucinations et crimes réels. Il est clair que dans la vision des choses du médecin milanais, la figure du diable, qu'il dit explicitement ne pas connaître et ne pas aimer, perd de son importance et n'a plus le rôle moteur qu'elle avait pris dans la sombre mise en scène d'un drame destiné à obscurcir pendant de longues années les esprits et les consciences, y compris celles des lettrés. Pour Cardan, il s'agit d'un drame purement humain, alimenté par des passions telles que l'avidité et l'inhumanité des inquisiteurs et des juges ; la fascination exercée par les faits prodigieux et l'incapacité à trouver des explications naturelles, les peurs et les angoisses qui dominent les esprits, réveillent les cauchemars la nuit ou dans des moments cruciaux comme la maladie ou l'approche de la nuit suprême qu'est la mort. Il s'agit également parfois de tromperies et de mises en scène, comme dans le cas d'une certaine Margherita, qui prétendait être en contact avec un démon qui lui parlait d'une voix faible et stridente, et lui mordait les lèvres jusqu'au sang[41] ; ou d'un homme de sa connaissance qui lui avait avoué avoir feint pendant plus de six ans, quand il était enfant, de voir un démon, afin de vivre plus librement et d'être admiré par les autres ; ou encore dans le cas de cet orphelinat de Rome, où en une seule nuit soixante-dix petites filles étaient devenues possédées sans qu'on réussisse à en soigner ne serait-ce qu'une : peut-être l'effet d'une simulation, pense Cardan, ou des vapeurs du lieu ou de l'eau[42]. Ou bien encore, il s'agit de visions ou d'hallucinations suscitées par certaines conditions environnementales, climatiques et alimentaires particulières, qui font naître des phénomènes analogues chez les habitants de lointaines régions nordiques, chez les ermites isolés dans leurs longs jeûnes et leur solitude, chez ceux qui voient des mirages en traversant des landes désertes, ou chez les vieilles mendiantes qui vivent dans des vallées isolées et compensent leur manque de toute chose par de troubles fantasmes de revanche et d'omnipotence. Un drame qui a à voir avec la méchanceté et la tromperie, la pauvreté et l'exclusion, les noirs fantasmes de la mélancolie et ceux, incohérents, de la folie, qui naît quand notre lumière intérieure se brise et se divise, donnant lieu à une multiplicité d'images comme si elles étaient reflétées par les morceaux d'un miroir brisé[43]. L'un des nombreux drames d'une humanité inquiète et souffrante, que Cardan observe avec lucidité, horreur — et pitié.

Notes

1. « Orbis magnus est, et aevum longum, et error ac timor multum in hominibus possunt », *De subtilitate*, in *Hieronymi Cardani Opera omnia*, cura C. Sponii, sumptibus I. A. Huguetan et M. A. Ravaud, Lugduni, 1653, III, p. 653 (j'utiliserai cette édition, que je désignerai dorénavant par *Opera*, pour les citations des écrits de Cardan présentes dans cet article).

2. *De rerum varietate*, l. xv, chap. 80, in *Opera*, III, p. 289 ; cf. *Scotorum historiae Hectoris Boethii*, Iodoci Badii Ascensi typis et opera, [Paris 1526].

3. *De varietate*, *loc. cit.*, p. 290.

4. *Joh. Francisci Pici Mirandulae Dialogus in tres libros divisus, cuius titulus est Strix, sive De ludificatione daemonum*, Bononiae, 1523. Sur cette œuvre

cf. Peter Burke, « Witchcraft and Magic in Renaissance Italy ; Gianfrancesco Pico and his Strix », in Sidney Anglo (éd.), *The damned Art*, Londres, 1976, p. 32-52, et la préface d'Albano Biondi à l'édition moderne de la traduction italienne du dominicain Leandro Alberti (Bologne, 1524) in G. Pico della Mirandola, *Libro detto Strega, o delle illusioni del demonio*, Venise, Marsilio, 1989.

5. Allié de Turnus dans la guerre contre Énée, qui le tuera lors d'une bataille, le roi étrusque Mezentius était cruel au point d'attacher des vivants à des cadavres pour les faire mourir de façon atroce ; cf. Verg., *Aen.*, viii, 485-488.

6. *De varietate*, l. xv, chap. 80, p. 290-291.

7. *De varietate*, l. xiv, chap. 63, p. 271 ; « Praestat scire, unum Deum esse, authoremque bonorum omnium, in cuius virtute omnia fiunt et in eius nomine quaecunque bona patrantur ; [...] neminem esse alium, cui quicquam debeamus, quem colamus, cui serviamus. Haec si pura mente serventur, puros nos reddunt et a peccato securos. Daemonem non scio qui sit, non cognosco, non diligo ; unum Deum adoro et illi soli servio ».

8. *De varietate*, l. xv, cap. 80, p. 291-292.

9. *Ibid.*, p. 291 ; « Sunt hae mulierculae mendicae, miserae, in vallibus victitantes castaneis et agrestibus oleribus, et nisi lactis quippiam adesset, vivere omnino non possent. Ideo etiam macilentae, deformes, oculis emissiciis, pallidae et suboscurae, atram bilem ac melancholiam ipso intuitu praeferentes. Sunt taciturnae, amentesque, ac parum ab his quae daemonio eneri creduntur, differunt ; fixae in suis opinionibus atque adeo firmae, ut si solum ad illarum verba respicias quam intrepide, qua constantia ea referunt quae neque unquam fuerunt, neque esse possunt, vera illa esse existimes. Unde nil mirum ab his moribus his qui philosophiae expertes sunt egregie imponi ».

10. *Ibid.*, p. 291.

11. *Ibid.*, p. 292.

12. *Andreae Alciati Mediolanenis iurisconsulti Vita*, in *Opera*, IX, p. 569-570.

13. Andreas Alciatus, *Parergon iuris*, Vlll, 22, in *Omnia Opera*, Basileae, apud Thomam Guarinum, 1582, t. IV, p. 498-499.

14. *De varietate*, l. xv, chap. 80, p. 291 : « Laborare autem eas atrae bilis morbo, tum victus ratio, tum aëris qualitas, tum forma atque effigies ipsa vultus et corporis, tum verba ipsa stultitiae et (ut ita dicere liceat) impossibilitatis plena, ipseque torvus in dicendo aspectus ».

15. *Consilia medica*, n. 3, 4, 9, 10, in *Opera*, IX, p. 50 sqq.

16. *Ibid.*, p. 68, 69.

17. *De varietate*, l. viii, chap. 43, p. 164.

18. *Ibid.*, chap. 40, p. 148.

19. *Ibid.*, l. xv, chap. 80, p. 293 : « Adeo vero constanti animo, postquam initiati fuerint his sacris, illa tuentur, ut neque ratione vinci, nec suorum miseratione flecti, nec promissis mutari, aut tormentorum vi, vel mortis timore a proposito decedant. Causa huius pertinaciae est ex humoribus (ut alia dixi) qualitate, quae etiam in seipsam revolvitur ».

20. *Ibid.* : « fingunt enim daemonem illas a supplicio et cruciatu tutas redditurum. Quod si quis, ut saepe accidit, obiiciat hanc et illam quae periit, respondent non periisse quod daemon eas servare nequiverit, sed illius potius ira, quoniam illius arcana propalaverint, atque ita duplici metu perstant in tormentis firmae ne fateantur, primum supplicii, post etiam ipsius daemonis metu. Mira certe res amare qui tibi non benefecerit, timere quem nunquam videris ».

21. *De subtilitate*, chap. xviii, in *Opera*, III, p. 638 : « ... tantum potest consuetudo, improbaque hominis cupiditas, et docilitas illius belluae egregia, quae maxime hominum ingenio proxima est ».

22. *Ibid.*, p. 636 : « ... daemonas carneos ipsis veris daemonibus callidiores esse scito ».

23. *Ibid.*, p. 640.

24. *Ibid.*, p. 639 : « Sed melissa praeter haec animi tranquillitatem praestat, et hilarem non parum curas pellendo reddit. Sic a coena comesta somnos iucundos facit, ut caules tristes, et phaseli turbulentos, et allia ac cepae terribiles. Inde ab his natam opinionem lamiarum, quae apio, castaneis, fabis, caepis, caulibus phaselisque victitantes videntur per somnum ferri in diversas regiones, atque ibi diversis modis affici, prout unicuiusque fuerit temperies ».

25. *Ibid.* : « Iuvantur ergo ad haec unguento, quo se totas perungunt. Constat, ut creditur, puerorum pinguedine a sepulchris eruta, succisque apii aconitique, tum pentaphylli, siligineque. Incredibile dictu quanta sibi videre persuadant ; modo laeta, theatra, viridaria, piscationes, vestes, ornatus, saltationes, formosos iuvenes, concubitusque eius generis quales maxime optant, reges quoque et magistratus cum satellitibus, gloriamque omnem ac pompam humani generis, multaqua alia praeclara, velut et in somniis et picturis quae maiora sunt, quam quae natura praestare possit. Velut et, contraria ratione, tristitia, corvos, carceres, solitudinem, tormenta ».

26. *Ibid.*

27. *Ibid.*, p. 654 : « Ob id igitur nihil mirum videri debet, si nocte ambulantibus metus et casus multa ostendant, ignes scilicet in coelo, stellas cadentes, voragines, flammas saltantes, umbras, spectra, strepitus inconditos, eiulatus, feras, serpentes, latrones, fures, cadavera, lemures, larvas, murmura, gemitus vexatorum, canes rabidos ; terrores (ut dixi) absque manifesta causa ».

28. *Ibid.*, p. 651.

29. *Ibid.*, p. 652, 653.

30. *Ibid.*, p. 652 : « Sed solitudo ipsa mensque aegra laboribus ac ieiuniis, tum temperatura cibis mutata agrestibus, quod humor poterat in illo melancholicus representabant ».

31. *Ibid.*, p. 653 : « Simili quoque ratione et mulieres quas strigas vulgus vocat, inaudita et invisa agitant etiam in vigilia. Nam castaneis et radicibus aquaque vescuntur, et vallium loca ubi aër turbulentissimus est inhabitant ».

32. *Ibid.* : « fortes viri raro vel nunquam spectra vident ; quod ipsi ob timorem minime adeo haec trepida imaginentur ; nam solet timor omnibus aliis affectibus firmas imagines in nobis efficere ; post amor. Unde timentium primo haec sunt privilegia, post vero amantium ».

33. Sur le débat entre G. B. Della Porta, J. Wier et J. Bodin concernant l'onguent des sorcières, cf. G. Ernst, « I poteri delle streghe tra cause naturali e interventi diabolici. Spunti di un dibattito », in *Giovan Battista Della Porta nell'Europa del suo tempo*, éd. M. Torrini, Guida, Naples, p. 167-97 (ainsi que Ead., *Religione, ragione e natura. Ricerche su T. Campanella e il tardo Rinascimento*, Milan, Franco Angeli, 1991, p. 167-190).

34. *De varietate*, l. xv, chap. 80, p. 292.

35. *Ibid.*

36. *Ibid.*, p. 293.

37. *Ibid.* : « una me spectante poenas tam inusitatae saevitiae dedit ».

38. *Ibid.* : « Haec quidem proculdubio ab orgiis antiquis, in quibus mulieres bacchabantur palam, ortum habuerunt. Deinde, metu legis talia prohibentis, clam celebrari coepere. Et ubi illud etiam prohibitum est, vel ipsa cogitatione agere perseverarunt, adeo inveterati erroris opinio constans est. At nunc etiam manet imago quaedam saltationis et impudentiae illius ».

39. Je fais ici référence à l'*Histoire de la colonne infâme* de cet auteur ; les actes du 'procès des *untori*' ont été publiés intégralement dans l'ouvrage de Giuseppe Farinelli et Ermanno Paccagnini, *Processo agli untori. Milano 1630 ; cronaca e atti giudiziari in edizione integrale*, Garzanti, Milan, 1988.

40. *De varietate*, l. xv, chap. 80, p. 293.

41. *De varietate*, p. 299.

42. *De varietate*, l. xv, chap. 76, p. 281.

43. *De immortalitate animae*, in *Opera*, II, p. 535, 536.

Cardan et le songe

Jean-Yves Boriaud

Cardan, au moment de faire en 1576, dans le *De Vita Propria*, le bilan de sa vie, ne se reconnaissait qu'un seul don, celui de la *providentia*, la faculté de prévoir, la « prévoyance » : « Dépourvu de forces physiques, avec peu d'amis, un maigre patrimoine, beaucoup d'ennemis dont je ne connais la plupart ni de nom ni de visage, sans briller par quelque science humaine ni par la mémoire, je n'ai de supériorité que pour la prévoyance »[1]. Sa vie durant, Cardan eut en effet la certitude d'être entouré de signes hors du commun (voir le ch. XLIII du *DVP*, intitulé *Res prorsus supra naturam*, « Choses réellement surnaturelles ») qu'il s'efforça de saisir, en dépit de l'obscurité dont Dieu[2] les lui enveloppa le plus souvent.

Grands rêves, rêves fatals

Si, aux moments cruciaux de son existence, Cardan fut gratifié de divers signes, les principaux lui furent transmis par des songes. Globalement, sa vie en fut affectée de deux manières. D'abord, dit-il dans le *DVP*, il bénéficia longtemps de rêves immédiatement prémonitoires : « ...en 1534, je commençai à voir en songe ce qui allait se produire sous peu : si ce devait être le même jour, je voyais les événements, après le lever du soleil, tels qu'ils devaient advenir, exposés avec ordre et clarté [...]. Cela cessa [...] en 1567 [...] et dura donc environ 33 ans »[3]. Point important, Cardan, en 1576, lors de la rédaction du *DVP*, considère que ces rêves étaient alors transparents, puisqu'ils faisaient apparaître les choses *ut erant*, c'est-à-dire sans transposition de sens. Les exemples les plus patents de ces rêves transparents sont sans doute ceux où lui furent révélés le contenu et la disposition de plusieurs de ses ouvrages fondamentaux : ainsi dans le *De subtilitate* décrit-il dans le détail la manière dont le songe lui suggéra, voire lui dicta, son livre[4] :

> En dormant, j'ai été incité plus d'une fois à écrire ce livre, divisé, à ce que je voyais, en vingt-et-une parties : les développements y étaient divers [...] Partout ce n'étaient que discussions variées et originales, d'une grande élégance [...]; l'éclat de la langue n'y avait rien de médiocre et s'accompagnait d'une plaisante obscurité; pour la fluidité du style et la finesse des raisonnements, la chose m'apparaissait presque divine, au point qu'en dormant, j'étais saisi d'un plaisir comme je n'en ai jamais ressenti de pareil. J'avais l'impression d'être ravi hors de moi-même et, une fois éveillé, le souvenir même de cet agrément me causait un plaisir extraordinaire. Je pris conscience de la matière, de portée générale, et du nom du livre, en caractères beaux et fins. Je voyais au loin le livre imprimé, et quelques exemplaires répandus dans la ville. [...]. Ce rêve m'étant échu plusieurs fois, j'en écrivis d'abord quatre pages, puis j'allai jusqu'à sept et enfin jusqu'à trente-cinq : jamais ne cessaient ces mêmes images, ni ce plaisir que je ressentais à la lecture, en dormant, mais plus le livre grossissait et moins le rêve revenait. Il atteignit ensuite 57 feuillets, puis 76 et dès qu'il y fut ajouté une table, il fut édité[5].

Ce rôle du songe, dans la vocation littéraire de Cardan, est d'ailleurs confirmé dans le *DVP* : « Quelle raison m'a incité à écrire, je pense qu'on l'a déjà compris : j'ai été averti par un songe, une première fois puis une deuxième, une troisième, une quatrième et ainsi de suite, comme j'en ai témoigné ailleurs; mais c'est aussi le désir de perpétuer mon nom »[6], et Cardan insiste, dans le *De rerum varietate*, sur la précision des incitations apportées, dans ce domaine, par le rêve : « Ce traité, comme je l'ai expliqué dans le *De Libris Propriis*, j'ai été incité par un songe à le diviser en trois livres et à traiter ainsi de la nature au premier, de l'art au deuxième et, au troisième, du surnaturel ou de ce qui lui ressemble »[7]. C'est que le contenu même de certaines œuvres lui est sinon dicté, du moins suggéré en songe :

> Alors qu'en l'année 1557, j'avais rêvé que j'entendais une mélodie céleste, des plus agréables, au point que son souvenir même me causait du plaisir, je découvris immédiatement, à mon réveil, la raison pour laquelle certains hommes meurent inéluctablement de leurs fièvres, et d'autres non. Je m'étais appliqué presque vingt-cinq années à résoudre cette question. L'ayant donc résolue, je me mis aussitôt, le matin, à écrire ce magnifique *Abrégé de l'Art de la Médecine*[8] qu'après quatre années,

> et après l'avoir repris (ou avoir entrepris de le faire) plus de vingt fois, j'ai achevé : la médecine y est traitée dans son absolue totalité. Ainsi, par la mélodie, c'était un savoir divin qui était annoncé[9].

Cependant, remarque-t-il en 1562, au sixième chapitre du premier livre du *De insomniis*, ces songes lui advinrent à une époque où il n'en connaissait pas la technique de décryptage :

> Quant à moi, <les songes> m'ont été à coup sûr plus utiles que la connaissance des astres, bien que cette connaissance ait précédé chez moi de bien des années ma science actuelle de songes. Et c'est trop tard que j'en suis venu à elle, parce qu'elle n'avait été enseignée par personne : ce qui a été écrit par tous les autres avant moi ne repose sur aucune méthode et n'arrive pas au seuil des songes divins. C'est en effet aussi une science divine, enfermée et profondément cachée, si ce n'est aux yeux de ceux à qui Dieu a voulu la révéler au grand jour. Il fallait donc que je m'initie à cet art, comme à bien d'autres, et que je reçoive des avertissements, mais que je les reçoive en un moment où je ne savais pas les reconnaître, afin que je pusse comprendre cet art en temps voulu, et <il fallait aussi> que je ne fusse plus averti, maintenant que je le comprends, car mes rêves ont cessé pour la plupart, et seules, ou presque, ne m'apparaissent que des images, afin, à mon avis, que les décrets des Destins ne soient, ni maintenant ni jamais, violés.

S'il n'y a donc pas eu coïncidence entre l'activité onirique la plus intense, chez Cardan, et la connaissance de la science onirocritique, cela est dû à une manière d'arrêt providentiel destiné à empêcher la claire révélation d'un avenir qui eût alors été enfermé dans un *fatum* que refuse Cardan, comme il le montre longuement au premier chapitre du L. II de ce *De insomniis*. Cette technique de décryptage est dévoilée, on le sait, dans ce traité, en un moment où Cardan dispose du recul nécessaire pour distinguer la *ratio* qui relie le songe lui-même à son *eventus*, c'est-à-dire sa concrétisation, son aboutissement.

C'est que la vie de Cardan fut en effet scandée, en cette période ainsi définie, qui va donc pour nous de 1534 à 1562, par une série de rêves capitaux, où se joua sa destinée. Ces rêves, il s'en explique au L. II du *De insomniis*, sont de « grands rêves », (ch. XII) qui concernent des moments importants de l'existence, mais surtout des rêves « fatals » (ch. XIII), qui englobent l'existence dans sa totalité, c'est-à-dire jusqu'à la mort. Dans ce passage du *De insomniis*, il passe rapidement sur trois rêves fameux : ces rêves célèbres signifiaient, aux yeux de Cardan, pour celui de l'entrée au Paradis la fin de son impuissance (éd. Ian Maclean,

Milan 2004, p. 233) ; pour le rêve de la vigne (éd. Maclean p. 241, voir également *DLP* 1557, 24-25, éd. Maclean p. 179) qui eut lieu à Milan « vers 1554 », l'annonce de son accession à l'immortalité[10], et pour celui de l'entrée au ciel, où il rencontrait l'âme de son père, l'annonce de ses futurs domaines d'étude. « Sans parler des trois songes fatals que j'ai décrits dans mon livre *De libris propriis*, et aussi dans le *De utilitate ex adversis capienda* », continue Cardan, « c'est-à-dire ceux où il était question d'une entrée au ciel et au paradis terrestre, et d'une montée jusqu'à une colline plantée de vignes, j'ajouterai ici les derniers, les plus remarquables ; au nombre de ceux-là, ma vision du 5 mars 1538, lorsque je vis en dormant une étoile ardente tomber du ciel dans ma cour, pour s'éteindre aussitôt. Cela désignait la faveur du prince, mais qui devait durer fort peu : il arriva qu'au mois de septembre, je me liai d'amitié avec le prince d'Istom, mais cette amitié s'éteignit peu après, comme le faisait voir le songe. Tout en rêvant, je <me> disais que ce songe m'annonçait un danger de mort : cette amitié ainsi évanouie, je perdis beaucoup de mon autorité ». Cardan mentionne ensuite cinq autres songes fatals, avant de conclure en incluant les rêves littéraires dans le *corpus* des songes qui marquèrent durablement sa vie, sociale et affective :

> Cela fait donc six songes d'où je tirai du profit ; par le premier songe fatal, je fus poussé à écrire ; par celui-ci, le deuxième, je fus amené à bénéficier de l'amitié d'un prince ; par le troisième, au sujet d'Alexandre, à me défendre dans l'affaire du collège <des médecins >, malgré tous les assauts des avis opposés ; par le quatrième, à sauver la vie de mon fils cadet ; par les deux derniers, même s'ils se répétèrent bien des fois, à écrire le *De Subtilitate* et le *De Rerum Varietate*.

Mais le songe « fatal » auquel il donne le plus d'extension au ch. IV du Livre IV du *De insomniis*, consacré aux exemples personnels (*propria*) de songes, est le songe 43, qui lui échut en 1536, au moment de soigner, à Milan, le jeune fils du Comte Camille Borromée. C'est dans le *Traité* qu'il en donne la version intégrale :

> 43. En l'année 1536, alors que le collège m'était encore hostile, j'exerçais, pendant l'été, dans la maison du Comte (tel est le titre du seigneur de Lombardie) Camille Borromée : j'y avais fait beaucoup de bonnes choses et comme on ne me payait pas et que j'étais pauvre, je décidai de me retirer de cette maison. Lorsque je l'eus fait, il arriva donc que quelques jours après (voyez la force des Destins !) je passai, à che-

val, devant sa porte. Sa femme, du nom de Corona, de la famille des Samalii, se tenait, contrairement à son habitude, à la porte : à peine, d'ordinaire, faisait-elle cela deux au trois fois l'année. Lorsqu'elle me vit, indifférente à mon départ, elle m'appela au chevet d'une servante malade ; j'entrai pratiquement contre mon gré, et, pour mon malheur, elle fut guérie le surlendemain : j'avais pourtant décidé de ne plus revenir là. Le jour suivant, ou dans les trois jours au plus, je vois à l'aube, en dormant, un serpent immense, étendu sur la terre à côté de moi, et par qui je craignais d'être dévoré : bien qu'il fût au repos, et ne fît que me regarder, je fus tellement terrifié, je fus pris d'une telle crainte à mon sujet, que je m'éveillai. Je compris bien qu'un terrible danger de mort me menaçait, et si j'avais pu remarquer que le serpent était l'emblème de la famille Borromée — d'autant qu'il était même représenté sur le mur de la maison et un peu partout à l'intérieur — j'aurais évité ce danger. Mais, comme je l'ai dit, les choses à venir sont le plus souvent présentées de telle façon que ne s'en révèle que ce qu'il faut pour qu'on ne puisse seulement aller contre les Destins. J'attendais donc dans l'angoisse d'où le danger me menacerait (je savais en effet qu'il me menaçait avec autant de certitude que si j'y étais déjà mêlé, étant donné l'extrême clarté du songe). Sorti après déjeuner, je rencontrai, en rentrant chez moi, ma mère et mon épouse venues à ma rencontre pour m'avertir d'aller le plus vite possible auprès du Comte en question, son fils étant malade (de plusieurs, c'était le seul qui lui restât, et il était dans sa septième année) ; je me mis à réfléchir à ce projet, ces gens, lorsqu'ils eurent remarqué que j'avais cessé de m'occuper de leur maison, ne m'ayant pour autant rien donné ni proposé ; je me souvenais des songes du matin mais comme ces femmes, si chères, insistaient, et que je ne pensais pas au serpent que <le Comte> portait dans ses armoiries, ni au tableau dans la maison, j'y vais, et je remarque que l'enfant, à ce qu'il me semblait, avait une légère fièvre. Je remarque pourtant qu'à la quatrième pulsation, le coup est totalement absent, et cela de cycle en cycle : de là je soupçonnai un mal important. Je ne comprenais pas, pourtant, que cela annonçait une mort certaine : les livres des *Signes des Pulsations* de Galien, qui l'expliquent[11], n'avaient pas été traduits en latin, et je n'étais pas alors assez avancé pour pouvoir le comprendre ainsi. Comme, pendant ce temps, la maladie, à son troisième jour, avait empiré, et que la mère posait des questions au sujet de son fils, loin de toute ruse et de toute tromperie, je répondis que l'enfant, avec sa légère fièvre, ne semblait pas gravement malade ; il y avait pourtant, au poignet, ce perpétuel silence à la quatrième pulsation, qui me laissait perplexe : je soupçonnais que cela cachait quelque chose. Comme elle demandait de plus en plus instamment ce que cela laissait présager, je dis que je ne le savais pas (cette réponse, naïve mais trop peu prudente, suffit à me nuire, comme un aveu d'incompétence).

Comme donc le troisième jour, averti par la mère, et constatant cela moi-même, je notais des signes parfaitement clairs de la présence de vers, surtout dans sa respiration, je prescrivis un médicament tout à fait éprouvé, qui m'avait souvent valu, à moi, de la gloire et à nombre d'enfants du bourg de Sacco, la guérison, médicament connu dans les officines sous le nom de Diaro mais qui, chez des jaloux et des concurrents, pouvait prêter à la calomnie, car il comportait de la scammonée[12]. Le serviteur avait déjà l'ordonnance dans les mains, et se rendait à la pharmacie (je garantis la vérité de ces faits) quand je fus pris d'un scrupule et me dis : "Et si ce signe, dans la pulsation, signifiait la mort, et si des concurrents disaient que le décès est dû à l'absorption du médicament ? Et si cela se produisait immédiatement, et s'il mourait sans avoir rejeté le médicament ? Ces gens là ne montrent pas beaucoup d'amitié à mon égard ; je suis pauvre, et honni du collège des médecins ; je souffre largement de la jalousie, et je n'ai pas d'alliés pour me soutenir" ; je persévérais pourtant dans mon projet, tellement ce médicament, par je ne sais quelle mauvaise fortune, avait gardé la confiance absolue que j'avais en lui. Rien ne peut en effet arriver de si heureux à un homme que par imprévoyance ou infortune il ne puisse tourner à sa perte ! Ce médicament en effet, si bénéfique aux malades, si glorieux pour moi, de combien s'en fallut-il qu'il ne me perdît ? Me souvenant alors du songe, je me dis : "Ce qui doit absolument se produire, c'est que tu sois en très grand danger de mort. Qui sait si ce jeune enfant ne va pas mourir, une fois administré ce médicament ? Il ne te reste apparemment pas de meilleure occasion d'échapper à pareil danger que celle-ci".

Quand j'eus agité tout cela dans mon esprit, comme frappé de la foudre, je rappelle le serviteur ; je dis qu'il manque quelque chose, je reprends l'ordonnance et je la cache ; j'en écris une autre et je fabrique un médicament à base d'émeraude, d'hyacinthe et de perles[13] ; on le lui présente avant le soir ; je reviens, je découvre qu'il a vomi le médicament et qu'on a appelé les trois premiers médecins de la ville[14] ; le père de l'enfant s'était indigné qu'on eût méprisé des amis aussi éminents pour recourir à mes services : je n'avais aucune expérience de l'art et l'enfant était en grand danger de mort. Quand ils eurent pourtant étudié avec soin le médicament que j'avais ordonné, ils déclarèrent qu'il convenait et commandèrent que l'on continuât à le donner, seul point en ma faveur ; le matin suivant, en effet, avant le jour, ils me firent prévenir : l'enfant avait été pris d'une forte crise de convulsions, qui l'emporta en moins de sept heures ; le Comte m'avait d'ailleurs interdit de m'éloigner :

> mon obéissance tenait plutôt à la crainte qu'à la bonne volonté, et je ne voulais pas qu'on me soupçonnât plus encore d'avoir commis une faute. Quand <l'enfant> mourut, je tentai, sans y parvenir, de me retirer, et le père demanda (des amis le retenaient vigoureusement) qu'il lui fût accordé de voir son fils. Avec l'aide des femmes, je me retirai enfin, sans dommages et sans outrages : j'avais en effet guéri le père lui-même de bien des maladies, et d'une en particulier, incurable aux yeux des autres médecins. Si pourtant j'avais donné le médicament que j'avais prescrit en premier, sans obéir au songe, j'aurais péri sans doute aucun dans cette agression ; il s'ingénia cependant à me mettre partout en pièces auprès des nobles, oubliant un bienfait avéré, pour s'attacher avec ténacité à une conjecture incertaine. Et toute la gloire de praticien médical, tout le renom, tout l'argent que cela me coûta, n'importe qui peut le comprendre : tout le temps qu'il vécut (et il vécut encore environ douze ans), toute la noblesse m'évita comme un fou, et pour ce seul accident, me détesta plus qu'un serpent. Cela ne m'a pas amené pour autant, comme l'ont bien montré les temps qui suivirent, à vivre dans l'anonymat, mais, comme je l'ai expliqué dans le deuxième livre des *Fables*[15], à voir ma brillante renommée célébrée à travers tous les siècles. Sans cet accident, en effet, je n'aurais pu, malgré mon désir, me livrer tout entier à l'étude : et dans cet accident, il ne m'aurait pas été donné, sans l'avertissement du songe, d'échapper à la mort. Et c'est pour ce seul songe que j'ai rédigé cet Ouvrage. Et bien que je me souvienne l'avoir consigné ailleurs, comme c'est pour lui (je l'ai dit) que j'ai composé ces livres, j'ai pensé qu'il ne serait pas convenable de le passer ici sous silence car il fut la cause de la rédaction de cette œuvre. Et si cette théorie de l'interprétation des songes n'avait pas eu d'autre utilité, cela ne devrait-il pas suffire que ces vingt-cinq années où j'ai déjà survécu — sans préjudice de ce je dois vivre par la suite —, les enfants qui me sont nés, tous les livres que j'ai écrits, ma renommée immortelle, tout cela soit dû ce un songe ?

Ce rêve avait effectivement été « consigné ailleurs », c'est-à-dire dans l'édition de 1557 du *DLP* (30-31), avec une narration plus ramassée :

> Voici ce qui m'arriva en 1536 : j'avais soigné le comte (c'est un titre de noblesse) Camille Borromée : je l'avais soigné d'un mal assez grave contre lequel les autres n'avaient rien pu ; il manqua de générosité à mon égard sous prétexte, à mon avis, que je n'avais pas voulu le veiller à l'occasion d'une autre maladie. Je cessai donc de le fréquenter. Un jour où je passais par hasard devant chez lui, on m'appelle au chevet d'une servante malade, j'y vais, je cours, elle est guérie en moins de deux jours ; peu après, son jeune fils, âgé de sept ans, le seul qui lui restât,

> tombe malade ; ils courent me chercher, mais j'avais été averti le jour même par un songe de me défier d'un danger imminent ; je prête à ce cas plus d'attention que d'habitude ; je vois qu'il manque régulièrement une pulsation sur quatre ; j'en avertis la mère et je m'abstiens de médicaments trop forts. Qu'ajouter ? Le quatrième jour, alors que le mal semblait léger, il mourut. Les médecins qui accoururent me haïssaient : ils m'accusèrent ouvertement, affirmant que je n'avais rien compris à la maladir ; mais comme ils n'avaient pas matière à m'attaquer, et que comme je l'ai dit, averti par un songe, je m'étais abstenu de médicaments trop forts, j'échappai au danger d'être tué par le père. Les imprécations de ces sicaires avaient tellement en effet porté atteinte à ma réputation que beaucoup pensaient qu'ils auraient accompli, en me tuant, un acte salutaire, si cela avait été légal. Dieu me sauva ainsi d'un danger imminent, tandis que beaucoup de ceux qui me persécutaient moururent. Mais bien que j'aie échappé à tout dommage, cet homme, comme il est normal pour un père qui pleurait un fils, d'autant qu'il était sûr d'avoir été victime de mon ignorance, parlait partout moi de manière exécrable.

Cardan signale rapidement le manque de générosité du Comte et raconte en peu de mots la cure de la servante, sans faire nulle mention, en revanche, des différentes ordonnances (*abstineo a medicamentis validioribus*), non plus que du livre de Galien. Averti de l'imminence d'un grand danger par « un songe » (qu'il ne raconte pas), Cardan se contente, dit-il, d'attirer l'attention de la mère sur l'arythmie (*admoneo matrem de hoc*) dont souffre son fils. L'enfant meurt au bout de quatre jours mais, grâce à l'avertissement du rêve, Cardan évite d'être tué par le père, qui le poursuivra pourtant de ses calomnies.

Cardan donnera enfin une version de ce songe amputée de sa première partie (il ne mentionne ni l'avarice du comte, « homme notable et illustre », ni la cure de la servante) dans le *De vita propria*, au ch. XXXIII (« Deshonneurs. Part qu'y ont eue les rêves) :

> En 1536, du temps où je donnais mes soins à la famille des Borromée, je vis en songe, au petit jour, un serpent d'une grandeur extraordinaire, par lequel je craignais d'être tué. Peu après, je fus appelé auprès du fils du comte Borromée, homme notable et illustre. J'y allai. L'enfant, qui avait sept ans, ne me parut pas gravement atteint, mais en observant le pouls, je notai qu'il était intermittent, une fois sur quatre. La mère du petit, la comtesse Corona, me demanda comment il allait. Je répondis que la fièvre ne semblait pas forte mais que néanmoins je redoutais quelque chose en raison de cette défaillance du pouls, sans savoir précisément quoi. Je ne connaissais pas encore les livres de Galien sur le *Diagnostic*

par le pouls. Aucun changement ne s'étant manifesté jusqu'au troisième jour, je décidai de donner des pilules du médicament nommé turbith, accompagné de diarrhodon. J'avais déjà écrit l'ordonnance, et un domestique était parti vers la pharmacie, quand je me souvins de mon rêve. Ce symptôme n'indiquerait-il pas que cet enfant doit mourir ? me dis-je (et les livres de Galien, qui ont paru depuis, l'ont montré). Les médecins qui me sont hostiles en accuseront mon remède. Je rappelle le domestique, qui n'était pas encore à quatre pas de la porte, en disant que je voulais ajouter quelque chose. Je déchire furtivement la première ordonnance et j'en compose une seconde avec des perles fines, de l'os de licorne et des pierres précieuses. On administre le médicament sous forme de poudre, l'enfant la vomit. Les assistants comprennent qu'il est en danger. On fait appeler trois médecins distingués dont un, moins hostile à mon égard, m'avait assisté dans la cure du fils Sfondrato. Ils examinent l'ordonnance et (que voulez-vous ?) bien qu'ils fussent deux à me haïr, Dieu ne permettant pas que les choses aillent trop loin, ils déclarent le remède excellent et ordonnent de le faire prendre encore. Ce fut mon salut. J'appris tout cela le soir, en venant faire ma visite. Mais le lendemain, à l'aube, on m'appelle. Je trouve l'enfant agonisant et son père prostré et pleurant. « Voici », dit-il, « celui que tu ne croyais pas malade (comme si j'avais rien dit de tel !). Du moins ne l'abandonne pas tant qu'il vit ». Je le lui promis. Je m'aperçus peu après que deux gentilshommes le retenaient. Il essayait de se dégager en criant ; ils tinrent bon. Il me rendait responsable de ce malheur. Bref, si j'avais employé ce remède, diarrhodon et turbith, qui n'était pas sûr du tout, c'en était fait de moi, puisque déjà ainsi il émit, sa vie durant, de telles plaintes sur mon compte que tous me fuyaient « comme si j'avais été touché du souffle de Canidie, plus dangereux que les serpents africains ». Ainsi j'esquivai la mort ; et le dommage que me valut cette flétrissure, je le compensai par l'étude et, dans la suite, je n'eus pas à le regretter.

Je ne crois pas que ce songe ait été fortuit, pas plus que ceux dont j'ai parlé précédemment. Il est au contraire aisé d'y voir les avertissements à une âme pieuse que Dieu ne voulut pas abandonner dans l'excès de ses malheurs. Ce fut pour moi un aiguillon, du moment que la vision s'accordait avec l'événement. La maison du comte située sur la place de Santa Maria Podone est toute peinte de serpents, pour rappeler la vipère qu'il avait ajoutée aux anciennes armes des Borromée ».

La trame, dans les trois récits, est la même : l'histoire d'une cure manquée. Dans les trois cas, le nœud est identique : un rêve qui annonce à Cardan l'imminence d'un grand danger ; dans le *DLP*, pas de description de l'image onirique, mais dans les deux autres ouvrages Cardan évoque la présence d'un serpent certes gigantesque mais statique, à ses côtés. Dans le *DLP*, Cardan se borne à mentionner l'avertissement qui lui a été ainsi adressé, et qui lui a permis d'éviter la vengeance du Comte. Ainsi présenté, ce songe entre donc simplement dans la catégorie des *somnia monitoria*, ces songes « d'avertissement » applicables à des événements immédiatement à venir ; rien d'étonnant à cela, puisque nous sommes à l'époque où Cardan dit avoir largement bénéficié de ce type de songes. Mais dans le *DVP* et le *Traité*, Cardan insiste sur l'ingratitude du Comte à son égard, après une première cure heureuse (celle de la servante), et donne ainsi toute sa consistance à l'avertissement : c'est en se souvenant du rêve qu'il décide de modifier *in extremis* l'ordonnance réservée au fils du Comte. La cure n'en demeure pas moins malheureuse, puisque l'enfant meurt, mais le point fondamental est que l'avertissement, au lieu de porter sur le traitement médical, touche les conséquences de la mort de l'enfant. Dans le *DVP*, Cardan donne en effet la *clef* du songe et donc le sens de l'avertissement (*monita*) : le serpent est en fait celui qui figure sur les armes de la famille Borromée, et la preuve en est apportée *a posteriori* par la concordance entre le songe et son accomplissement (*cum visio congrueret negotio*) : c'est du Comte Borromée que viendront à Cardan ses ennuis à venir; quant au songe, il est le signe direct de la bienveillance de Dieu, qui se refuse à abandonner une âme pieuse accablée de bien des malheurs, et son corollaire est le changement intervenu dans la carrière de Cardan, contraint de passer de l'exercice de la médecine aux travaux de recherche (*studia*).

C'est toutefois dans le *Traité* que Cardan dévoile le plus précisément les sens superposés du rêve, en une longue analyse. Il reprend et détaille les circonstances, apparemment fortuites, qui l'ont amené, contre son gré, à entrer à nouveau dans la maison Borromée, en dépit de l'ingratitude éprouvée du Comte ; il décrit l'image onirique, rappelle les épisodes de la substitution d'ordonnance, de la mort de l'enfant et de la colère du père, reconnaissant de fait au rêve sa dimension de *somnium monitorium* : « Si tamen primum medicamentum quod scripseram, dedissem, nec somnio paruissem, haud dubie eo impetu periissem » : « Si pourtant j'avais donné le médicament que j'avais prescrit en premier, sans obéir au songe, j'aurais sans aucun doute péri du même coup ». Mais la valeur du songe ne se limite pas là : sauvé par lui, Cardan n'en demeure pas moins sous la menace du serpent-

Borromée, qui ne cesse de le déchirer, détruisant sa réputation de médecin et le contraignant à se limiter à ses travaux de recherche ; de là un enchaînement apparent de *casus*, d'accidents : c'est un tel *casus* qui lui a valu la haine de la noblesse, mais sans ce *casus* il n'aurait pu, en dépit de sa volonté, se tourner vers les études (« Nam nec sine hoc casu totum me studiis, quanquam vellem, tradere poteram »), lequel *casus*, sans l'intervention du songe, lui eût valu la mort (« nec cum eo casu absque somnii monitu, evadere mortem licuit »). Mais la vérité du songe est ailleurs encore : son résultat, donc sa finalité, est dans l'avenir ainsi ménagé à Cardan et à sa production ; c'est là que le songe s'anoblit, devenant, plus qu'un grand rêve, un rêve « fatal » puisqu'au-delà de l'avertissement ponctuel, il engage la vie entière de Cardan. Alors, « si cette science de l'interprétation des songes n'avait eu aucun autre avantage, cela ne suffirait-il pas, ces vingt années de vie, tout ce que je suis appelé à vivre encore, les fils que j'ai engendrés, tous les livres que j'ai écrits, ma gloire éternelle (« Ergo si nihil aliud commodi hæc doctrina somniorum interpretandorum attulisset, an non hoc sufficere debet, quod viginti quinque hi anni, quibus iam supervixi, quicquidve in posterum supervivam, filiique geniti, totque libri conscripti, famaque perennis, huic somnio debentur ? ») ? Pour Cardan, cet épisode apporte donc la preuve évidente de l'efficience de la science des songes, et justifie à lui seul la rédaction du *Traité* : « Ob hocque solum somnium, hoc Opus conscripsi ».

Cardan affirme donc en 1562, dans le *De insomniis*, que c'est ce rêve qui l'a décidé à élaborer une théorie d'interprétation de ces songes qui faisaient intimement partie de son paysage imaginaire ; le processus qui l'a mené à la publication, cette année-là seulement, du *Traité des songes*, est long et complexe mais il est possible de le suivre à travers l'examen des éditions successives du *DLP*.

Le *De insomniis*

La gestation de ce livre[16] nous est en effet connue à travers les différentes rédactions du *De libris propriis.* C'est d'abord au sein de la liste d'ouvrages donnée dans la *Practica Arithmetice*, datée de 1538, qu'il est fait mention, pour la première fois, sous le numéro 26, des *De somniis libri decem*, sans plus de précision descriptive[17]. La version de 1544 du *DLP* est plus explicite : « Dans ces ouvrages, plus que toute science et toute application, le hasard, et je ne sais qui encore, m'aidèrent à faire bien des découvertes grâce aux songes ; et ce qui me conforta dans mon enquête fut que jamais je ne fus trompé dans leurs accomplissements ; encouragé par ce succès, pendant ces deux mêmes années, je confectionnai dix livres sur les songes. Dans le premier, j'ai exposé la théorie générale des songes ; et dans le dernier, toutes les expériences que Grecs et Latins ont racontées, ou qui me sont échues : elles sont un millier, à peu près, et je les ai concentrées en un seul livre ; les huit livres intermédiaires, je les ai répartis selon la nature des objets, objets célestes, éléments, herbes et arbres, animaux, oiseaux, poissons, dispositions et actions humaines. À peu près à cette époque, alors que je n'avais encore rien publié et que je tardais à composer des livres, par crainte de la pauvreté, un songe me poussa à écrire avec tant de vigueur qu'aujourd'hui encore son image me tourmente »[18]. L'expression « dans ces ouvrages » (*in his*) renvoie aux quatorze livres de l'*Opus perfectum* [*de mathematicis*] composés en 1535-1536[19] . Encouragé, donc par les découvertes que lui ont permises les songes, dans ce domaine, Cardan écrit *sub eodem biennio*, dix livres sur le sujet. Ces deux « mêmes années » ne peuvent être que celles évoquées quelques lignes plus haut par un *post biennium* qui renvoie au délai ayant séparé le début de la composition de l'ouvrage *de Arithmetica* du moment de son édition : « Tunc vero, voto frustratus, nec cum Pontifice quicquam proficiens, per reliquos duos menses, tunc etiam in posterum librum de Arithmetica magnis laboribus, plusquam feliciter composui, quem post biennium ab initio aedidi »[20].

En1550, les *De somniis Libri decem* sont simplement signalés (avec le numéro 5) parmi huit ouvrages « encore éloignés de leur achèvement »[21], mais Cardan rappelle qu'il les a écrits « à trente-six ans »[22], c'est-à-dire en 1537. Globalement donc, on peut admettre que ces *De somniis Libri decem* ont été composés entre fin 1535 (ou début 1536) et 1537.

L'édition de 1557 du *DLP* présente une version « affinée » du premier « plan » en dix livres annoncé dans celle de 1544 :

> À cette époque, ayant été bien souvent averti par des songes que des accidents me menaçaient, j'écrivis mes dix livres sur les songes. Le premier en contient la théorie générale ; le deuxième traite des images en général ; le troisième des parties de l'homme et des phénomènes naturels ; le

quatrième, des autres phénomènes ; le cinquième de ce qui est inhérent à l'homme ; le sixième, des quadrupèdes ; le septième, des oiseaux et des poissons ; le huitième, des plantes et des métaux ; le neuvième, des objets fabriqués, le dixième, des exemples, et ce livre est plus agréable à lire que les autres. *Incipit* de l'ouvrage : « Bien des gens ont négligé l'étude des songes... » Nombre de feuillets : 360. Nous nous sommes appliqués à cet art, bien qu'Artémidore et quelques autres en aient brillamment parlé[23].

En 1562, la nouvelle édition du *De libris propriis* consacre l'organisation définitive de l'ouvrage, qui paraît d'ailleurs la même année :

> À cette époque, ayant été bien souvent averti par des songes que des accidents me menaçaient, j'écrivis à leur sujet dix livres que, cette année 1561, j'ai ramenés à quatre livres, d'une facture admirable : leur titre est <livres> *des songes de Synesios*. Le premier traite des principes de cet art. Le deuxième, des rêves complexes et de quelques unes des catégories particulières <de songes>. Le troisième, de la stabilité et des changements. Le quatrième, des exemples. Il comprend cent chapitres[24] et il est admirablement construit. *Incipit* de l'ouvrage : « L'interprétation des songes, comme octroyée par la divinité... » Nombre de feuillets : 60. De là un grand miracle : comment tant de choses, et si nombreuses, ontelles pu être enfermées en si peu de pages ? Mais il y a plus de choses, ici, qu'il n'en pouvait être annoncé de prime abord[25].

En fait, s'il est incontestable que le *Traité des songes* fut composé dès les années 1535-1537, il porte, à chaque Livre, la trace évidente de remaniements et d'ajouts datant de l'année 1561 ou du début de 1562. Au L.I, ch. 57 : « Peu avant d'écrire ces lignes, à la fin de 1561 » . Au L. III, ch. II : « Le 7 des ides d'octobre de cette présente année... ». Un rêve, au L. II (ch. VI), est présenté comme des plus récents, puisqu'il aurait eu lieu deux nuits avant sa rédaction, le 7 juillet 1561, au moment où, perdant le soutien du Prince de Pescara, Cardan se voit privé de sa charge d'enseignement. Mais au ch. II du L. III, Cardan évoque un rêve, une apparition de son père, qu'il date du dernier trimestre de la même année : « ce fut le 7 des ides d'octobre de cette présente année 1561... ». Au ch. 57 du L. I, au moment d'évoquer une apparition du médecin Curzio, il avance une date de rédaction plus tardive encore, fin 1561 ou début 1562 : « Peu avant d'écrire ces lignes, à la fin de 1561... ». Quant au ch. IV du L. IV, celui des rêves personnels, il comporte lui aussi plusieurs rêves « tardifs » : le premier date du 1er mai 1561, le rêve 36, de l'Ascension de la même année, le rêve 40, du 10 juillet, le rêve 41, du 11 juillet, le rêve 45, du 25 août, les rêves 46 et 47 ayant eu lieu, l'un, « peu après le précédent », l'autre, « quelques jours plus tard », les rêves 49 et 50, du 24 septembre, le rêve 51, du 20 octobre, le rêve 54, du 1er janvier 1562 et le rêve 55 du 22 janvier de la même année. Force est donc de constater, chez Cardan, en cette fin d'année 1561, et au tout début de 1562, une forte activité onirique, un peu plus d'un an après l'exécution de son fils Giovanni Battista, et alors qu'il enseigne la médecine à Pavie, au moment où il concentre à nouveau son attention sur la divination par les songes. On peut établir avec sûreté qu'il compte treize rêves datables de cette période (1, 36, 39, 40, 41, 45, 46, 47, 49, 50, 51, 54, 55).

En résumé, on retrouve certes dans le livre, tel qu'il fut donné à l'éditeur en 1562, le plan annoncé dès le *DLP* de 1544 et surtout, celui de 1557 :

1544	1557
Livre I *generalis ratio somniorum*	*generalis ratio somniorum*
Livre II *res coelestes*	*generalia simulachra*
Livre III *elementa*	*hominis partes, naturales actiones*
Livre IV *herbae et arbores*	*actiones aliae*
Livre V *animalia*	*homini adhaerentia*
Livre VI *volucres*	*quadrupedes*
Livre VII *pisces*	*aves et pisces*
Livre VIII *ornatus*[26]	*plantae et metallica*
Livre IX *humanae operationes*	*res artificiosae*
Livre X *experimenta*	*exempla*

mais en 1562, Cardan a ramené ces dix Livres à quatre, ce qui correspond à l'organisation du traité d'Artémidore :

DLP 1562	*De somniis* 1562
Livre I *Principia artis et somnia simplicia*	L. I *De generali tractatione et differentia eorum penes visa.*
Livre II *Somnia composita et specialia illorum genera*	L. II *De somniis, prout propriis differentiis distinguuntur.*
Livre III *Status et mutationes*	L. III *De somniis liber tertius.*
Livre IV *Exempla*	L. IV *De exemplis.*

L'optique, en cette année1562, a radicalement changé : dans les plans annoncés en1544 et en 1557, Cardan, pour les huit « livres intermédiaires », se plaçait du même point de vue que les « clefs des songes » de son temps, c'est-à-dire qu'il privilégiait apparemment, si l'on se fie aux grandes « têtes de chapitres » qu'il nous livre, les listes de significations systématiques, selon les catégories de *res*, c'est-à-dire d'objets du songe, comme on peut en trouver, par exemple, dans les deux « clefs » que contient l'ouvrage édité en 1493 et attribué à « Magister Urso » également évoqué par Cardan au premier chapitre du L. I du *De insomniis* :

> *Carbones edere : inimici tui de te mala loquuntur.*
>
> *Ceram vel cereos videre gaudium significat.*
>
> *A mulieribus accipere grandes pisces vivos : vinces . Sed vendere : grande lucrum. Mortuos similiter. Sed cum parva utilitate.*
>
> *Gladiatorem se vel alium videre damnum vel angustiam significat.*
>
> *Flumen in domum intrare. Damnum*[27].

De cette disposition première, il reste d'ailleurs de larges traces dans le *De insomniis*, avec notamment les passages où Cardan donne en de longues énumérations la signification « immédiate » des différentes parties du corps :

> *Capilli, tegulas domus, ornamentum, decorem, luctus et infortunia gravia corporis,*
>
> *Oculi, filios, gemmas, prudentiam, et iniurias*
>
> [...][28].

D'ailleurs, dans le *DLP* de 1550, quand il énumère ce qu'il convient de lire *in somniorum interpretatione*, il cite, à côté des « cinq livres d'Artémidore », les *Somnia Salomonis* qui sont, avec les *Somnia Danielis*, les véritables « clefs des songes » du Moyen Age[29]. Ces *Somnia Salomonis* furent édités notamment à Venise en 1501 et 1516[30] sous le titre *S. Salomonis David regis filii una cum Danielis propheta somniorum interpretationem* et c'est ce type d'ouvrage que cite précisément Cardan dans le *De insomniis* (L. IV, ch. III, songe 59) :

> *Dominico Confalonerio, e Candiæ oppido sacerdoti, seni nunc, sed olim contigit, dum adhuc iuvenis esset, ut videret domum suam corruere. Is autem inspexit Salomonis librum* de Somniis, *intellexitque mortem prænun-*

> *ciari suam, vel alicuius e principalioribus domus* (59. À Domenico Gonfalonerio, prêtre originaire de la place de Candie, aujourd'hui âgé, il advint autrefois, quand il était encore jeune, de voir sa maison s'effondrer. Il examina alors le livre des *Songes de Salomon*[31], et comprit que c'était sa mort qui était annoncée, ou celle d'un homme important de la maison.)

Autre signe d'enracinement dans la tradition médiévale, Cardan invoque également, dans le même passage du *DLP*, la version italienne de la traduction latine (par Leo Tuscus, aux alentours de 1175) d'un ouvrage fort célèbre, l'*Achmetis oneirocriticon* : l'*Espositione degli insonii secondo la interpretatione de' Indy, Persi et Egyptii, tradute de greco in latino per Leone Toschano et al presente date in luce per il Tricasso Mantuano ed Alessandro Bicharia* paru à Venise en 1526. L'Achmet fils de Sirim (Ahmad ibn Sirin, Mohammad ibn Sirin al Basri), reconnu comme le fondateur (VIIIe siècle) de la tradition onirocritique arabe, n'ayant pas laissé d'écrit, nous ne connaissons pas l'origine (peut-être byzantine[32]) de cet *oneirocriticon* qui eut un immense succès à la Renaissance. Y sont énumérées un grand nombre de « visions » dont les significations sont envisagées, successivement, sous l'angle des « sagesses » indienne, perse, et égyptienne. De fait, Cardan cite cette œuvre au début du *De insomniis*, désignant son auteur, au ch. I du L.I sous le nom de « Sciruachan Indus », avant de donner, dans le corps de l'ouvrage, trois exemples de rêves tirés du traité d'« Achmet ». Ce recours au patronage de « Tricasso », le plan annoncé en 1544 et en 1557, avec ses listes d'objets, laissent penser que Cardan se place encore là dans la tradition de ces « clefs des songes » médiévales, qui fleurissent encore à son époque. Certes, avec le plan en dix livres, ces *res* sont réparties par genres, mais le principe demeure le même : à un certain nombre de réalités oniriques doivent, indépendamment du contexte, être affectées autant de significations automatiques. Mais avec le plan annoncé dans le *DLP* de 1562, l'*ars* de Cardan porte bien davantage sur les spécificités formelles du songe que sur sa *materia* et, surtout, c'est la première fois que l'ouvrage est annoncé comme un commentaire du traité de Synesios (*Somniorum Synesiorum, omnis generis insomnia explicantes libri III*) : de là un changement drastique de perspective puisque c'est à Synesios que Cardan va emprunter la notion, nouvelle dans son œuvre, d'*idolum*, qui représente l'image onirique « parfaite ».

Tout cela s'accompagne, pour la première fois, d'une critique d'Artémidore, dont il était dit précédemment qu'il avait « brillamment traité le sujet » :

> Ainsi Artémidore de Daldis, qui passe pratiquement pour le prince de notre discipline, fait une revue de détail quand il s'agit de distinguer entre les nourritures, alors que c'est la moins importante de celles qu'on peut envisager dans une étude des songes, mais quand il s'agit des genres[33] proprement dits, qui sont tous de la plus grande importance, que n'a-t-il pas laissé de côté ? Comme ce chapitre, et la majeure partie de notre Livre III. Et il n'a pas fait cela dans la pensée de ne rapporter que ce qui était corroboré par l'expérience (il eût été dans ce cas digne de louange), mais il est évident que, décidé à s'efforcer d'établir une science, il n'a pu atteindre son but. Il a aussi négligé bien des points que nous traitons dans le Livre I. Et le Livre II dans sa totalité. Et dans son Livre V, assimilable à notre Livre IV, il n'a rien non plus abordé qui permette de conforter le crédit des songes.

Le *De insomniis* constitue donc le moment le plus abouti de la longue réflexion que Cardan a menée sur le songe, et l'élément « déclenchant » semble bien avoir été la lecture, à un moment donné, difficile à déterminer précisément, du traité de Synésios de Cyrène[34] qu'en 1549 Auger Ferrier, l'adversaire de Bodin, avait donné dans la traduction de Marsile Ficin au sein d'un *Liber de somniis* comprenant également les traités, sur les songes, d'Hippocrate et de Galien que Cardan cite expressément au ch. I du Livre I du *De insomniis*. Pour passer donc de la classique « clef des songes » à la science onirocritique, Cardan fait subir à sa matière un changement drastique de perspective : de Synésios, il reprend en effet deux catégories de songes essentielles : celles des *idola* et des *visiones*[35]. Dans les premières, l'objet est donné, dans le rêve, tel qu'il est, ou est amené à être, dans la réalité. Pour Synésios, ce type de songes est réservé à une petite élite de vrais philosophes à l'âme lisse, et pour Cardan — cela est sensible à travers le *De insomniis*, notamment dans les deux chapitres consacrés spécifiquement aux *idola* — de tels songes sont excessivement rares et souvent entachés d'impuretés qui en voilent la transparence. Ces « impuretés » sont de plusieurs natures mais empruntent souvent au « songe-souvenir » (*memorativum*) ou même à la catégorie-reine, celle dont s'occupe surtout Cardan dans cet ouvrage : les *visiones*, songes pleins de sens mais dont la rhétorique ne se laisse décrypter qu'au prix d'une analyse rationnelle, « scientifique » dont Cardan entend donner les arcanes dans son *De insomniis*, en cherchant certes les dénotations de la matière, des *res*, du rêve, comme ses devanciers, mais aussi en analysant par quels subterfuges le rêve voile son objet aux yeux des incompétents. Nous sommes donc bien au moment où Cardan pousse le plus loin sa science d'onirocrite, comme en témoigne la version développée du rêve des Borromée que l'on y trouve. Avec le *DVP*, la perspective est encore différente. Anthony Grafton, au ch. X de son livre *Cardano's Cosmos*[36], analysant les différentes versions du fameux songe de la montagne et de la vigne, celles de 1557, de 1562 et 1576, affirme que de texte en texte, Cardan « affine » ses souvenirs et sa narration. Le terme n'est sans doute pas à rejeter, mais avec le rêve des Borromée, on s'aperçoit que la progression n'est pas linéaire : la narration s'amplifie, on l'a vu, de la première à la deuxième version, pour s'amputer, dans la version ultime, de ce qui rend le rêve « fatal » ; de la sorte, il se ramène à la description d'une simple « merveille », qui témoigne de la dilection que la divinité témoigne à Cardan, comme le montre en particulier le soin qu'il eut de placer l'essentiel des récits de songes dans les chapitres consacrés aux dons particuliers dont il fut gratifié : *Proprietates quaedam naturales, mirificae, inter quas somnia* (ch. XXXVII) ; *Proprietates quinque, quibus adiutus sum* (ch. XXXVIII) ; *Ostenta naturalia visa, rara tamen de Vita propria, et filii ultione* (ch. XLI). Le rêve cette fois est *ostentum*, et la technique laborieusement mise en œuvre dans le *De insomniis* ne se fonde plus « que » sur une merveilleuse qualité naturelle (*proprietas naturalis mirifica*) dont les puissances supérieures l'ont gratifié.

Notes

1. *De Vita Propria*, ch. II, *Nativitas nostra*, *OO* I, p. 2 : « ... destitutus corporeis viribus, cum paucis amicis, parvo matrimonio, pluribus inimicis quorum maximam partem neque nomine neque vultu agnosco, absque humana sapientia, nec memoria validus, sed providentia aliquanto melior ».

2. *DVP*, ch. XLVII, *Spiritus*, *OO* I, p. 44 : « ... cur quae admonet non aperte admonet ? »

3. « ... M. D. xxxiv, coepi videre per somnia que futura essent brevi, et si eadem die, videbam ut erant, clara, et post ortum Solis, et explicata [...] ; cessavit [...] anno M.D.lxvii [...], et ita duravit annis circiter xxxiii. » (ch. XXXVIII, *OO* I, p. 30).

4. Cardan (L. IV, ch. IV, songe 54) revient dans le *Traité des songes* sur les rêves que lui ont suggéré d'écrire le *De subtilitate* et le *Micropresbyticon*.

5. « Per somnum non semel admonitus sum ut hunc librum conscriberem, divisum quidem, ut mihi videbatur, in 21 partes ; tractationes erant variae [...]. Inde per totum variae ac novae disputationes admodum elegantes [...] ; candore linguae non mediocri, cum quadam grata obscuritate ; tum vero ob styli continuitatem, rationum subtilitatem, res mihi pene divina videbatur, adeo ut per somnum tanta perfunderer voluptate ut parem illi nunquam senserim. Extra sensum rapi videbar, et post somnum etiam memoria illius iucunditatis mirum in modum delectabat. Agnovi materiam quae de omnibus tractaret, nomenque libri, notam tenuem ac pulchram. Procul impressus liber videbatur, paucaque in urbe exemplaria. [...]. Igitur cum saepe hoc mihi contigisset, libellum quatuor primum chartis incoepi ; post ad septem superauxi, inde usque ad 35 ; nunquam interim cessantibus imaginibus iisdem, et iucunditate illa quam legendo percipiebam in somno ; sed eo rarius in somnium revertebatur, quo magis liber crescebat. Auctus est postmodum ad 57 chartas, demum ad 76, tuncque primum adiecta tabula editus est » (L. XVIII, *OO* III, p. 650-651).

6. « Qua causa permotus sim ad scribendum, superius intellexisse te existimo, quippe somnio monitus, inde bis, terque, ac quater, ac pluries, ut alias testatus sum ; sed et desiderio perpetuandi nominis » (*DVP* ch. XLV, *OO* I, p. 41).

7. « Hanc igitur tractationem, ut in libro de Libris propriis exposui, somnio monitus sum, ut in tres libros dividerem, atque ea ratione ut in primo de naturalibus, in secundo de artificiosis, in tertio de supernaturalibus, aut quae his similia sunt, tractarem » (L. XVII, ch. C, *OO* III, p. 348).

8. *Opuscula Medica et Philosophica in duos tomos divisa, quorum primo continetur Ars medendi parva...*, Basileæ, H. Petri, 1566 (*OO* VII, p. 143-199). Dans l'édition de 1557 du *DLP*, Cardan indique qu'il a composé cette année-là deux ouvrages admirables, dont l'un intitulé, *Ars curandi parva*, contient tout l'art médical (éd. Ian Maclean, p. 99).

9. Voir *De insomniis* L. IV, ch. IV, songe 53.

10. Voir Anthony Grafton, *Cardano's Cosmos*, Harvard University Press, 2000, p. 178-179 et Ian Maclean, « At the pinnacle of the mountain ; images of Cardano on his road to fame », *L'Erasmo*, 6, (2001).

11. *Synopsis librorum de pulsibus* ch. XXIII, *Claudii Galeni Opera Omnia*, éd. C. G. Kühn, (réimpr. Hildesheim), t. IX, p. 544.

12. Dans le *De Vita Propria*, Cardan indique que ce médicament était composé de « turbith » accompagné de « diarrhodon ».

13. À base, selon le *De Vita Propria*, « de perles fines, d'os de licorne et de pierres précieuses » (« e margaritis, osse monocerotis, gemmis »).

14. D'après le *De Vita Propria*, deux de ces médecins « haïssaient » Cardan, l'un d'eux seulement lui étant « moins hostile », pour l'avoir assisté dans la

cure du fils Sfondrato, évoquée au ch. XL de l'ouvrage (*OO* I, p. 31-32, cure 1.).

15. Composées en 1554, ces trois ou quatre cents *Fables* furent divisées en trois livres peu avant 1562. Dans le *DLP* de cette année-là, elles sont annoncées comme prêtes pour la publication. On ignore ce qu'elles sont devenues (voir à ce sujet *DLP*, éd. Ian Maclean, p. 95).

16. Sur le *Traité*, voir la thèse d'Alice Browne, *Sixteen Century beliefs on dreams, with special reference to Girolamo Cardano's* Somniorum libri IIII, London, The Warburg Institute, 1971 ; du même auteur, « Girolamo Cardano's *Somniorum libri IIII* », *Bibliothèque d'Humanisme et Renaissance*, XLI, 1978, p. 123-135 ; J. Le Brun, École Pratique des Hautes Études, Section des Sciences Religieuses, *Annuaire, Résumé des conférences*, t. XCIV, 1985-1986, p. 567 *sqq*.

17. *Practica Arithmetice*, Milan 1539 (rédigée en 1538 ; « Data Mediolani die 25 Iun. M. D. 38 »), *Girolamo Cardano, De libris propriis, The editions of 1544, 1550, 1557, 1562 with supplementary material, edited with an introduction and chronology of Cardano's works by Ian Maclean*, Milan, 2004. p. 118.

18. « In his ultra omnem artem, tum diligentiam, casus etiam, et etiam, et nescio quis auxilio fuit, ut etiam multa per somnium invenerim ; tum ad quaerendum confirmatus, nunquam fallente eventu ob quem successum, sub eodem biennio, decem libros de somniis fabricavi ; in quorum primo generalem rationem illorum edocui. In decimo autem quotquot experimenta Graecorum seu Latinorum historiis mandata sunt, vel mihi evenerunt, ad mille puto in unum congessi ; intermedii octo libri, a rerum natura distincti sunt, coelestium, elementorum, herbarum et arborum, animalium, volucrum, piscium ornatus, et humanarum operationum. Per idem ferme tempus, cum nondum quicquid addidissem, haereremque in compositione librorum, paupertatis metu, per somnium ad scribendum adeo sum confirmatus, ut illius imago etiam nunc me torqueat » (*De libris propriis*, 1544 /426/, éd. cit. p. 62 et 131).

19. *De libris propriis* 1544 /426/, *op. cit.*, p. 128.

20. *Id.* /425-426/, p. 130.

21. « Libri autem qui nondum proximi sunt perfectioni diversi quidem tituli octo hi : 1 De ludis Libri iiii ; 2 Epidemiorum liber i ; 3 Methodi medendi Libri iiii ; 4 Floridum liber i ; 5 De somniis Libri x ; 6 Archana aeternitatis Libri iii ; 7 De amore Libri x ; 8 De circulis Libri v », *op. cit.* p. 145.

22. « Fuerat autem annus in quo primum hos scripsi aetatis xxxvi. Floridorum composui sed minime absolvi. Scripsi et De somniis decem libros », *DLP* 1550 /2r/, *op. cit.* p. 142.

23. « per eadem tempora, quod somniis saepius admonitus essem de impendentibus casibus, scripsi decem libros somniorum. Primus generalem illorum rationem continet. Secundus agit de generalibus simulachris. Tertius de hominis partibus, naturalibus actionibus. Quartus de actionibus aliis. Quintus de homini adhaerentibus. Sextus de quadrupedibus. Septimus de avibus

et piscibus. Octavus de Plantis et metallicis. Nonus de rebus artificiosis. Decimus de exemplis, estque hic liber aliis iucundior lectu. Initium operis, "A multis quidem neglecta est somniorum interpretatio" ; magnitudo foliorum ccclx. Excoluimus hanc artem tametsi de ea Artemidorus aliique ornate scripserint » (*De libris propriis*, 1557 /36/, ed. cit., p. 62 et 184).

24. L'édition de 1562 comprend en fait 107 chapitres (L.I ; 69 ; Livre II ; 18 ; Livre III ; 16 ; L. IV ; 4).

25. « per eadem tempora, quod somniis saepius admonitus essem de impendentibus casibus, scripsi decem libros de illis, quos egos hoc anno M.D.lxi. reduxi in quatuor, arte mirabili, quorum titulus est ; Synesiorum somniorum. Primus est de principiis artis eius, et somniis simplicibus. Secundus, de compositis et specialibus quibusdam illorum generibus. Tertius, de statibus et mutationibus. Quartus, est de exemplis. Continet capita centum, et constructus est arte mirabili. Initium operis : "Somniorum interpretationem velut divinitus concessam" ; magnitudo foliorum ; sexaginta. Unde mirum est tot et tanta tam paucis chartis potuisse comprehendi. Sed plus continetur quam in fronte repositum sit » (*De libris propriis*, 1562 /16/, éd. cit., p. 62 et 247).

26. Le texte porte : « [...] intermedii octo libri, a rerum natura distincti sunt, coelestium, elementorum, herbarum et arborum, animalium, volucrum, piscium ornatus, et humanarum operationum ». On n'obtient ainsi, en fait, que sept titres de chapitres ; il convient donc sans doute d'introduire une virgule entre « piscium » et « ornatus », l'expression « piscium ornatus » n'offrant, à l'évidence, guère de sens, et Cardan consacrant, dans l'édition de 1562 du *Traité*, un chapitre paticulier (L.I, ch. LIII, *De ornatu*) à ce concept, les significations des poissons étant analysées au ch. XXXVI de ce même Livre.

27. « Manger du charbon ; tes ennemis parleront en mal de toi.

Recevoir de femmes de gros poissons vivants : tu seras vainqueur. Mais les vendre : grand profit. S'ils sont morts, même chose, mais avec peu d'avantage.

Se voir, soi ou un autre, en gladiateur signifie dommage ou difficulté.

Qu'un fleuve entre chez toi ; dommage ».

28. « Les cheveux : les tuiles de la maison, l'ornement, la parure, les chagrins et les graves indispositions du corps.

Les yeux : les fils, les pierres précieuses, la sagesse et les outrages », *De insomniis*, L.I, ch. XIV, « De communi ratione comparandi partes mundi ad partes hominis et partes mundi atque effectus ad hominum affectus ».

29. Voir en particulier, à ce sujet, l'introduction de l'ouvrage *Exposicions et significacions des songes* et *Les songes Daniel*, textes établis et commentés par François Berriot, Genève, Droz, 1989

30. Voir à ce sujet N.G. Siraisi, *Girolamo Cardano and Renaissance Medicine*, Princeton, 1957, p. 237.

31. La relation entre la chute de la maison et la ruine du chef de famille ou de l'un de ses proches est un lieu commun de ces clefs des songes (voir *Exposicions et significacions des songes*, ch. LXVII, *Des edifices*, éd. F. Berriot, Genève, Droz, 1989, p. 157-8).

32. Pour la version grecque de ce texte, voir Fr. Drexl, *Achmetis oneirocriticon*, Leipzig, 1925.

33. Les *genera* auquels Cardan fait allusion sont les « genres » des songes envisagés selon les critères qui permettent de les distinguer, qu'il s'agisse, au L. II, de leurs caractères extérieurs (« grands » rêves, rêves « terrifiants »...) ou, au L. III, de leurs contenus.

34. Synesios de Cyrène, *Traité sur les songes*, texte établi par J. Lamoureux, traduit et commenté par N. Aujoulat, Paris, Les Belles Lettres, t. IV. *Opuscules*, 2004.

35. Voir à ce sujet ; « La place du *Traité des songes* dans la tradition onirocritique. Le problème de l'image onirique ; l'*idolum* et la *visio* », dans *Girolamo Cardano, le opere, le fonte, la vita.* Atti del Convegno internazionale di studi, Milano (11-13 dicembre 1997) a cura di Marialuisa Baldi e Guido Canziani, 1999, p. 215 *sqq.*

36. Anthony Grafton, Cardano's Cosmos. *The Word and Works of a Renaissance Astrologer*, Harvard University Press, Cambridge, Massachusetts, 1989 ; *Il Signore del tempo* (Traduction italienne de Luca Falaschi, Roma-bari, 2002), p. 225 *sqq.*

Les derniers écrits de Cardan

IAN MACLEAN

Déjà en 1543, à l'âge de 42 ans, lors de la composition de la première rédaction du livre qu'il intitule *De libris propriis*, Cardan déclare qu'il n'écrira plus rien, mais se consacrera à la tâche de révision et de parachèvement qui s'impose à tout auteur ayant écrit plus de cinquante ouvrages, tantôt bien polis, tantôt restés à l'état de brouillon. Même déclaration lors de la rédaction suivante du *De libris propriis*, en 1550, les sept ans passés ayant produit vingt-deux ouvrages supplémentaires; déclaration répétée en 1561, au moment de la composition de la dernière édition du *De libris propriis*, qui contient les titres de plus de soixante ouvrages nouveaux[1]. Après ces promesses non tenues, on ne s'étonne pas de lire dans les conférences sur le *Pronostic* d'Hippocrate, qu'il prononce au cours de l'année scolaire 1565-6, le passage suivant :

> Il est impossible avant l'âge de 50 ans d'écrire quoi que ce soit avec jugement. Je me connais bien, et bien que j'aie toujours été assidu dans mes études, je sais quel poids ma soixantième année m'a apporté. Au point que je pourrais établir à bon droit trois catégories dans mes livres : ceux écrits avant l'âge de 50 ans, lesquels, pour autant qu'ils montrent du génie, sont non seulement trop indigestes mais manquent aussi de maturité. Ceux que j'ai écrits entre 50 et 60 ans sont meilleurs et plus sérieux; mais les ouvrages parfaits sont le produit d'un esprit entre l'âge de 60 et celui de 70 ans. Au-delà de cet âge, les autres sont trop denses, même si leur auteur est féru d'érudition, et à cause de cela la lecture en est ennuyeuse et difficile, l'auteur les comblant de trop de matières; et plusieurs sont fort imparfaits à cause du manque de forces corporelles et surtout de mémoire et d'endurance. D'où il s'ensuit nécessairement qu'ils sont inégaux, car l'esprit lui-même est tantôt riche et nerveux, bien étoffé et vivace, tantôt ténu et imparfait. [...] Pour cette

> raison, conscient de l'état des forces humaines à l'âge de 70 ans, j'ai résolu de ne rien écrire l'ayant atteint, et je nourris quatre rédacteurs qui vont parachever et réviser mes ouvrages, au moment où mon emploi à Bologne sera terminé (c'est-à-dire en 1571) ; un songe m'avertit qu'il sera suivi ou par la mort, ou tout au moins par un grand changement dans mon mode de vie. Si je survis à cet événement, je pourrai corriger mes ouvrages d'autant mieux que je ne serai plus en état d'en écrire de nouveaux. Je me dois à ce travail[2].

Cardan prévoit donc qu'il aura besoin du secours d'une équipe de correcteurs et de rédacteurs, qu'il nomme (Paolo Euformia, Giovanni Bordoni, Guido Postumio Ferri, et Rodolfo Silvestri, qui va par la suite devenir son exécuteur testamentaire) ; mais il renonce explicitement à écrire quoi que ce soit après l'âge de 70 ans. Pourtant, à l'âge de 75 ans, il annonce assez fièrement dans son autobiographie qu'il a composé encore douze ouvrages nouveaux depuis 1571[3]. Je crois que chacune de ces protestations successives est sincère, car son récit, chaque fois, n'a aucune raison de n'être pas véridique ; mais il est évident qu'il sous-estime la force de sa pulsion d'écrire. Ce qui m'amène aux questions que je vais poser dans cet article : Qu'est-ce qui le pousse si fortement à écrire ? Qu'y a-t-il de nouveau dans ses derniers écrits, et dans les révisions qu'il apporte aux ouvrages existants ? À quels champs de savoir s'est-il consacré ? Quels genres littéraires a-t-il choisis ? A-t-il changé d'opinion sur quoi que ce soit ? Perçoit-on un déclin de ses forces intellectuelles? Après ce bilan de tout ce qu'il fit dans sa vie en tant qu'écrivain, dans la perspective de ses derniers écrits, je ferai le point sur les grandes questions qui le préoccupent tout au long de sa carrière de polymathe, et qui sous-tendent toute son œuvre. Je commencerai en traçant la carrière de Cardan après les événements désastreux de 1560 qui ont changé le cours de sa vie, jusqu'à sa mort en 1576 ; je présenterai ensuite les différents témoignages que nous avons de ces années et j'évaluerai leur fiabilité ; puis je considérerai le destin de ses manuscrits et j'exposerai les énigmes qu'ils posent pour celui qui veut s'en servir pour établir la chronologie de ses œuvres ; enfin, je parlerai de ses motivations, de sa contribution aux divers champs de savoir de son époque, et de ses obsessions.

La condamnation de son fils pour l'empoisonnement de sa femme, suivie par son exécution en avril 1560, met Cardan au bord du désespoir ; en même temps, il commence à subir des attaques scabreuses concernant et sa vie privée et son enseignement peu orthodoxe à l'université de Pavie[4]. Entre octobre 1560 et la fin de l'année scolaire, ses cours anti-galéniques lui valent, sur les incitations du recteur de l'université, la censure publique d'un collègue subalterne, Andrea Camuzio. La dispute entre les deux médecins, qui va durer trois jours, a lieu avant la fin de l'année scolaire 1562 ; Cardan revendique une victoire écrasante dès le premier jour, mais cela n'empêche pas Camuzio de faire imprimer une réfutation en 1563, à laquelle Cardan répond l'année suivante[5]. Plusieurs de ces événements trouvent un écho dans la dernière édition de son *De libris propriis*, écrite probablement avant la fin d'avril 1561, et dans le traité *De utilitate ex adversis capienda* ; peut-être aussi dans le testament du 7 aout 1560, rédigé à Pavie, dans lequel, prévoyant sa mort, il énumère neuf ouvrages manuscrits qu'il compte encore préparer pour l'édition, dont six sont effectivement remaniés par lui après cette date. On l'oblige à renoncer à sa chaire de médecine théorique à Pavie le 11 juin 1562[6] ; mais déjà en 1561 ses puissants mécènes ecclésiastiques Francesco Alciato, Carlo Borromeo et Giovanni Morone briguent pour lui une chaire de médecine à l'université de Bologne, institution qui subit l'influence de l'Eglise romaine, étant située dans les états papaux. L'université résiste à leurs instances, mais finit par y céder le 23 mars 1562. Cardan entre en fonction le 29 octobre de la même année, avec un traitement de cent couronnes de plus qu'à Pavie[7]. Il commence son enseignement par un acte de défi, en répétant les cours anti-galéniques qui ont contribué à lui coûter son emploi à Pavie un an plus tôt.

L'an 1563 lui est plus propice : le 3 avril, on lui accorde un contrat de huit ans comme « superordinarius » à un salaire plus élevé encore ; il possède toujours ses maisons à Milan et à Pavie, et gagne aussi de l'argent en tant que praticien qu'on consulte, paraît-il, souvent ; enfin, il est élu citoyen de Bologne le 26 mai[8]. Il publie plusieurs ouvrages, le premier étant un livre sur la médecine astrologique, dédié au cardinal Marco Antonio Amulio[9] ; un autre, le premier en langue italienne à être publié par lui, a été vraisemblablement écrit pour plaire aux patriciens de sa nouvelle patrie ; il s'adresse à un jeune homme, et l'incite à se consacrer à ses études[10]. Il dédie son livre sur les venins, achevé entre mars et juillet, au pape Pie IV[11]. Il n'a que peu d'étudiants, mais il s'y trouve une petite poignée de disciples fidèles : lorsqu'on l'accuse d'être piètre orateur et d'attirer peu d'auditeurs, il répond que ce qui importe, ce n'est pas leur nombre, mais plutôt leur qualité[12]. Il jouit d'une bonne réputation à l'étranger : vraisemblablement à l'insu de Cardan lui-même, le neveu du grand marchand libraire lyonnais Guillaume Rouillé, qui gère les affaires de son oncle à Paris, publie en 1565 quatre de ses ouvrages médicaux déjà imprimés, reconnaît sa contribution à la philosophie naturelle, à l'astrologie et aux mathématiques, et l'encourage à faire paraître ses inédits, dont le monde des lettres connaît l'existence par l'inventaire que Cardan en dresse dans son *De libris propriis* de 1562[13].

En tant que « lettore eminente » Cardan a le droit de choisir les textes sur lesquels il donnera ses cours à Bologne[14] ; il poursuit alors le projet qu'il avait conçu plusieurs années auparavant d'écrire des commentaires sur tout le corpus hippocratique : son éditeur bâlois, Heinrich Petri, va les publier in-folio ou in-quarto, Cardan lui ayant dit qu'il visait des lecteurs « érudits, nobles, et riches »[15]. Cinq de ces commentaires vont être publiés de son vivant, dont quatre avant 1570[16]. Il écrit aussi des livres sur la médecine non seulement pour ses confrères mais aussi pour un public plus large : sur les dents, sur la méthode thérapeutique rationnelle, sur la pharmacopée, sur l'épilepsie, et sur les causes, signes et lieux des maladies (le seul livre datant de cette période à être publié en Italie, en dehors du *De providentia ex anni constitutione* et de l'*Exhortatio*)[17]. Il écrit des essais sur la morale sous plusieurs formes ; des ouvrages de piété, des traités sur la philosophie naturelle ; il développe ou mène à bien plusieurs projets mathématiques ; il compose des manuels pour ceux qui désirent être écrivains[18].

Cependant en 1570, c'est le désastre ; ayant lu son *De rerum varietate*, un Inquisiteur de Côme le dénonce à ses confrères bolognais, qui l'arrêtent le 6 octobre et l'emprisonnent pendant 76 jours, pour ne lui accorder ensuite qu'une liberté provisoire. On l'assigne à résidence jusqu'au 8 mars 1571, et avant de le relâcher, on l'oblige non seulement à abjurer *coram congregationem*, mais aussi à s'abstenir par la suite de toute publication, à démissionner de sa chaire, et à renoncer à l'enseignement dans les états papaux[19]. Il doit payer aussi une caution de 1800 couronnes : d'après l'hypothèse de Thomas Cerbu, cette somme était retenue, mais lui assurait un petit revenu annuel de 180 couronnes qui va lui permettre de vivre, mais chichement[20].

Terminés les huit ans bolonais de stabilité relative, financière et personnelle, il continue néanmoins à écrire, d'abord des ouvrages d'autoconsolation sur son emprisonnement et sur les coups du sort (tout comme il l'a fait après l'exécution de son fils dix ans plus tôt) ; ensuite des ouvrages sur la médecine[21]. Peut-être sur les instances de son mécène Giovanni Morone, il décide de se faire muter à Rome[22]. Il s'implante dans la Ville Éternelle le 7 octobre 1571, et continue à corriger ses livres[23] ; un peu plus tard, en 1573, il détruit tous les ouvrages manuscrits qui lui semblaient suspects ou indignes de lui. Il nous affirme qu'il a supprimé 120 livres (c'est-à-dire sections d'ouvrages), sans les nommer[24]. Il compose le livre *Castigationes in libros suos* qui révèle d'une part sa soumission à l'autorité de l'Eglise, mais d'autre part son obstination intellectuelle, car il ne se démord pas de bon nombre de ses opinions philosophiques, étant plus ami de la vérité que de n'importe quelle autorité, sauf en matière théologique[25]. Les ouvrages mis à l'Index *donec corrigantur* ne sont pas seulement ceux qui contiennent des erreurs théologiques, mais aussi ceux qui peuvent donner occasion à de telles erreurs, ou seulement en être suspects[26]. Cardan proteste qu'il a toujours refusé d'avoir quoi que ce soit à faire avec l'hérésie, « ou dans son ménage, ou dans ses conversations, ou dans ses lectures, ou en disputant avec les autres »[27] ; mais Camuzio l'avait déjà accusé d'hérésie en matière de doctrine médicale, et il reconnaît à la fin de sa vie qu'il a toujours affiché des opinions hétérodoxes en fait de philosophie naturelle et de morale[28].

Il continue néanmoins à essayer de s'exonérer auprès des trois instances qui à Rome s'occupent de l'hérésie, à savoir le Saint Office, la Congrégation de l'Index, et le Maître du Saint Palais[29]. Labyrinthe bureaucratique, voire kafkaïen, dans lequel on se perd facilement : mieux vaut s'adresser au pape lui-même, ce qu'il fait après l'élection de Grégoire XIII le 13 mai 1572. Avec son soutien, il espère se faire nommer de nouveau à la chaire de Bologne, ou tout au moins recevoir une pension de cette université[30]. Il sollicite aussi le droit de publier des livres à nouveau, surtout des livres de médecine ; droit qu'il obtient partiellement, car le 29 octobre 1572, l'Inquisition exempte ses livres médicaux déjà publiés de la condamnation générale qui a frappé tous ses ouvrages imprimés[31]. Parmi les douze livres nouveaux qu'il reconnaît avoir écrits à cette époque de sa vie, se trouve un traité sur les planètes à l'usage des astrologues, des traités médicaux et des livres de morale (sur un ton de plus en plus désabusé)[32]. Quant à ses autres activités, on ne sait pas s'il continue de mériter le sobriquet de « vir inventionum » qu'Andrea Alciato lui a attribué plus de vingt années auparavant, ou si l'époque de ses découvertes est déjà passée ; mais il reconnaît explicitement qu'il a abandonné tout espoir de mener à bien plusieurs de ses grands projets, ce qui l'amène à prier ses disciples et ses héritiers de les parachever[33].

Lors du séjour de Jacques-Auguste de Thou à Rome en 1573-4, le savant français rend visite au polymathe italien, et s'en trouve déçu. La conversation qu'il a eue avec Cardan convainc le Français que le jugement sévère de Jules César Scaliger est juste : il a vraiment un esprit puéril. Il s'étonne que Cardan soit l'auteur de tant de livres renommés, et s'alarme de son excentricité ; le polymathe arbore des vêtements étranges, et admet lui-même qu'il a l'habitude en errant dans les rues d'avoir l'esprit ailleurs, et de marcher d'une manière fort originale[34]. Son moral semble être au plus bas : en mai 1574, dans le dialogue qu'il écrit à la fin du traité *De optimo genere vitae* et qu'il intitule *Dialogus Hieronymii Cardani et Facii patris*, il se plaint des maux qui le tracassent — la pauvreté, la défense de publier et d'enseigner, l'accueil si froid qu'il a reçu auprès des médecins de Rome et la pingrerie de ceux à qui il donne des consultations[35]. Ces jérémiades provoquent l'apparition de l'ombre de son père qui, d'outre-tombe, lui adresse des reproches et l'incite à ne plus s'apitoyer sur son sort : déjà trois ans auparavant, Cardan, dans son dialogue fictif *De carcere*, a mis dans la bouche d'un autre interlocuteur historique (en l'occurrence, Lucillo Filalteo[36]) à peu près les mêmes paroles édifiantes, la forme dialoguée lui permettant d'exorciser sa mélancolie et de retrouver son équilibre : ce qui nous rappelle sa pratique de s'infliger de petits supplices pour pouvoir goûter après le plaisir de s'être libéré de la douleur[37]. Peu après, semble-t-il, les choses vont mieux, car il obtient le *consensus superiorum* pour toute une gamme de ses publications, et commence de nouveau à se faire publier : deux commentaires inédits sur des textes hippocratiques sortent des presses des héritiers d'Antonio Bladio, en 1574 et 1575[38]. En septembre 1574 enfin, il obtient une pension papale, et est élu membre du Collège des Médecins de Rome, où on lui accorde le droit de s'adresser à l'assemblée sans le délai habituel de trois mois, et de parler en italien[39]. En janvier 1576 on lui permet même de solliciter la chaire à Bologne qu'il avait perdue cinq ans plus tôt[40]. On sait qu'il assiste à une dissection le 7 mars 1575[41]. Il reste toujours en contact avec plusieurs de ses mécènes, notamment Francesco Alciato et Giovanni Morone ; si Cardan est l'auteur (ce dont on peut douter) du traité *De usu ciborum*, manuscrit trouvé parmi ses papiers que Spon publie dans les *Opera omnia* de 1663, il accompagne ce dernier à la diète de Regensburg en juin 1576[42]. Son dernier testament est rédigé le 21 août 1576 ; il meurt peu après, vraisemblablement avant la fin de cette année[43].

Passons aux documents qui vont nous permettre d'établir la chronologie de ses ouvrages entre 1560 et 1576. Nous disposons tout d'abord de la quatrième rédaction de son *De propris libris*, paru en 1562, où il dresse une liste de ses ouvrages, trace le plan des révisions qui lui restent encore à faire aux ouvrages déjà écrits, et se situe dans le champ général du savoir de son époque. Suivent cinq testaments, datés du 7 août 1560, du 18 juillet 1562, du 18 janvier 1566, du 13 juillet 1571, et du 21 août 1576, par le moyen desquels on peut inférer les *termini a quo* et *ad quem* de ses nouveaux ouvrages et les progrès qu'il a faits dans la révision de ses manuscrits, dont plusieurs ne sont, selon le testament de 1562, qu'une « farrago tota », et vont le rester jusqu'à la fin de sa vie[44] .Enfin, il y a son autobiographie *De propria vita*, écrite entre 1575 et la fin de sa vie, et qui, comme ses testaments, dresse un catalogue de ses ouvrages et les commente[45]. Elle contient aussi de précieux indices sur son état d'âme, sur ses motivations, sur ses dernières réflexions. On doit consulter ce document avec circonspection, car il contient des contradictions et des incohérences, non seulement dans les énumérations imprécises dont raffole notre auteur et les statistiques pour le moins approximatives qu'il nous donne sur son œuvre, mais aussi dans ce qu'il tait[46]. Tandis que dans les quatre rédactions de son *De libris propriis*, il mentionne la quasi-totalité de ses compositions, il passe sous silence bon nombre des manuscrits trouvés chez lui après sa mort : peut-être parce que ses papiers sont en désordre, ou qu'il a oublié qu'il les possédait encore, ou qu'il craint qu'ils ne sentent l'hérésie, ou enfin tout simplement qu'il n'en est pas l'auteur.

Les statistiques qu'il nous fournit commencent avec le catalogue de 1562, qui cite 300 livres (c'est-à-dire, des sections d'ouvrages) répartis sur 71 ouvrages et 6544 folios ; en 1574, dans le dialogue avec son père, il se vante d'être l'auteur de 131 livres imprimés et de 111 livres manuscrits, chiffres qui sont proches de ceux qu'il mentionne un an plus tard dans l'ouvrage qui s'appelle *Memorialis* ou *Mnemosynon*[47] ; en 1576 il revendique 214 (ou plutôt, selon un calcul plus exact, 217) livres et 97 (ou plutôt 100) ouvrages. Le chapitre 45 de son *De propria vita* dresse encore un catalogue de ses 56 imprimés et de ses 46 manuscrits, comprenant en tout 131 livres édités et 93 livres manuscrits[48]. Les imprimés cités en 1576 sont contenus dans seulement vingt-deux publications qui, selon lui, possèdent toutes le *consensus superiorum* ; les quatre ouvrages déjà parus qu'il ne veut pas compter parmi eux, (« quos non connumero ») sont exclus probablement parce qu'il les juge indignes de lui, et non pour des raisons de censure religieuse[49]. Dans son dernier testament, il attribue à plusieurs de ses manuscrits le nom de celui qu'il désigne pour en être le dédicataire ; il semble raisonnable de supposer que ces ouvrages sont jugés prêts à être livrés à un imprimeur : mais n'oublions pas que parmi eux se trouvent des titres qu'il a déjà placés sous la rubrique « prope dies edendi » en 1562[50].

Les ouvrages manuscrits trouvés dans ses papiers après sa mort, et qu'il tait dans ces inventaires, posent plusieurs problèmes. Sont-ils tous de lui ? (on sait par exemple que les *Opera* de Spon contiennent des ouvrages qui ne peuvent lui être attribués[51]). De quelle époque de sa vie datent-ils ? A-t-il abandonné toute idée de les réviser ? Pour nous aider à formuler des réponses provisoires à ces questions, nous avons à notre disposition d'abord le témoignage de sa façon de composer les livres, et ensuite celui des manuscrits survivants. Il dit à plusieurs reprises que l'idée d'un ouvrage lui vient en songe, ou sous le coup d'une inspiration qu'il attribue souvent à son génie tutélaire[52] ; il passe vite à l'exécution, écrit fiévreusement, se déclare fort satisfait, et pense à la publication (car tous ses écrits, sauf le *De secretis*, y sont destinés[53]) ; viennent peu après les doutes, le désir de modifier ou de peaufiner l'ouvrage, et fréquemment la reconnaissance que le projet original contient des éléments résiduels qu'il doit développer ailleurs. D'où le grand nombre de textes recyclés ou assemblés à partir de plusieurs ouvrages différents, qui marquent la dernière phase de son activité littéraire et scientifique.

Lorsqu'il décrit un manuscrit comme « imparfait », il veut dire par là que le schéma général est en place, mais qu'il y a des lacunes qu'il lui faut combler, ou des erreurs à corriger ; nous avons dans le commentaire sur Euclide qui se trouve actuellement à la Bibliothèque de France l'exemple d'un manuscrit dans cet état d'imperfection sur lequel Cardan travaille d'abord à la fin des années 1530 et de nouveau quelques années plus tard, mais qu'il ne parachèvera jamais[54].

Lorsque notre auteur nous dit qu'un livre édité est « castigatus » ou « emendatus », il fait référence à un procédé similaire. Après l'impression, les doutes lui viennent, et il reconnaît la nécessité de réviser et compléter ce qu'il a fait : ainsi, il utilise le collage ; la nouvelle rédaction de son livre *De utilitate ex adversis capienda*, qui se trouve à Bâle dans les papiers de son éditeur Heinrich Petri, a été radicalement remaniée de cette manière, vraisemblablement avant le 18 juillet 1562[55] ; même histoire dans le cas de son *De libris propriis* et de sa *Dialectica*[56]. Il peut aller plus loin encore, en émaillant d'abord le texte imprimé d'ajouts marginaux, avant de le soumettre à son copiste, qui en fait un nouveau manuscrit que Cardan modifie à son tour : c'est le cas de son livre *De causis, signis et locis morborum*, dont le manuscrit se trouve actuellement à la Bibliothèque de France[57]. Il avait souvent chez lui plusieurs exemplaires de ces manuscrits, dans des états différents, comme dans le cas de sa *Métoposcopie* et de son *De propria vita* : joli problème pour ceux qui se consacrent à la tâche d'éditer ses inédits[58].

Le dernier en ligne de ses ouvrages, qu'il ne mentionne même pas dans son autobiographie et qui selon Naudé, a été commencé juste avant sa mort, est le *De prudentia eximia*. Naudé l'a eu entre ses mains ; Spon le croit perdu en 1663. Il s'avère qu'un exemplaire autographe se trouve à la Bibliothèque de France. C'est un brouillon sur lequel le secrétaire de Cardan a travaillé aussi : on y voit des passages écrits par lui, et corrigés par l'auteur. Je n'ai pas encore eu le temps d'en déchiffrer le texte, qui est mal écrit et semble témoigner d'une certaine confusion mentale. Il s'y trouve des lacunes sous forme de feuilles blanches que Cardan se proposait sans doute de combler à l'aide de chapitres manquants, dont on connaît les titres à partir de la table dressée par le secrétaire au début de l'ouvrage. Le titre complet — *De prudentia eximia et artificiosa* — révèle la matière du livre : il y va d'une méthode de prédire l'issue de certains événements, notamment celle des procès, en se servant d'une sorte de calcul quantitatif où entrent en jeu les facteurs suivants : lieu, temps (y compris le temps astrologique), personnes, richesse, la force de la peur ou de l'espoir chez le sujet, le rôle des avocats et du juge. Il y a très peu d'anecdotes et de réflexions personnelles, mais les allusions à la vie de Cardan — son emprisonnement, son séjour à Rome, la pension papale — semblent confirmer que c'est un ouvrage d'extrême vieillesse. Le quarantième chapitre du second livre commence avec ces mots : « Primum adducemus exemplum de constitutione habitationis Romae quod ab initio proposuim[us] » ; d'où l'on pourrait supposer que cet ouvrage lui est connu aussi sous le titre *De habitatione Romae*, titre qui se trouve dans la liste de manuscrits qu'il nous donne dans le *De propria vita*[59].

Parmi ces manuscrits se trouvent des ouvrages de jeunesse, dont un commentaire sur Avicenne, qu'il ne retravaille pas mais qu'il espère toujours faire imprimer à la fin de sa vie ; d'autres, sur des textes galéniques, qu'il ne reconnaît pas et qui ne sont peut-être pas de lui ; leur présence parmi son *Nachlass* doit nous avertir qu'il y a d'autres apocryphes possibles, comme par exemple le groupe d'ouvrages en italien sur la philosophie naturelle[60]. Comme nous l'a dit Guido Giglioni, il écrit parfois pour lui-même, pour satisfaire à sa pulsion autobiographique qui lui sert aussi de thérapie contre les vicissitudes de la vie : comme dans le cas de Montaigne, le retour sur lui-même, « c'est sa physique, c'est sa métaphysique »[61]. Jeune, il a reconnu en lui-même une soif de se faire connaître et de s'acquérir un nom immortel grâce à ses écrits : vieux, il semble renoncer à cette vanité, affirmant qu'il n'écrit que pour le bien public et pour établir la vérité, ce qui explique peut-être pourquoi il s'obstine tant auprès des inquisiteurs à vouloir se faire publier[62]. Manuscrits achevés ; manuscrits encore en voie de révision ; manuscrits abandonnés ; ouvrages de jeunesse et ouvrages de maturité ; ouvrages d'autres auteurs ; tout un ensemble chaotique légué à l'un de ses fidèles disciples bolonais, qui l'a suivi à Rome (Rodolfo Silvestri), et revendu enfin après plus de quatre-vingts ans à un éditeur français qui mettra cinq ans à transformer tout cela en dix volumes qu'il osera appeler « œuvres complètes ».

Que dire enfin de sa contribution aux divers champs de savoir de son temps, et des grandes questions qui l'ont interpelé ? Dès 1543, Cardan se montre très chatouilleux sur la question de sa « varietas », mot qui exprime sur un ton négatif sa contribution à toute une gamme de disciplines[63] ; en 1550, il fait un tour d'horizon de seize champs de savoir, et précise cette contribution, tout en reconnaissant l'apport des autres. En 1562, sa cartographie intellectuelle, qui contient dix-huit éléments, est plus ambitieuse encore, et reconnaît explicitement que le champ général de la science humaine n'est plus clos ou fini. Ses entreprises d'inspiration encyclopédique en dialectique, en mathématiques, en philosophie naturelle, en astrologie, en arts divinatoires, en médecine, en morale sont vouées à l'échec ; elles restent incomplètes, ou elles produisent des résidus qu'il intitule *Paralipomena* ; il admet que ce livre de qualité inégale (« foeda nitidis, utilia damnosis, artificiosa fortuitis, curiosa absurdis permista ») consiste en « restes conservés des ruines d'autres ouvrages »[64]. Ce n'est pas là le seul acte de recyclage parmi les écrits de la dernière période de sa vie : mentionnons aussi l'*Actus*, le *Memorialis*, *l'Examen XX aegrorum Hippocratis* et le grand projet qu'il intitule *De secretis*. Si bien que je suis enclin à affirmer qu'il n'a presque rien entrepris de nouveau après 1562 en dehors de ses commentaires hippocratiques, de ses écrits médicaux, de quelques essais sur la morale et sur l'histoire, et de son traité sur la révolution des planètes, dont il confesse dans son autobiographie avoir tout récemment compris les principes pour la première fois[65]. Je ne veux pas dire par là qu'il n'ait pas mené à bien certains projets, tel le traité *De proportionibus* (en 1568) ou les nombreux ouvrages médicaux qui datent de cette époque de sa vie ; mais on ne sent pas chez lui l'inspiration fiévreuse qui marque ses compositions d'avant 1560. Il s'intéresse toujours à l'histoire[66], et continue à écrire des livres de morale dont le ton est de plus en plus désabusé ; mais il ne me semble pas qu'il change radicalement d'opinion. Dans son autobiographie, le champ général du savoir s'est fissuré en trente-six sous-champs, dont seulement dix sont, selon lui, de son ressort ; et il fait moins de cas qu'auparavant de sa contribution dans plusieurs domaines, comme celui de la musique dont il se targuait en 1562 d'être le premier depuis l'antiquité à la restituer à sa vieille gloire[67]. Mais il ne semble pas pour autant qu'il y ait un déclin très marqué dans ses pouvoirs d'écrivain ; jusqu'à la fin, il continue à lire de gros livres, à annoter ses manuscrits, à se rappeler fidèlement les textes galéniques et hippocratiques qu'il cite dans ses ouvrages médicaux.

Reste à faire le bilan de ces seize ans de productivité littéraire, médicale et philosophique, et à identifier les grandes questions qui soustendent son œuvre. L'appendice qui suit est composé de plusieurs listes : un catalogue chronologique des ouvrages qu'il compose ou révise entre 1561 et 1576 ; la liste des livres qu'il a vraisemblablement supprimés en 1571 ; celle des manuscrits dans son *Nachlass* qu'il ne reconnaît pas, avec des hypothèses sur la date de leur composition. D'où l'on peut voir qu'en dehors d'un seul traité sur les planètes et de ses rares révisions mathématiques, il s'est concentré sur deux champs de savoir, à savoir la médecine et la morale. Le thème qui réunit ces deux domaines, c'est l'étude de la providence et de la destinée, et la prédiction de l'avenir à partir des signes qui nous entourent, sous forme de pronostic ou de divination : si bien qu'on pourrait dire que la grande question de sa vie, c'est la sémiologie des arcanes de la nature et de l'avenir[68]. Même ici, son autobiographie fait montre d'un réalisme tardif : parmi la foule de signes qui nous révèlent quelque chose, un certain nombre d'événements et d'indices sont trop dépourvus de signification pour pouvoir nous permettre de nous fier à l'interprétation que nous en faisons[69]. Autre constatation de plus en plus véhémente : la vérité ne réside pas dans les dires autoritaires des maîtres vénérés dans n'importe quel domaine (sauf celui de la théologie, bien sûr), mais dans la rigueur de la pensée et dans les données de l'expérience. Dans son traité *De sanitate tuenda*, il nous déclare « je crois Hippocrate, non parce que c'est Hippocrate, mais dans la mesure où je me trouve forcé de croire à ses raisonnements »[70] : déclaration éclairée, dont on retrouve les échos partout dans les œuvres de sa vieillesse, qui, avec ses élucubrations sur l'avenir, expliquent sa réputation posthume de libre penseur irréligieux qui va lui valoir l'opprobre de Mersenne, de Garasse et d'autres, et qui motive aussi la quête de ses ouvrages perdus *De fato* et *De arcanis aeternitatis* par les philosophes dits libertins du dix-septième siècle[71].

Appendice : Essai de chronologie des ouvrages de Cardan, 1561-76

Un * marque les ouvrages commencés avant 1561 en cours de révision. Dans le cas d'ouvrages édités que Cardan qualifie d'« emendati » ou de « castigati » dans un de ses testaments, j'ai pris la date du testament comme *terminus ad quem* de la révision sauf indication contraire. J'ai présupposé qu'un an sépare l'expédition d'un manuscrit à Bâle et sa parution (voir là-dessus Valente, « Correzzioni d'autore », p. 445). Les ouvrages perdus sont mentionnés dans les catalogues de ses manuscrits dressés entre 1617 et 1654.

A. *Ouvrages nouveaux ou revisés reconnus par Cardan*

1. **Contradicentia medica* 1560-76, commencé en 1523 ou 1526
2. **Opus perfectum [de arithmeticis]* commencé en 1536 ; un livre révisé 1560-2
3. **Theonoston* alias *Hyperboraeorum libri [sex]* 1561-1576 ; « Lib. 4 » en 1562
4. **De utilitate ex adversis capienda* 1562 publié en 1561 : « castigatus » en 1562
5. **Paralipomena* y compris *De libris clarorum virorum* 1561-1576 ouvrage de recyclage commencé en 1561
6. *De dentibus* été 1562
7. *De rationali curandi ratione* entre 1562-5
8. *De facultatibus medicamentorum* 1562-5
9. *De conscribendis libris* 1562-6
10. **De natura* 1562-71, commencé en 1561 (« lib. 5 ») ; « lib. 1 » en 1562 ; « lib. 3 » en 1571
11. **De moribus* 1562-6, commencé en 1561
12. *De orthographia* 1562-6
13. *De astrorum iudiciis epitome* 1562-6
14. *Proxeneta* 1562-71
15. *De providentia ex anni constitutione*, achevé avant le 9 mars 1563
16. *Lettera ad un giovane* le 24 avril 1563
17. *De venenis* achevé avant le 9 juillet 1563
18. *Apologia in Camutium*, achevé avant le 8 janvier 1564
19. *Commentarii in libros Epidemiorum Hippocratis* 1565-6
20. *In Hippocratis Coi prognostica, opus divinum [...]* 1565-6
21. *In Hippocratis Prorrhetica* 1565-6?
22. *Antigorgias dialogus, seu de recta vivendi ratione* avant 1566
23. *Hyperchen, divinum opus* avant 1566
24. *De Socratis studio* avant 1566

25. **Consiliorum secundus* 1565-70, *Consiliorum primus* publié en 1559, 1565 et 1566

26. *De cura morbi regii* 1566

27. **De ludis* 1566-71, commencé en 1523-4

28. **Dialectica* 1566-76, commencé en 1559-60, publié en 1566

29. *De causis, signis et locis morborum* 1566-9 ; « castigatus » avant 1576

30. *In libros Hippocratis de septimestri et octimestri partu et simul in eorum Galeni commentaria, Cardani commentaria* avant 1568

31. *Flosculus Dialogus* 1566-71

32. *De infelicitate* 1566-71

33. *Institutio* 1566-71

34. *De providentia [2]* 1566-71

35. *Triceps* 1566-67 ou plus tard

36. *Actus* 1566-71

37. *Manuarius* alias *Promptuarius* 1566-71

38. *Περὶ μετεώρων καὶ βαθέων* 1566-71

39. *Succidanea libellus* 1566-71

40. *Vita sanctorum* alias *Vita B. Martini cum dispunctionibus* 1566-71

41. *De proportionibus* 1568

42. *Regula Aliza* 1568

43. *Commentarii in Hippocratis de aëre, aquis et locis opus* 1568-9

44. **Consiliorum tertius* 1569-76 (voir n° 25 ci-dessus)

45. *In librum Hippocratis de Alimento commentaria* 1568-9

46. *Commentaria in libros Hippocratis de victu in acutis* 1569

47. *De carcere dialogus* 1570-1

48. *De sanitate tuenda* 1571-76

49. *De morbis articularibus* 1571-2

50. *Castigationes in libros suos* 1571-3

51. **Nova geometria* 15 lib. 1560-1571 ; 2 lib. en 1576

52. **Problemata* 1571-6, commencé en 1550

53. **De secretis* 1571-6, commencé en 1559

54. **De urinis* 1571-6, commencé en 1557

55 **De lue Indica* 1571-6, commencé en 1537-8

56. **De nodis* 1571-6, commencé en 1561-2

57. **Metoposcopia* 1571-6, commencé en 1543 ou 1546-7

58. *Vita B Virginis* 1571-6

59. *De inventione* 1571-6

60. *De septem erratic[arum] stellarum [qualitatibus et] viribus* 1571-6

61. *Memorialis* 1571-6

62. *De habitatione Romae* 1571-6 [voir ci-dessus, p. 54]

63. **De musica* 1574 commencé en 1549

64. *De optimo vitae genere : Dialogus Hieronymi Cardani et Facii Cardani patris* 1574

65. *Sacra* 1574-6

66. **Examen XX aegrorum Hippocratis* 1575 extrait d'un ouvrage écrit en 1563-4

67. *De Vita nostra* 1575-6

2. *De aceti natura iuxta materiam*

B. *Ouvrages non reconnus par Cardan dans ses testaments et autres écrits qui figurent dans son Nachlass, dans lesquels l'auteur renvoie ou à ses ouvrages ou à sa vie*

1. *De naturalibus viribus* après 1560 [extrait de n° 10 ?]

2. *De aceti natura iuxta materiam*

3. *Sermo de plus et minus* 1572-6

4. *De usu ciborum* 1576 [fausse attribution ? voir ci-dessus, p. 51]

C. *Manuscrits attribués à Cardan dans les catalogues de bibliothèque ou de salle de vente*

1. *De febribus* 1569
2. *Ricordo per il conclavo* 1572
3. *Discorso sopra li andamenti dei principi dei Turchi*

D. *Ouvrages de philosophie naturelle écrits en italien trouvés parmi les manuscrits de Cardan, non reconnus par lui*

1. *Se la qualità può trapassare de subbietto in subbietto*
2. *Discorso del vacuo*
3. *Trattato delle maniere e nature de calori, et conformità et differenza tra di esse*
4. *Trattato del calore secondo i Filosofi*
5. *Della necessità del porre l'intelletto secondo la via peripatetica, trattato*
6. *Trattato che si dia la pura potenza e la materia prima*
7. *Della natura de' principii et regole musicali* [fausse attribution ?]
8. *Operatione della linea* [fausse attribution ? voir *ibid.*]

E. *Autres ouvrages non reconnus par Cardan inventoriés parmi ses manuscrits*

1. *Signa propinati veneni et alia de venenis*, cf. n° 17 *De venenis*, 1563
2. *De instrumentis musicalibus fragmenta*, cf. n° 63 *De musica*, 1549
3. *Liber de origine ventorum*, cf. *De supernis*, 1538-9.
4. *In Marsilii Ficini Theologiam prooemium*, cf. n° 1 *Contradicentia* ii.2.7 (1548)
5. *De emplatris conficiendis* [*et sqq :* ouvrages médicaux de jeunesse ?]
6. *De sterilitate*
7. *De podagrae curatione*

8. *Opuscula varia et fragmenta. De alopecia, furfuribus seu porrigine, pediculari morbo, achoribus, dolore capitis*

F. *Ouvrages inclus par Spon dans les* Opera omnia *ou mentionnés par lui, dont on peut douter de l'authenticité*

1. *Lectiones de morbo comitiali* alias *De epilepsia et de apoplexia*

2. *Tabula magna DIII florum*

3. *Commentarii in librum Galeni de differentiis morborum*

4. *Commentarii in librum Galeni de differentiis symptomatum*

5. *Commentarii in librum Galeni de differentiis febrium*

G. *Imprimés figurant dans le catalogue du 45*[e] *chapitre du* De propria vita *sous la rubrique « quos non connumero »*

1. *De sapientia* publié en 1544

2. *Antigorgias* publié en 1566

3. *Medicinae encomium* publié en 1559 et 1566

4. *Æphemeridum supplementum* publié en 1538, 1543 et 1547

H. *Manuscrits figurant dans les testaments et dans le catalogue du* De propria Vita, *sur lesquels Cardan ne travaille plus après 1562*

1. *In Galeni Artem medicam* composé en 1546

2. *Floridorum seu in primam primi* composé entre 1547 et 1550 ; projet d'édition entre 1574 et 1576 [*OO*, 6.113]

3. *Medicinae encomium* publié en 1559 et 1566

4. *Experimenta* composés après 1543

I. *Liste putative incomplète d'ouvrages détruits en 1573 (120 livres, selon Cardan)*

1. *De fato* 4
2. *Nova geometria* 13
3. *De vita Christi* 3
4. *De morte* 1
5. *De arcanis aeternitatis* 7 (quelques chapitres retenus)
6. *Metoposcopia* 6 (13 livres réduits à 7)
7. *Problemata* 3 (les 10 livres en deviennent 7)
8. *De astrorum iudiciis epitome* 1
9. *Fabulae* 5
10. *Paralipomena* 22 (28 livres en 1571 : 6 reconnus en 1576)
11. *De rebus naturalibus* 2
12. *De rebus supernaturalibus* 2
13. *De infelicitate* 1
14. *Institutio* 1
15. *De providentia* 2
16. *Musica* 4 sur 5 livres détruits

J. *Liste putative des douze ouvrages ultimes mentionnés dans* De propria vita, *OO*, t. 1, p. 50

1. *De carcere dialogus* 1570-1
2. *De sanitate tuenda* 1571-76 49.
3. *De morbis articularibus* 1571-2
4. *Castigationes in libros suos* 1571-3
5. *Vita B Virginis* 1571-6
6. *De inventione* 1571-6
7. *De septem erratic[arum] stellarum [qualitatibus et] viribus* 1571-6
8. *Memorialis* 1571-6

9. *De habitatione Romae* 1571-6

10. *De optimo vitæ genere : Dialogus Hieronymi Cardani et Facii Cardani patris* 1574

11. *Sacra* 1574-6

12. *De Vita nostra* 1575-6

Notes

1. *De libris propriis ; the editions of 1544, 1550, 1557, 1562, with supplementary material*, éd. Ian Maclean, Milan, FrancoAngeli, 2004, p. 256-7.

2. *In Prognostica Hippocratis commentarii*, 3.40, dans *Opera omnia*, éd. Charles Spon 10 tomes, Lyon, Jean-Antoine Huguetan et Marc-Antoine Ravaud 1663 (ci-après *OO*) t. 8, p. 799 (transcription d'après le texte de Bâle, 1568, col. 612-3) : « impossible est ante quinquagesimum annum quicquam cum iudicio scribere. In me autem expertus sum, quanquam assiduus fuerim in studiis, quantum ponderis attulerit mihi annus sexagesimus. Ut certe tres classes librorum meorum iure merito efficere possim ante quinquagesimum annum conscriptorum, in quibus, quantumvis sit ingenii, placent tamen indigesta nimis non solum, sed immatura. Quae vero a quinquagesimo ad sexagesimum multo meliora et graviora ; at absoluta iuxta cuiusque hominis mentem et exercitationem a sexagesimo ad septuagesimum usque. Ultra autem alia nimis pressa, si quis eruditus sit, et ob id ad legendum morosa et difficilia mente multa nimis in augustum complectente plurima ; plura longe postmodum imperfecta ob virium corporearum maxime memoriae et patientiae laborum defectum, unde inaequalia esse necesse est, modo enim assurgit plenus et tensus, et ornatus, ac vivax, modo languidus, et tenuis ac imperfectus. Semper autem salebrosus, cuiusmodi Senecae scripta. Quod si etiam antea delinquit in aliquo, tum maxime conspicua fiunt illius vitia. Quod manifeste apparet in Senecae commentariis, praecipue ubi vitae suae specimen depictum relinquit, ut nil foedius. Eam ob rem a septuagesimo anno nihil prorsus scribam gnarus virium humanarum et ob id nunc quatuor alo anagnostas Paulum Euformiam, Rodolphum Sylvestrem, Ioannem Bordonum et extra domum Guidum Posthumium Ferrum, ut celeriter quae desunt, absolvantur, quo tempore etiam Bononiensium conductio finem habet ; et somnium ostendit, aut mortem aut saltem vitae mutationem. Quod si superero, potero tanto melius scripta mea castigare, quo minus nova condere aptus ero. Huicque negocio incumbam. » Ce passage engagea sans doute l'éditeur à ajouter les mots suivants à la page de titre de l'ouvrage ; « Fuerunt hi viri Hippocrates et Cardanus, praeter summam doctrinam, longo feliceque usu et experientia in operibus artis admirandi, cum haec scripserunt, uterque ultra LX annorum aetatem. Quod ad operum maturitatem perfectionemque plurimum valet. »

3. *De vita propria*, *OO*, t. 1, p. 50 ; « a lxxi ad lxxv quatuor anni fluxere in quibus conscripsi xii opera, sed libri ipsi sunt xviii at maior pars imprimendorum erit, partim constans ex antiqua doctrina, partim nova. »

4. Voir Nancy G. Siraisi, *The clock and the mirror ; Girolamo Cardano and Renaissance medicine*, Princeton, Princeton University Press, 1997, p. 5-6.

5. Andrea Camuzio, *Disputationes, quibus Hieronimi Cardani magni nominis viri conclusiones infirmantur, Galenus ab eiusdem iniuria vindicatur, Hippocratis praeterea aliquot loca diligentius multo, quam unquam alias, explicantur [...]*, Pavie, Girolamo Bartoli, 1563 ; Cardano, *Apologia ad Andream Camutium*, (achevé avant le 8 janvier 1564), in *Ars curandi parva, et alia nunc primum aedita opera*, Bâle, Heinrich Petri, 1566, t. 2, p. 696-720. Cardan parle de la dispute dans *De propria vita*, OO, t. i, p. 9.

6. *Peri thaumaston, seu de admirandis*, dans *OO*, t. 10, p. 459.

7. Emilio Costa, « Gerolamo Cardano allo Studio di Bologna », *Archivio storico italiano*, serie V, 35 (1905), p. 425-36 ; Alessandro Simili, « Gerolamo Cardano lettore e medico a Bologna », *Atti e Memorie dell'Accademia della Storia dell'Arte Sanitaria*, série II, 6 (1940), p. 145-58, 205-50 ; 7 (1941), 309-18 ; « Nota II », *L'Archiginnasio ; Bollettino della Biblioteca comunale di Bologna*, 61 (1966), p. 384-505.

8. *Ibid.*, p. 473.

9. *De providentia ex anni constitutione*, Bologne, Alessandro Benacci, 1563.

10. *Lettera nella quale tutti i giovani alla virtú e allo studio delle piú lodevoli discipline mirabilmente eshorta*, Bologne, Alessandro Benacci, 1563. Voir aussi Danilo Zardin, « *La lettera ad un giovane sua creatura* di Cardano e la tradizione dell'*institutio* cinquecentesca », dans *Cardano e la tradizione dei Saperi*, éd. Marialuisa Baldi et Guido Canziani, Milan, FrancoAngeli, 2003, p. 271-80.

11. *De venenorum differentiis viribus et adversus ea remediorum praesidiis ; ac praesertim de pestis generibus omnibus praeservatione et cura libri III*, Bâle, Heinrich Petri, 1564.

12. *De vita propria*, *OO*, t. 1, p. 48.

13. *De libris propriis*, p. 293-300 ; *Methodus medendi*, Lyon, Guillaume Rouillé, 1565.

14. Voir Simili, « Cardano a Bologna », p. 391.

15. *De libris propriis*, p. 258.

16. C'est-à-dire les commentaires sur les textes suivants ; *Les Aphorismes* (1564), le *Pronostic* (1568), *Du fœtus de sept mois* (1568), *Des airs, eaux, lieux* (1570), et *De l'aliment* (1574). Voir aussi les commentaires sur les *Épidémies* (dont un fragment a été publié dans *OO*, t. 10, 192-387) et sur le *Régime dans les maladies aiguës* (dont un fragment a été publié dans *OO*, t. 10, 168-92).

17. *De dentibus* ; *De rationali curandi ratione* ; *De facultatibus medicamentorum* ; *De cura morbi regii*, tous publiés après sa mort en 1638 ; *De causis,*

signis et locis morborum, Bologne, Alessandro Benacci, 1569. Les *Consiliorum secundus* et *Triceps* datent aussi de cette période.

18. *Antigorgias dialogus, seu de recta vivendi ratione* ; *Hyperchen, divinum opus* ; *De Socratis studio* (trois essais qui paraissent à Bâle chez Heinrich Petri en 1566) ; *De moribus* (dont un fragment paraît dans *OO* t. 10, p. 47-71) ; *Proxeneta* (ouvrage publié après sa mort par les Elzevier à Leyde en 1627) ; *Vita sanctorum* (ouvrage perdu, vraisemblablement supprimé par Cardan lui-même en 1573 ou avant ; voir Ugo Baldini, « L'edizione dei documenti relativi a Cardano negli archivi del Sant'Ufficio e l'Indice ; risultate e problemi », dans *Cardano e la tradizione dei saperi*, p. 464) ; *De natura* (dont un fragment paraît dans *OO*, t. 2, p. 283-98) ; *De proportionibus* et *Regula Aliza* (parus en 1570) ; *De conscribendis libris* (ouvrage perdu ; un résumé se trouve dans *Norma vitae consarcinata*, *OO*, t.1, p. 344) ; *De orthographia* (voir l'édition de Raffaele Passarella, dans *Cardano e la tradizione dei saperi*, p. 525-618).

19. Baldini, « Documenti relativi a Cardano », p. 476.

20. Thomas Cerbu, « Cardano consults Alciati, or the physician seeks a cure », *Bruniana et Campanelliana*, 7 (2001-2), 501-514.

21. *De infelicitate* ; *De providentia* (deux ouvrages perdus, vraisemblablement détruits par Cardan en 1571) ; *De carcere* (voir Eugenio Di Rienzo, « Cardaniana ; su alcuni manoscritti inediti di Cardano conservati alla Biblioteca Vaticana », *Rivista di storia e letteratura religiosa*, 25 (1989), p. 102-10 ; *id.*, « Filosofia e religione nel *Carcer* », dans *Girolamo Cardano, le opere, le fonti, la vita*, éd. Marialuisa Baldi et Guido Canziani, Milan, FrancoAngeli, 1999, p. 393-408 ; Lorenzo Bianchi, « Autobiografia e morale nel *Carcer* cardaniano », *ibid.*, p. 409-26) ; *Actus* et *Manuarius* (dont les manuscrits se trouvent dans plusieurs Bibliothèques italiennes) ; *Peri aioron kai batheon* et *Succidanea libellus* (ouvrages perdus) ; *De morbis articularibus* (publié après sa mort en 1638) .

22. Voir Cerbu, « Cardano consults Alciati ».

23. Tous ses livres publiés avant 1574 en dehors de Rome ont été condamnés ; voir Michaela Valente, « « Correzione d'autore » e censure dell'opera di Cardano », dans *Cardano e la tradizione dei saperi*, p. 453 .

24. Voir la liste putative (incomplète) dans l'appendice. Cardan signale qu'il a sauvé deux ouvrages de cette destruction, à savoir *Technae calidae* et *De libris clarorum virorum* ; *De propria vita*, in *De libris propriis*, p. 385.

25. Plusieurs manuscrits des *Castigationes* se trouvent dans des bibliothèques italiennes. Voir aussi *De immortalitate animorum*, dans *OO*, t.2, p. 475 ; « Galenum amamus, colimus, [...] et quamvis hac in parte ob veritatem, quae nobis magis etiam quam ille amica est, ab eo dissentiamus, nullus tamen ardentiore voluntate illum, quantum per vires licuit, extulit. Sed cum adeo cupidum illum gloriae, ambitionis inanisque aurae properantem aliqua perperam scribere videmus quae multis ob authoritatem iacturae esse possunt, necessarium duximus, omnes admonendos ut tantum cuique credant, quantum ratio ipsa coegerit, nec sufficiat illis dixisse, Aristoteles

dixit, vel Plato, aut Archimedes, vel Ptolomaeus, aut Galenus ; sed vires argumentorum pensitent ; quod et in nostris placitis, si aliqua unquam futura est nobis autoritas, non solum libenter permittimus, sed requirimus » ; et Ian Maclean, « Heterodoxy in natural philosophy and medicine ; Pietro Pomponazzi, Guglielmo Gratarolo, Girolamo Cardano », dans *Heterodoxy in early modern science and religion*, éd. John Brooke et Ian Maclean, Oxford, Oxford University Press, 2004, p. 1-30. Voir aussi *Ars curandi parva*, dans *OO*, t. 7, p. 143-4.

26. Baldini, « Documenti relativi a Cardano », p. 457 ; « vel errasse, vel erroris occasionem suspitionemque dedisse videtur »..

27. Lettre au Pape Grégoire XIII (1574), citée par Di Rienzo, « Cardaniana », p. 106 ; « non solo nella persona mia, né ancor nella casa nostra, mai si è trovato né in conversatione, né in compagnia né legendo né disputando macchia alcuna né sospetto di [heresia] »

28. Voir Maclean, « Heterodoxy », p. 26 ; *De propria vita*, dans *OO*, t. 1, p. 11 ; « tum pericula ob tot haereses quae ingruebant ».

29. Voir Baldini, « Documenti relativi a Cardano » ; Michaela Valente, « Correzione d'autore », p. 454-5.

30. Voir Baldini, « Documenti relativi a Cardano » ; Cerbu, « Cardano consults Alciati ».

31. *Ibid.*, p. 481.

32. *De septem erraticarum stellarum qualitatibus et viribus* (publié après sa mort à Bâle par les héritiers d'Heinrich Petri en 1578) ; *De sanitate tuenda* (publié après sa mort à Rome par Francesco Zanetti en 1580) ; *De urinis* (dont un fragment a été publié en *OO*, t. 9, p. 109-42) ; *De habitatione Romae* (ouvrage perdu) *; Examen XX aegrorum Hippocratis* (publié en 1575) ; *De optimo vitae genere* (publication dans *OO*, t. 1, p. 482-9) ; *Norma vitae consarcinata, sacra vocata* (publication dans *OO*, t.1, p. 339-54). Sur le ton de plus en plus desabusé, qu'on peut entendre dans les ajouts au *Proxeneta*, ouvrage de longue gestation commencé vers 1563, voir Anthony Grafton, « Cardano's *Proxeneta* ; prudence for professors », *Bruniana et Campanelliana*, 7 (2000), p. 363-80.

33. *De propria vita*, dans *OO*, t. 1, p. 47 ; *ibid.*, p. 43 ; « Caeterum si quis volet [...] reliquos omnes redigere libros, resectis his quae minus congruunt aut necessaria sunt, prout et nos quibusdam in locis aliorum egimus, ut de varietate rerum, operae pretium fecerit et ei gratias habebimus. »

34. Jacques-Auguste de Thou, *Monumenta litteraria sive, Obitus et elogia doctorum virorum*, London, Jo. Norton sumptibus Ios. Kitchen et Tho. Warren, 1640, p. 187-8 : « Romae cum diverso ab aliis cultu incedentem paucis ante obitum annis conspicati et adlocuti ac saepius admirati sumus, cum celeberrimi tot scriptis hominis recordatio subiret ; neque tamen quidquam in eo, quod tantae famae responderet, animadverteremus ; eoque magis Iulij Caesaris Scaligeri acerrimum iudicium suspeximus, qui divinum ingenium suum in opere de subtilitate exagitando praecipue exercuit, inaequalitate illius

ubique diligenter notata, qui in quibusdam interdum plus homine sapere, in pluribus minus pueris intelligere videatur » ; *De propria vita*, dans *OO*, t. 1, p. 15 : « abire in proverbium posset incessus meus, nam est inconsideratus, dum aliena ab his quae prae oculis sunt meditor. ». Cardan reçut la visite d'un autre Français, François d'Amboise ; voir *Discours ou traité des devises*, Paris, Rolet Boutonné, 1620, p. 32 : « ie vis H. Cardan ja fort vieil à Rome, la chambre duquel estoit paree de rouleaux, TEMPVS MEA POSSESSIO, sans peinture. »

35. *Dialogus*, dans *OO*, t. 1, p.637-40. On sait aussi qu'il reste en contact avec certains confrères, tel Niccolò Masini de Cesena, et donne des consultations quasi-publiques ; voir Bibliothèque de France MS 7059, fol. 101-119.

36. Voir Silvia Fazzo, « Lucillo Filalteo, interlocutore del Carcer », dans *Cardano, le opere, le fonti, la vita*, p. 427-44.

37. *De propria vita*, dans *OO*, t. 1, p. 6.

38. Voir Baldini, « Documenti relativi a Cardano », p. 481 ; il s'agit de l'*In librum Hippocratis de Alimento commentaria* et de *l'Examen XX aegrorum Hippocratis*.

39. Nancy G. Siraisi, *The clock and the mirror*, p. 227-8.

40. Baldini, « Documenti relativi a Cardano », p. 481.

41. *Visitatio cadaverica oratoris Francorum*, document publié dans A. Bertolotti, « I testamenti di Girolamo Cardano. Medico, filosofo e matematico nel secolo XVI », *Archivio storico lombardo*, 9 (1882), p. 647-8.

42. *De usu ciborum*, dans *OO*, t. 7, p. 47 fait mention d'un lépreux « quod ego observavi in Germanis apud illustrissimum Cardinalem Moronum Gregorii XIII P M a latere legatum ad Maximilianum Caesarem Augustum. » ; mais peu après, on trouve une allusion à un certain « Cardinalis Albanus » récemment décédé ; vraisemblablement Gian Girolamo Albani, qui meurt en 1591.

43. Bertolotti, « I testamenti di Girolamo Cardano », p. 648-60. La date de sa mort le plus souvent citée (21 septembre 1576) semble être extraite du texte de Jacques-Auguste de Thou ; or Cardan se réfère dans son *Norma vitae consarcinata* au 24 septembre 1576, et dans son *De propria vita* au 1er octobre 1576 ; voir *OO*, t.1, p. 353, 26.

44. *De libris propriis*, p. 293-301 ; Renato Sòriga, « I testamenti di Girolamo Cardano durante i tre ultimi anni di suo soggiorno in Pavia », *Bollettino della Società pavese di storia patria*, 15 (1915), p. 148-54 ; Enrico Rivari, « Un testamento inedito del Cardano », *Studi e memorie per la storia dell'Università di Bologna*, 4 (1920), p. 3-25 ; A. Bertolotti, « I testamenti di Girolamo Cardano. », p. 638-60.

45. *De propria vita*, chapitre 45, dans *De libris propriis*, p. 381-91.

46. Il y a aussi des lapsus de mémoire, sinon des cas de *suppressio veri* ; il affirme, par exemple n'avoir jamais appris le grec, et n'avoir jamais étudié la chiromancie ; cf. *De libris propriis*, p. 51, 134.

47. *Ibid.*, p. 295-7 ; *OO*, t. 1, p. 237, p. 639.

48. *De propria vita*, chapitre 45, dans *De libris propriis*, p. 381-4.

49. Il s'agit des ouvrages suivants ; *De sapientia* (1544), *Antigorgias* (1566), *Medicinae encomium* (1559 et 1566) et *Æphemeridum supplementum* (1538, augmenté en 1543 et 1547).

50. Renato Sòriga, « I testamenti di Girolamo Cardano durante i tre ultimi anni di suo soggiorno in Pavia », p. 152-3 ; « Contradicentium medicorum. Lib. XII ; Hymnus ad Deum. Lib. 1 ; Problematum. Lib. X ; Theonoston. Lib. IV ; Elementorum geometricorum. Lib. XII ; Aphorismorum sex particulae perfectae. Lib. VI ; De archanis aeternitatis. Lib. VII ; Fabularum. Duo perfecti, Lib. II ; De fato. Lib. IIII ; Experimentorum, Lib. 1, Aritmetice ; absoluti. Lib. IIII ; De natura. Lib. I ». Sur ces ouvrages et leur sort complexe, voir *De libris propriis*, p. 13-14, 102, 88-9, 95-6, 58-9, 101, 68-70, 95, 53, 74-5, 64-6, 108.

51. Il s'agit de l'*Operatione della linea* (qui contient une mention anachronique à Galilée ; *OO*, t. 4, p. 602-20) et de l'ouvrage intitulé *Della natura de' principii e regole musicali* (théorie de la musique rejetée ailleurs par Cardan ; *OO*, t. 4, p. 621-30) ; voir, *Hieronymus Cardanus ; writings on music*, éd. Clement A. Miller, Rome, American Institute of Musicology, 1973, p. 21.

52. *De propria vita*, dans *OO*, t. 1, p. 23, 44-5, 54.

53. *De secretis*, dans *OO*, t.2, p. 542 ; « omnium sequentium [librorum] velut farraginem ; qui extat, nec edetur. »

54. Voir Massimo Tamborini, « Per una storia dell'*Opus Arithmeticae Perfectum* », dans *Cardano e la tradizione dei saperi*, p. 157-90 ; j'ai consulté moi-même le manuscrit MS Lat. 7217 de la Bibliothèque de France ; l'incipit « Hieronimi Castilionei Cardani medici mediolanensis » contient la forme de son nom (Castilioneus Cardanus) à laquelle Cardan renonce publiquement en 1542, comme on lit dans la lettre dédicace adressée à Filippo Archinto dans le *De malo recentiorum medicorum medendi usu libellus*, Venise, Ottaviano Scoto, 1545, sig. 3v : « pudebat me inter reliqua, nimia pietate, patris siquidem verbis persuasis, qui hoc palam nescio quo ductus errore, affirmavit, Castilioneum nomen addidisse ». Dans le manuscrit, le mot « Castilionei » a été biffé, ce qui indique que le texte a été composé avant 1542 et corrigé par Cardan lui-même après cette date. Sur les moyens de corriger et de composer les livres, voir *Norma vitae consarcinata*, t.1, p. 344, où Cardan s'étend plus longuement sur ces questions.

55. Voir Marialuisa Baldi et Guido Canziani, « Dalla "secunda editio" del De utilitate », dans *Cardano, le opere, le fonti, la vita*, p. 499-520.

56. Voir *De libris propriis*, éd. Maclean, et Ingo Schütze, « La Dialectica di Cardano e la rivalutazione enciclopedica della logica », dans *Cardano, le opere, le fonti, la vita*, p. 147-58.

57. Le même copiste a produit l'*Actus* (Biblioteca Apostolica Vaticana, Fondo Vaticano Latino, 5851) et ce traité remanié (Bibliothèque de France, MS Lat. 7108).

58. Voir Bertalotti, « I testamenti di Girolamo Cardano », p. 642 (sur les *exemplaria* et le travail de transcription envisagé par Cardan).

59. Gabriel Naudé, Préface à *Cardan ; De propria vita*, Paris, Jacques Villery, 1643, sig. *5[r] : « nancisci mihi contigit ex Bibliopola quodam, librum de Prudentia eximia, quem arbitror extrema tantum senectute inchoatum a Cardano fuisse, quandoquidem manu eius propria totus exaratus est ; testanturque lacunae ingentes, Cardano non satis fuisse temporis, et vitae, ut illas expleret » ; *OO*, t. 1, sig. e4[v]. ; *De propria vita*, dans *De libris propriis*, p. 383.

60. *Se la qualità può trapassare de subbietto in subbietto* et *Discorso del vacuo* (*OO*, t.2, p. 668-719) ; *Trattato delle maniere e nature de calori, et conformità et differenza tra di esse* ; *Trattato del calore secondo i Filosofi* ; *Della necessità del porre l'intelletto secondo la via peripatetica, trattato* ; *Trattato che si dia la pura potenza e la materia prima* (tous ouvrages perdus). Si ces textes sont en fait de lui, on pourrait les dater ou des années qu'il a passées à Saccolongo comme jeune médecin, ou de la période de son enseignement à la Scuola Piattina à Milan, ou de plus tard encore. Ni le genre littéraire (disputation, dialogue), ni le choix de langue ne sont concluants ; on ne peut pas non plus inférer quoi que ce soit concernant l'auditoire qu'il vise.

61. Guido Giglioni, « Man's mortality, conjectural knowledge, and the redefinition of divinatory practice in Cardano's philosophy », dans *Cardano e la tradizioine dei saperi*, p. 43-66 ; Montaigne, *Essais*, éd. Pierre Villey, Paris Quadrige/PUF, 1965, p. 1072.

62. Voir aussi *De causis, signis ac locis morborum*, dans *OO*, t. 7, p. 67 ; « cum mihi non solum cum improbis, sed etiam imperitis implacabile semper bellum fuerit, futurum sit, non ambitionis aut avaritiae, aut duritiei animi causa, sed amoris veritatis, publici boni. »

63. Camuzio le qualifie de « poligrapho » ; *Disputationes*, fol. 40[r].

64. Voir Maclean, « Introduction », dans *De libris propriis*, p. 25-7 ; *ibid.*, « A chronology of the composition of Cardano's works », *ibid.*, p. 107 (« servatu[m] ex veteri ruina »). Il reconnaît l'abandon du projet de commenter tous les ouvrages d'Hippocrate dans *De propria vita*, *OO*, t. 1, p. 40.

65. *De propria vita*, dans *OO*, t. 1, p.31 ; « [astrologia] quae naturalis magis est, nulla usui fuit ; namque a tribus annis, id est, lxxi aetatis citra, primum illam edoctus sum. »

66. Voir Nancy G. Siraisi, « Cardano and the history of medicine », dans *Cardano le opere, le fonti, la vita*, p. 341-62.

67. Maclean, « A chronology of the composition of Cardano's works », dans *De libris propriis*, p. 86 (« musicam in quinque libris restitui ab extrema iniuria vetustatis ac desuetudinis ») ; cf. *De propria vita*, dans *ibid.*, p. 385 ; *ibid.*, dans *OO*, t. 1, p. 31.

68. Voir Giglioni, « Autobiography as self-mastery ; writing, madness and method in Girolamo Cardano », *Bruniana et Campanelliana*, 7 (2001), p. 360 « Cardano's life-long attempts to cope with his existential vicissitudes took

the form of a life-long practice of autobiographical writing [which] resulted in an exceptional scientific production centrered around a group of divinatory disciplines, divination being a natural attempt to understand and control the passions and the external world » ; Anthony Grafton, *Cardano's cosmos*, Cambridge Mass. et Londres, Harvard University Press, 1999 ; Siraisi, *The clock and the mirror*, p. 147-94. Parmi les multiples textes qui traitent de la divination, categorisée comme un « ars coniecturale per se et in exercitatione » (*Contradicentia medicorum*, dans *OO*, t. 6, p. 336-7), citons seulement *De rerum varietate*, livres 14 et15, dans *OO*, t. 3, p. 268-306 ; *Proxeneta*, dans *OO*, t. 1 p 359, et *In Prognostica Hippocratis*, dans *OO*, t. 7 p. 589-90, où il parle de la distinction entre « providentia », « praesensio », « praedictio », de celle entre la « praedictio et praecognitio medicorum » et la « praedictio vatum » et de la divination sous les formes de la physiognomonie, de la chiromancie, de l'onirocritique, et du sort.

69. *De propria vita*, dans *OO*, t. 1, p. 13 (« parvarum stulta est observatio ») ; *ibid.*, p. 36 ; « die qua venit e Bononia Ludovicus Ferrarius cum suo patrueli Luca ; Pica in corte tandiu deblateravit, praeter solitum omnino, ut nos aliquem expectaremus, erat autem pridie Calendas Decembris M.D.XXXVI. nunquid hoc in causa ? minime, quoties in irritum cesserunt ? Ergo his proderunt incerta ratione observata, ut Augusto ; aliis contempta ut Iulio Caesari et Syllae ; atque eadem ratio in alea, ut nulla sit aut obscura ».

70. *OO*, t. 6, p. 62 ; « ego Hippocrati credo, non quoniam Hippocratis sit, sed quatenus illius rationibus ad credendum cogor ».

71. Voir Ian Maclean, « Cardano and his publishers », dans *Girolamo Cardano ; Philosoph, Naturforscher, Arzt*, éd. Eckhard Kessler, Wiesbaden, Harrassowitz, 1994, p. 309-38 ; Lorenzo Bianchi, « Girolamo Cardano e Gabriel Naudé naturalismo e politica », dans *Cardano e la tradizione dei saperi*, p. 405-26.

Cardan et l'histoire de la médecine

Nancy G. Siraisi[1]

La liste que donne Cardan des objets qui lui ont causé du plaisir, s'ouvre sur des articles appropriés à un écrivain prolifique, un amoureux de la subtilité dans la nature et l'artifice, et à un lecteur vorace : beaux instruments d'écriture, pierres précieuses et livres rares. De manière moins prévisible, lorsque Cardan se met à énumérer les lectures qu'il préfère, mathématiciens, astrologues médecins et philosophes laissent la première place à l'histoire[2].

Ce faisant, il s'associe à une démarche-clé dans la vie intellectuelle de la Renaissance, c'est-à-dire l'octroi d'un supplément de valeur à l'étude de l'histoire, humaine et naturelle. Non seulement la prolifération des éditions d'ouvrages anciens et modernes dans les deux domaines, mais aussi des traités sur l'*ars historica* dont le *Methodus* de Bodin est le plus connu, témoignent de l'importance que les contemporains de Cardan attachaient à l'histoire. De plus, dans l'entourage immédiat et local de Cardan, la culture milanaise semble avoir pris une orientation historique décisive, particulièrement dans les années 1530-1540 ; c'est dans ces années-là que Bonaventura Castiglione, Giovanni Albicante et Galeazzo Capella publièrent tous leurs ouvrages historiques. Cardan rédigea pour le dernier de ces auteurs un horoscope rétroactif où il reconnaissait au *De bello Mediolanensi* de Capella érudition et élégance[3]. Les présupposés fondamentaux de bien des écrits historiques du XVIe siècle étaient hérités du passé à la fois classique et chrétien. L'histoire, qu'elle fût humaine ou naturelle, était *vera narratio*, une narration véridique présentant les résultats d'une enquête, à l'image, respectivement, des *Histoires* d'Hérodote et de l'*Histoire des animaux* d'Aristote. Bien qu'à la même époque la conception dominante de la fonction de l'histoire fût qu'elle était par-dessus tout exemplaire. Les écrivains médiévaux, de Bède à Otto de Freising, avaient échafaudé en général une conception providentielle du cours de l'histoire envisagée comme un tout, soulignant la valeur morale exemplaire d'une histoire qui enseignait à imiter le bien et à éviter le mal. Le providentialisme chrétien a longtemps continué à structurer un certain nombre d'écrits historiques (dans la dernière partie du XVIe siècle, il jouit même d'une nouvelle vie, spécialement — mais en aucun cas exclusivement — chez les historiens ecclésiastiques). Cependant, la lecture plus complète et plus attentive des historiens anciens par les humanistes et l'estime qu'ils portaient aux appréciations de Cicéron sur l'histoire sécularisèrent, et en même temps renouvelèrent et élargirent, le concept d'histoire entendue comme réservoir d'exemples[4]. Comme l'affirmèrent Bruni et bien d'autres, avant comme après lui, la connaissance de l'histoire était utile parce que ses exemples enseignaient la prudence et la sagesse dans les affaires humaines, publiques comme privées[5].

Néanmoins, comme l'ont montré récemment plusieurs savants, la compréhension humaniste de l'histoire, spécialement l'histoire ancienne, comme exemplaire pour la vie civique et personnelle, n'était pas exempte de difficultés. Les progrès accomplis par les humanistes dans la connaissance historique de l'antiquité classique, qui contribuaient à rendre évidents l'éloignement et la spécificité du monde ancien, pouvaient aussi jeter le doute sur la pertinence et le degré d'applicabilité dans le monde moderne des exemples historiques. Aussi quelques écrivains, tôt dans le XVIe siècle, firent-ils des exemples tirés de l'histoire ancienne un usage passablement ambigu (c'est fréquemment le cas chez Machiavel)[6]. Parmi ceux qui jetèrent le doute sur la valeur de l'histoire exemplaire — ou à tout le moins sur certains des jugements conventionnels qui lui étaient associés — il semble qu'il faille compter Cardan. Bien plus, cette attitude concerne tous ses écrits sur les sujets historiques généraux et la manière dont il abordait les figures anciennes de sa propre discipline, la médecine.

Cardan n'exagérait pas sa dévotion pour la littérature historique en général. Les preuves de la largeur de sa culture et du zèle qu'il met dans le choix de ses citations se manifestent un peu partout dans son œuvre, sous la forme d'un riche fonds d'anecdotes sur l'antiquité et le passé plus récent, choisies chez des écrivains de tous genres, aussi bien que dans ses allusions à aux historiens, d'Hérodote à Commynes. Il a aussi porté des jugements solides sur les meilleures formes d'histoire et les mérites relatifs des historiens. Dans un chapitre de son *Proxeneta*, qui équivaut à un mini-*ars historica*, il reconnaissait que la lecture de l'histoire enseigne la sagesse, mais accordait plus de force à l'idée que la connaissance des souffrances historiques peut apprendre aux lecteurs à supporter leurs propres ennuis, inférieurs, avec patience. Il déplorait l'insertion courante de longs discours dans les écrits historiques des humanistes, et affirmait que la première exigence était « une narration véridique et précise des détails les plus minces ». Parmi les écrivains anciens, il tenait Salluste pour le meilleur (parce qu'il écrivait sur des sujets historiques strictement délimités et pouvait donc mentionner de nombreux détails), Trogue et Diodore pour sans valeur, Tite Live pour un historien moyen, et n'avait que faire de Thucydide. Parmi les modernes, il considérait Commynes comme « le plus remarquable et peut-être le seul » véritable historien[7].

Dans le même passage, Cardan soulignait combien il était difficile de bien écrire l'histoire : « Il est extrêmement difficile d'écrire l'histoire [...]. Car si l'historien décrit des vétilles, il produira un ouvrage ridicule et ennuiera ses lecteurs ; mais s'il relate uniquement de grandes choses, ou même des choses d'importance moyenne, il est forcé d'omettre ce qu'il y a de plus utile pour la conduite et l'instruction du lecteur, si bien que la lecture ne vous apprend rien. C'est que toutes les grandes choses et celles de moyenne importance trouvent leur origine dans de très petites ; mais les causes cachées — trahisons, tentatives de séduction, entretiens secrets, corruption de serviteurs, d'intimes, de conseillers, de généraux, vieilles inimitiés, haines, jalousies, racontars, vains espoirs, dont tout dépend — peuvent rarement être connues, et ceux qui les connaissent ne s'appliquent pas à écrire l'histoire »[8].

Nonobstant cette conception profondément pessimiste de la tâche de l'historien, Cardan, dans différents contextes, fut, dans une faible mesure, un écrivain aussi bien qu'un lecteur de l'histoire. En annexe à son célèbre *Encomium Neronis*, il a laissé une série de courts jugements sur des figures historiques dans les arts et les sciences et une collection de divergences entre les historiens antiques, tandis que dans ses *Arcana aeternitatis*, il développe et expose de grandes théories sur les cycles de l'histoire humaine et la durée de vie des empires et des royaumes[9].

Mais comme les autres auteurs de culture humanistique de l'époque, Cardan s'est également attaché à un type d'histoire plus spécialisé, c'est-à-dire l'histoire disciplinaire de la branche de connaissance à laquelle il s'intéressait lui-même. Son intérêt pour l'histoire aussi bien que pour la pratique des sciences mathématiques apparaît dans son *Encomium geometriae* qui, comme tous ses écrits historiques, est marqué par des jugements énergiques. Il comprend à la fois un inventaire bien informé des contributions des mathématiciens grecs, d'Euclide à Pappus, et une vigoureuse défense de la thèse selon laquelle la géométrie aurait été inventée en Égypte : « Même les Grecs, qui mentent si souvent et si impudemment, n'ont pas osé s'attribuer l'invention de la géométrie » [*Nec Graeci, qui tam impudenter multa mentiuntur, Geometriae inventionem sibi ascribere ausi sunt*]. Son approche de l'astrologie fut doublement historique : dans son commentaire du *Tetrabiblos* astrologique de Ptolémée, il entreprend de retrouver la méthode originale de Ptolémée et de la débarrasser des ajouts postérieurs ; dans ses collections d'horoscopes, il inclut des exemples de figures célèbres du passé ancien et récent de façon à fournir des preuves rétroactives de la véracité de l'interprétation astrologique[10].

La grande attention portée par Cardan à la fois à l'histoire générale et à l'histoire des autres disciplines, ainsi que ses opinions tranchées dans ce domaine, fournissent un contexte particulier à ses opinions sur l'histoire de la discipline à laquelle il a consacré l'essentiel de sa carrière professionnelle, c'est-à-dire la médecine. Cependant, à l'exception de l'inclusion de Galien dans ses listes d'auteurs anciens, il a entièrement respecté, pour les exprimer, les canons de la littérature médicale. Bien que quelques humanistes et quelques érudits non-médecins se fussent intéressés au passé de la médecine, l'essentiel de la littérature touchant l'histoire de la médecine fut l'œuvre, à la fin du XVe ou au XVIe siècle, de médecins humanistes engagés dans l'édition, la traduction ou l'explication de textes anciens sur la médecine et les sujets connexes, et prit la forme de préfaces à ces textes ou de citations d'extraits de cette littérature médicale. Pour de tels médecins, l'intérêt porté par Galien à l'histoire de la médecine, souvent exprimé lors de commentaires de ses prédécesseurs ou de jugements sur eux prouvait suffisamment combien l'appréciation historique faisait partie intégrante de la littérature médicale[11]. De plus, la survie sous une forme modifiée de l'*accessus ad auctores* de la tradition médiévale (lui-même dérivé des formes ordinaires d'apport d'information introductive, chez les commentateurs d'Aristote de l'antiquité tardive) et le développement du genre de la biographie d'auteur dans le matériau des préfaces, apportaient une justification ainsi qu'une occasion d'inclure des informations biographiques, bibliographiques et historiques tout au long des textes médicaux et de leurs commentaires[12]. Dans le cas de Cardan, ses considérations sur l'histoire médicale se retrouvent dispersées dans les préfaces de ses commentaires, dans d'autres passages évaluant l'authenticité, la transmission ou l'intérêt médical de certains textes médicaux anciens et dans son *Encomium* de la médecine[13]. Ses sources, pour l'histoire strictement médicale, sont également conventionnelles : ce sont, premièrement, bien sûr, les textes médicaux eux-mêmes, à travers les témoignages des auteurs encyclopédiques antiques (Celse, Pline), et différentes formes de littérature doxographique (nul doute qu'il connaissait également les chapitres sur la médecine du *De inventoribus rerum*, l'œuvre largement diffusée de Polydoro Vergilio[14]).

Néanmoins, les opinions de Cardan sur l'histoire médicale sont liées de bien des façons à son approche des sujets historiques dans d'autres domaines, aussi bien qu'à des aspects plus larges de l'usage de l'histoire dans la culture renaissante. Je propose maintenant d'examiner brièvement ce type de corrélation, sous quatre formes : le renversement par Cardan des jugements conventionnels, son utilisation de l'histoire générale comme d'une source permettant de déterminer les limites de la physiologie humaine et de faire l'histoire de la maladie ; son utilisation d'un texte médical comme une source pour l'histoire générale ; sa présentation de l'histoire de la discipline de la médecine. Vu son habitude de retravailler le même matériau dans différents traités, sur de longues périodes, je n'essaierai pas de mettre en évidence la chronologie relative de ses idées sur l'histoire de la médecine, comparée à d'autres domaines historiques. J'aimerais plutôt suggérer qu'au moins sous les quatre aspects que je viens de nommer, ses idées sur l'histoire en général et sur celle de la discipline médicale influent les unes sur les autres.

Le retournement du jugement conventionnel

L'*Éloge de Néron* peut être lu de différentes façons. Le jugement conventionnel sur Néron étant, au seizième siècle, qu'il était un monstre infame, on peut assurément le lire comme une satire lucianique, genre dont son auteur, qui a également écrit un *Éloge de la goutte*, était certainement bien averti. Dans le premier *Éloge de la géométrie*, il mentionne les trois formes d'éloge ironique sur le modèle lucianique, la glorification du vice, de la maladie ou de la défiguration, ainsi que celle des animaux, en même temps que le nom du plus fameux praticien moderne du genre : « Érasme a fait l'éloge de la stupidité, Synesios de Cyrène celui de la calvitie, Lucien celui de la mouche »[15].

En même temps, l'ouvrage contient aussi, évidemment, des éléments d'authentique analyse historique. Comme l'a remarqué Ingegno, certains éléments centraux constituent une critique de Tacite et de Suétone, les deux principales sources sur le règne et la personnalité de Néron, et insistent sur le côté arbitraire, absurde et relatif du jugement humain[16]. Cardan affirmait que le portrait tacitéen de Néron (comme aussi celui de Suétone) était justifié par les alliances et les visées politiques de l'auteur. En outre, la comparaison entre la conduite de Néron et celle d'autres souverains anciens et modernes, révélait qu'à tout le moins il n'était pas pire que bien d'autres que l'on ne citait pas pour autant comme des exemples historiques de tyrans. À en juger par la conclusion de l'œuvre, son véritable propos était sans doute de s'en prendre aux guerres, gouvernements et factions aristocratiques de l'époque même de Cardan. Mais quelle que soit la manière d'interpréter le traité, son aspect le plus marquant est le renversement du jugement conventionnel, non seulement sur Néron mais aussi sur Tacite. À l'époque où écrit Cardan, Tacite commence juste à remplacer Tite-Live en tant qu'historien romain le plus estimé et en tant que guide vers une vie de sagesse. Mais Cardan voit en Tacite « un homme très ambitieux, attaché à la faction des *optimates* [*sic*] » (l'opposition sénatoriale au pouvoir impérial) et comme « un prêtre idolâtre et un homme aussi ambitieux que malhonnête, si vous voulez reconstituer sa vie à partir de ses propres mots »[17].

Cardan, lorsqu'il traite des figures majeures de l'histoire de la médecine se livre à pareils renversements, vantant ou en tout cas excusant ce que d'ordinaire on blâmait, et blâmant ce que l'on vantait d'ordinaire. L'exemple le plus évident, et aussi le plus ambigu, est celui de la manière dont il traite Galien. Écrivant à une époque où Galien était l'autorité dominante en médecine, et où la reconstitution complète et soigneuse de l'enseignement de Galien apparaissait encore comme une réalisation récente et majeure, Cardan se présente lui-même comme un critique de Galien sur plusieurs points particuliers mais surtout en tant qu'interprète d'Hippocrate. En même temps, toute sa compréhension des principes de la physiologie et de la thérapeutique, et tout son savoir médical, et même toute sa conception de la médecine, demeuraient profondément galénistes. En outre, Galien jouait un rôle de modèle pour le récit de ses propres cures et ses « autobibliographies », aussi bien, implicitement, que pour son ambitieux programme de commentaire d'Hippocrate[18].

Une évaluation générale de Galien apparaît dans les *Paralipomena*, 15 et 16, consacrés respectivement aux vies et aux livres des hommes célèbres, et au « jugement des hommes de l'antiquité ». Dans le premier de ces livres, si l'on excepte son rang peu flatteur dans ce qui est évidemment un ordre préférentiel (quelque chose de semblable au texte bien connu où sont évalués les auteurs anciens près de la fin du *De subtilitate*, au livre 16), Galien reçoit un traitement relativement neutre. Il est décrit comme proche de Cicéron pour l'autorité, en raison du nombre de ses livres, mais inférieur à Cicéron *in perfectione*. Néanmoins, il a écrit beaucoup d'excellents livres, et il a restauré la médecine[19].

Le livre 16, cependant, est spécialement consacré au problème de la nature ambiguë et ondoyante de la réputation historique. Cardan y analyse les carrières et les réalisations d'une curieuse collection d'individus : un rhéteur et deux écrivains scientifiques de l'antiquité classique, Cicéron, Galien et Théophraste ; trois poètes, deux anciens et un moderne, Homère, Virgile et l'Arioste (avec la conclusion que l'Arioste, à certains égards, était grandement préférable à Virgile[20]) ; et trois figures du XIIe siècle, Pierre Lombard, Pierre Comestor et Gratien, qu'il tenait pour deux frères[21]. Toute la discussion est organisée de façon à souligner combien la réputation dépend du contexte historique, et à souligner aussi la complexité et l'ambivalence du caractère et des réalisations des individus célèbres. Le discours commence ainsi : « J'ai vu que bien des gens étaient à juste titre ambigus dans leur jugement sur les hommes illustres, qu'ils soient célèbres pour leurs faits d'armes ou leurs écrits »[22]. Cardan explique ensuite que les gens qui étaient gênés par les inconséquences apparentes dans les personnalités et les conduites des hommes célèbres, n'avaient pas réussi à distinguer entre habileté et sagesse. En réalité, les hommes, selon lui, se procuraient de la gloire pour l'une ou l'autre de trois raisons : une habileté [*peritia*] exceptionnelle dans une activité estimée dans la société où on vit, la possession d'un grand pouvoir, ou une piété hors du commun. Pour illustrer les jugements dépendant d'éléments culturellement déterminés, il cite l'éloquence, appréciée dans les cités où c'est le grand nombre qui gouverne, comme la Rome et l'Athènes antiques, et la connaissance des lois, estimée dans les monarchies. D'autres formes de compétence étaient généralement estimées dans tous les peuples : parmi elles, en premier et avant tout, l'habileté militaire, appréciée partout et toujours, puis, dans l'ordre, la médecine, la peinture et la sculpture, et enfin l'architecture. Le passage débouche sur la déclaration selon laquelle les hommes célèbres étaient de trois sortes : ceux qui avaient un talent particulier dans tel ou tel domaine, les chanceux, et les sages, bien que dans un individu donné, ces catégories puissent se combiner ou se subdiviser de différentes manières, et changer avec le temps. De là l'association de qualités et de défauts et les variations dans la fortune, tantôt bonne tantôt mauvaise, chez son premier exemple, Cicéron, dont l'un des défauts, aux yeux de Cardan, était son attachement à sa « stupide fille » [*stulta filia*][23].

Le jugement final, sur les auteurs médiévaux, renforce encore l'idée de l'importance de l'impact des contingences historiques sur la réputation. Bien que Cardan exprime l'opinion, classique chez les humanistes, que des hommes vivant à une époque barbare ne pouvaient être éloquents, ses remarques ont un ton critique et relativiste rare dans de pareils commentaires. Selon Cardan, les écrits de Pierre Comestor étaient embellis par l'autorité des Pères, le Lombard traitait d'un noble sujet selon une bonne méthode, et Gratien faisait preuve d'énergie et de bon jugement. Mais leurs ouvrages, utiles, et ceux des philosophes de la dernière scolastique ainsi que des théologiens (il nomme Thomas d'Aquin, Scot et Ockham) avaient perdu de leur valeur parce qu'ils n'écrivaient pas dans le style en faveur « à notre époque où fleurit l'étude de la belle langue » [*Nostra aetate cum floreant studia polite loquendi*]. Résultat : « nous nous moquons de nos devanciers ; eux, s'ils pouvaient nous voir, pleureraient sur nos malheurs » [*Ridemus maiores nostros ; illi si nos viderent, deflerent calamitates nostras*][24]. De la sorte, si nous suivons Cardan, les personnages historiques célèbres sont un mélange complexe et changeant de qualités et de défauts, et les réputations historiques changent avec les modes intellectuelles. L'effet d'arguments de cette sorte est évidemment non seulement de retourner les jugements conventionnels mais de jeter le doute sur l'idée même d'histoire exemplaire.

L'évaluation de Galien occupe un tiers de la partie consacrée aux « jugements sur les hommes de l'antiquité » et peut même avoir été la principale raison de la rédaction de ce passage. Un bref résumé ne peut rendre justice du ton de cette diatribe : Galien a eu plus de chance que d'érudition. Ses vices étaient plus nombreux que ses vertus, ses mots plus nombreux que ses actes. Cela a été vraiment une chance que beaucoup de ses écrits aient disparu et il aurait mieux valu, pour les progrès de la médecine et la réputation de Galien, que tous eussent disparu. Galien a suivi les erreurs de Platon en philosophie naturelle, plutôt que la solide doctrine d'Aristote et de Théophraste. Il se vante de son savoir en géométrie, astrologie et arithmétique, mais pour les vrais connaisseurs, il est clair qu'il n'en était même pas, dans ces disciplines, aux rudiments. Quant à ses compétences en anatomie, elles étaient bien inférieures à celles d'anatomistes plus anciens, dont les œuvres écrites ont été perdues. Galien s'était fait une habitude de critiquer férocement tous les autres auteurs médicaux, antérieurs ou contemporains, à l'exception d'Hippocrate. Mais ses louanges d'Hippocrate manquent de sincérité : en fait, s'il commentait les ouvrages d'Hippocrate, c'était pour décourager les gens de les lire, et il gâtait systématiquement les termes employés par Hippocrate. Poussé par l'ambition à écrire un grand nombre de livres, il n'avait en tout et pour tout que trois ou quatre amis à qui les dédicacer[25].

Bien des choses dans ce passage font penser qu'il a été conçu comme un exercice de rhétorique dans le blâme, comme l'*Encomium Neronis* (dont le texte est bien plus long) en est un dans la louange. En réalité, Cardan n'excluait pas la possibilité de trouver dans l'antiquité des modèles exemplaires de conduite médicale (il considérait clairement Hippocrate comme un médecin exemplaire et assimilait sa propre médecine à la sienne) et ne rejetait pas systématiquement Galien en tant que modèle (à certains égards, comme indiqué plus haut, il se modelait ouvertement sur Galien). Mais, comme également dans l'*Encomium* de Néron, il y a plus dans le *iudicium* sur Galien que ce qui saute aux yeux au premier abord. À l'exception du passage sur l'anatomie, Cardan ne blâme directement aucun aspect particulier de l'enseignement ou de la pratique de Galien. Il s'en prend bien plutôt à sa personalité morale et à ses idées philosophiques. Comme Vivian Nutton[26] l'a récemment démontré, entre 1530 et 1570, une série d'auteurs ont produit de courtes biographies de Galien (dans des préfaces ou des ouvrages de référence) qui, pour la première fois, se fondaient sur une information tirée de l'éventail complet de ses œuvres en édition grecque, et donc fournie par Galien lui-même. Dans le droit fil du développement général de la morale médicale, évident en cette période, par exemple dans les écrits anatomiques, ces auteurs présentaient Galien comme un médecin modèle, et en faisaient un référence en matière de morale médicale. Le jugement de Cardan (qui paraît avoir été rédigé en 1570[27]) produit un effet absolument contraire, peut-être même intentionnellement. Cela montre que les informations tirées des propres travaux de Galien pouvaient être utilisées pour dresser le portrait d'un personnage parfaitement méprisable aussi bien que celui d'un modèle de moralité médicale. Pris dans le contexte du déferlement de louanges déversé sur Galien en tant que médecin modèle, le *iudicium* de Cardan non seulement retourne le jugement conventionnel mais révèle la fragilité de ses fondements.

Histoire du monde et théorie médicale

Partageant la vaste fascination de la Renaissance pour les limites physiologiques du corps humain, Cardan, pour ses exemples historiques, s'appuyait volontiers à la fois sur ses lectures d'historiens généralistes et sur la tradition locale milanaise. Ainsi le *De rerum varietate* inclut-il des informations sur des géants d'Écosse empruntées au chroniqueur écossais Hector Boèce aussi bien que le récit d'une fille dont l'étonnant écoulement urinaire avait été signalé par Giovanni Marliani, la figure de proue de la précédente génération de médecins milanais. Cardan avait d'abord entendu cette histoire de la bouche de son père mais ne lui avait pas accordé toute sa confiance : « je n'y croyais pas suffisamment », jusqu'à ce qu'il la trouve ensuite confirmée dans un récit écrit[28].

De manière plus significative, Cardan lit la totalité de l'histoire humaine, y compris celle de la maladie, comme profondément ancrée dans la structure physique et biologique du cosmos. Lui-même astrologue éminent, il partageait l'intérêt pour l'histoire astrologique et numérologique répandu parmi les intellectuels de la fin du Moyen-Âge et de la Renaissance, bien que, dans ce domaine comme dans tant d'autres, il donne à ces idées une expression spécifiquement personnelle[29]. Dans le *De arcanis aeternitatis*, il affirmait que des lois cycliques gouvernaient les affaires humaines, tout autant que les révolutions des cieux. Comme les corps humains, les lois et les royaumes, les cités et les dynasties ont une durée naturelle de vie impossible à dépasser, idée qu'il justifait au moyen d'abrégés de l'histoire, entre autres, des Hébreux, de Moïse jusqu'à l'époque du Christ, de l'empire romain, du royaume de France, et, inévitablement, de la famille de Cardan[30] (ailleurs, il étend le rôle de la causalité historique, en histoire, aux phénomènes culturels et artistiques[31]). Les sept principales calamités qui accablent la race humaine viennent des éléments, des étoiles, et des particularités des animaux et des hommes : les pestilences, de l'air, les séismes, de la terre, les inondations, de l'eau, les incendies, d'« un certain accident appelé feu » (il faut rappeler que Cardan ne compte pas le feu parmi les éléments), la stérilité, des cieux, un certain nombre de plaies d'Égypte, des animaux, et les guerres, des hommes[32].

C'est, je pense, dans le contexte de ces idées que l'on doit comprendre sa discussion, dans un autre ouvrage, sur la question de savoir « si les fléaux font structurellement partie du monde » (*An pestis sit e necessitate constitutionis mundi*)[33]. Mais sa réflexion sur la récurrence historique des épidémies n'était pas totalement abstraite, comme le montrent des passages du *De venenis* qui révèlent qu'il a soigneusement collationné des informations précises sur le sujet. Cette œuvre comporte des références à des épidémies du temps de l'empereur Antonin le Pieux et du pape Grégoire Ier, ainsi qu'au fléau pandémique du quatorzième siècle (que Cardan datait de 1339) aussi bien qu'à une série d'épidémies, entre 1475 et 1544[34].

En abordant la question de la nécessité des fléaux, il étudiait, explique-t-il, l'affirmation de certains (*quidam)* selon laquelle ce genre de fléau constituait une façon de purger la race humaine, de manière à alléger le poids exercé par les populations sur les réserves de nourriture[35]. L'idée que les causes des fléaux étaient les étoiles, le temps, la volonté de Dieu, annoncée par des prodiges « comme le rapportent les historiens » (*ut historici narrant*), semblait renforcer pareille opinion, puisqu'il s'agissait là de forces universelles. En réalité, continuait cependant Cardan, les étoiles et l'air ne peuvent être la cause de toutes les épidémies, puisque bien des épidémies n'attaquent pas simultanément animaux et gens, et ne tuent les gens que de manière sélective, la sélection dépendant souvent de critères sociaux : Cardan avait l'impression, contrairement aux historiens du XXe siècle, que le fléau était plus enclin à frapper les nobles que le commun puisque, selon lui, il frappait rarement ceux qui faisaient beaucoup d'exercice et mangeaient peu. En fait, la pestilence n'attaquait jamais la race humaine dans sa totalité ; là où elle frappait, quelques personnes lui échappaient, et il y avait des remèdes efficaces ; il ne s'était jamais produit, à aucun moment de l'histoire, qu'un peuple entier fût exterminé par une pestilence. Le déterminisme environnemental ou biologique était ici tempéré, comme dans son astrologie, par les interventions de la divine Providence, le libre arbître des hommes, et le hasard. Il concluait pourtant qu'il n'en était pas moins possible que les épidémies eussent pour finalité d'améliorer le monde en éliminant les faibles, les malades et ceux qui se conduisaient mal, et de faire enfin apparaître un nouveau type d'hommes, plus paisibles, avec une meilleure conduite, plus beaux et plus forts, d'une plus grande longévité, avec une âme plus pure ; sans que manquent pourtant des médications efficaces non pour quelques personnes mais pour tout le monde[36].

Les sources médicales de l'histoire humaine

Pour les lecteurs de la Renaissance, Hippocrate était un témoin de l'histoire ancienne aussi bien qu'une figure de l'histoire de la médecine. Le plus important traité, aux yeux de ceux qui, à la Renaissance, considéraient Hippocrate comme une source d'informations historiques, était, et de loin, *Air, eaux, lieux*, texte-clé, avec la *Tetrabible* de Ptolémée, dans la longue histoire des théories climatiques et environnementales, en ethnographie et en histoire[37]. En plus de fournir une théorie générale de l'influence de l'environnement sur le développement humain, *Air, eaux, lieux* caractérisait les différences physiques, morales et politiques entre Européens et Asiatiques et apportait d'inoubliables descriptions des Scythes (un peuple infertile, comptant beaucoup d'eunuques) et des Amazones. Dans leurs efforts pour expliquer le matériau géographique contenu dans le texte, les commentateurs de ce traité, au seizième siècle — parmi lesquels Cardan occupe la première place — comparaient habituellement les informations sur différents peuples avec les écrits des historiens anciens et d'autres témoignages antiques. En outre, certains d'entre eux utilisaient les affirmations sur l'influence des différents types d'environnement sur le caractère des populations contre le récit d'événements historiques antiques et contemporains. Ainsi Cardan complète-t-il le récit d'Hippocrate sur les Amazones non seulement avec une référence à Hérodote mais aussi avec une discussion philosophique pour savoir si oui ou non les femmes devaient ou pouvaient combattre, accompagnée de références aux gardiennes de Platon, une discussion scientifique sur la mastectomie des Amazones à la lumière de l'anatomie de Vésale, une mention des guerrières rencontrées par les explorateurs européens du Nouveau Monde, et une allusion aux femmes héroïques qui défendirent leur patrie à l'époque moderne, à Turin[38].

Parmi les maximes générales du texte d'Hippocrate, deux préceptes, l'un environnemental, l'autre politique, amenèrent spécialement Cardan (et les autres commentateurs du seizième siècle) à porter des jugements touchant certains récits événementiels. Le premier voulait que les peuples d'Asie fussent moins portés à la guerre que les peuples d'Europe ; le second, que les peuples gouvernés par des rois ou des seigneurs fussent moins enclins à combattre que ceux qui combattaient pour eux-mêmes, sous leurs propres lois[39]. En discutant ces passages, Cardan introduisit non seulement des comparaisons modernes mais aussi un élément de critique historique sur le texte hippocratique. Il expliquait qu'Hippocrate faisait référence à des tyrans, et non pas à des rois ; en outre, bien qu'il fût vrai que les Grecs de l'époque homérique aient vécu sous des rois, ce n'était pas le cas au temps d'Hippocrate. Quant à l'évidente bonne volonté des soldats modernes à combattre pour le compte de rois (ou de tyrans), elle était due à la nature des institutions militaires modernes : le recours à des mercenaires, l'interdiction de réduire des Chrétiens en esclavage, la pratique de la rançon et la permission accordée aux troupes de piller les villes[40].

La lecture la plus célèbre, au seizième siècle, du matériau historique et ethnographique contenu dans *Airs, Eaux, Lieux* est celle de Jean Bodin, qui utilisa l'ouvrage comme un élément de la construction de sa théorie des climats[41]. Bodin a également largement puisé (tout en les critiquant sévèrement) dans les ouvrages astrologiques et encyclopédiques écrits par Cardan avant la publication de la pemière édition du *Methodus ad facilem cognitionem historiae*, en 1566[42]. Le commentaire de Cardan sur *Airs, Eaux, Lieux*, publié en 1570, ne cite pas Bodin, pour autant que j'ai pu le voir. Un passage, néanmoins, contient peut-être un écho et une critique implicite du *Methodus.* Dans cet ouvrage, Bodin réfutait énergiquement l'affirmation hippocratique selon laquelle les Scythes étaient stériles, remarquant que la fécondité des « Goths, Scythes et Germains » avait peuplé une notable partie de l'Europe du Nord et de la Scandinavie[43]. Cardan rejoignait Bodin dans sa mise en question de l'affirmation d'Hippocrate sur la stérilité des Scythes, en faisant valoir que leurs modernes descendants étaient extrêmement nombreux (bien que, à la différence de Bodin, il finisse par trouver le moyen de justifier la position d'Hippocrate[44]). Mais, contrairement à Bodin, il voit dans les Scythes de l'antiquité non les ancêtres des Germains mais ceux des Tatars et des peuples qui leur sont apparentés. Il souligne ce point en incluant ici une longue digression sur l'histoire des Tatars (c'est-à-dire des Mongols) à une époque plus moderne, en commençant par l'historiographie de ce sujet[45] sur lequel, à son avis, il est particulièrement difficile de trouver de bons auteurs. Il réserve des mots particulièrement durs à deux écrivains anonymes, dont l'un a écrit sur les affaires orientales avec « la langue d'un rhinocéros » (c'est-à-dire, vraisemblablement, sans éloquence), tandis que l'autre a utilisé ses dons littéraires supérieurs pour changer une histoire aussi belle qu'admirable en d'ignobles fables[46]. Il assure à ses lecteurs qu'il a lui-même cherché des récits « plus crédibles » [*fide digniores*], précisément ceux de l'Arménien Hayton qui, dans son exil européen, a dicté en 1307 sa *Flor des estoires de la terre d'orient*, avec une chronologie de l'histoire mongole, ainsi que le patricien vénitien Giosofat Barbaro, qui voyagea en Russie entre 1436 et 1451[47]. Il défend sa foi en ces auteurs en tant que sources crédibles d'informations sur les coutumes des Tatars contemporains avec cette remarque : « Cependant, je serais enclin à penser que les coutumes, en une période de cent à trois cents ans, n'ont pas beaucoup changé, et la nature des choses encore moins »[48]. En dépit d'une attitude aussi cavalière à l'égard de l'écoulement du temps, son récit inclut, plus ou moins précisément datés, des résumés des carrières et des conquêtes de Genghis Khan, Ogatai, Batu, ainsi que de Kublai Khan et Tamerlan. Pour le dernier, il remarque soigneusement qu'il est né à Samarcande, qui, bien que sous domination scythe, n'appartenait pas à la Scythie « comme si le

Doge de Venise était né en Crète » [*aut Venetus Dux in Creta*].

L'HISTOIRE DE LA DISCIPLINE MÉDICALE

Cardan introduit fréquemment de l'histoire de la médecine dans les préfaces de ses ouvrages médicaux. Ce faisant, il suit une pratique conventionnelle, et les préfaces qu'il écrit sont tout à fait conventionnelles, elles aussi, en ce qui concerne leurs sources et leur contenu général. Et pourtant, ces passages montrent aussi Cardan dissertant sur des questions historiques plus longuement qu'il n'est habituel dans pareil contexte, et préoccupé par la question des jugements historiques. Ainsi dans l'histoire de l'anatomie qui prélude à son commentaire sur le traité anatomique, du début du XIVe siècle, de Mondino de Liuzzi, loue-t-il hautement Vésale en tant qu'anatomiste, bien qu'il le juge moins doué littérairement que Galien, et se montre extrêmement critique à propos de sa personnalité morale[49]. Écrivant à une époque où l'opinion médicale avancée méprisait les contributions arabes médiévales à la médecine, Cardan préfaçait un commentaire sur le *Canon* d'Avicenne avec une substantielle bio-bibliographie de l'auteur, et une réponse aux critiques des médecins humanistes, qui défendait vigoureusement à la fois la personnalité morale d'Avicenne (bien supérieure à celle de Galien) et l'utilité de son œuvre[50]. L'histoire de la fortune d'Hippocrate occupe une place plus centrale dans l'intérêt que Cardan manifestait pour l'histoire de la médecine en tant que discipline médicale. Ses tentatives pour distinguer les traités authentiques d'Hippocrate des écrits de ses successeurs et des faux font partie des premiers efforts de ce genre à la Renaissance, même s'il fondait en réalité son jugement sur l'opinion de Galien[51]. Bien que l'attention qu'il prêtait à l'histoire de l'enseignement hippocratique fût largement motivée par le désir de réduire l'influence de Galien à celle d'un commentateur d'Hippocrate, les commentaires de Galien sur les traités hippocratiques étant hautement appréciés des médecins humanistes. L'assertion remarquable — mais infondée — du prologue au commentaire de Cardan sur les *Aphorismes*, selon laquelle pas moins de douze des prédécesseurs ou contemporains de Galien avaient commenté l'ouvrage, était donc sans doute destinée à réduire la portée du commentaire — tellement admiré — de Galien[52].

La même préface contient une vie conventionnelle d'Hippocrate qui en faisait un descendant d'Esculape, le créditait d'études de rhétorique avec Gorgias et de philosophie avec Démocrite. Mais dans son *Medicinae Encomium* où il dresse une histoire de la discipline plus large que dans les préfaces, où il se concentre sur des auteurs ou des ouvrages particuliers, il écarte expressément l'histoire légendaire classique qui faisait remonter les origines de la médecine à Apollon et/ou à Esculape : *Omitto fabulas de Apolline, ut dixi, et Aesculapio*. Au lieu de cela, dans un mouvement apparemment destiné à doter la médecine des plus nobles origines, il l'enracine exclusivement dans les actions sacrées du Dieu chrétien, comme la guérison de Naaman le Syrien et celle de Tobie dans l'Ancien Testament et, par dessus tout, les miracles du Christ dans le Nouveau : « Le Christ, dont personne ne doute qu'Il était Dieu, n'a jamais rien fait de plus grand ni de plus fréquent que pratiquer la médecine, mais selon sa manière (c'est-à-dire divine) en soignant des malades de toutes natures ». Il trace ensuite l'histoire de la médecine sacrée à travers les guérisons miraculeuses rapportées par les Actes des Apôtres, puis à travers les actes des saints, surtout saint Roch, s'appuyant sur les multitudes d'ex-votos placés dans les églises en gage de reconnaissance pour des miracles, comme sur autant de preuves de la présence ininterrompue et efficace de ces guérisons divines. Il fonde ensuite l'origine divine de la médecine en citant la mention du médecin dans l'Ecclésiastique, soulignant que Dieu a créé la *materia medica* et présentant les lois de la diététique de l'Ancien Testament comme des prescriptions sanitaires divinement inspirées[53].

L'idée de la médecine comme d'un don divin, ainsi que du *Christus medicus*, étaient bien sûr des *topoi* anciens[54]. Beaucoup d'auteurs patristiques et médiévaux évoquent le Christ comme le médecin à la fois des âmes et des corps, ou usent de l'expression *Christus medicus* en référence à la guérison spirituelle. La lecture très littérale du concept opérée par Cardan faisait du Christ — et non pas des figures mythologiques floues d'Apollon et d'Asclépios ou bien du personnage imparfait, à son avis, de Galien — le modèle historique du praticien. Bien que cette assertion soit sans aucun doute un trait rhétorique approprié à la louange, il n'y a aucune raison de mettre en question le sérieux de ses intentions. Mais d'une manière qui semble caractéristique du parfum contradictoire et ironique du jugement historique de Cardan, il juxtapose à son histoire sacrée une présentation nettement séculière des développements ultérieurs de la médecine. Trois séries d'exemples illustrent le propos lui-même en écho à une maxime médiévale sur le métier, selon laquelle, « si vous souhaitez acquérir gloire, richesse ou amis, il n'est pas de meilleure ou de plus féconde discipline » [*Seu enim nomen seu divitias aut amicos parare velis, disciplina nulla melius aut uberius praestare potest*]. Seule la troisième de ces trois séries semble sans ambiguité : elle démontre la grande noblesse de la médecine en fournissant une liste de rois, commençant par Hermès Trismégiste et menant jusqu'aux rois de France qui, avec leur pouvoir de thaumaturges, ne dédaignaient pas d'y recourir. Les deux autres séries incluent toutes deux des contre-exemples qui dévalorisent le projet apparent. Les exemples supposés montrer qu'« il n'y a, apparemment, aucun art, et même aucun pouvoir, aucune dignité qui puisse, autant que l'art médical, faire le bien sans jalousie, sans outrage ni offense » [*nulla enim ars videtur, imo neque potentia ulla dignitas, quae sine invidia, sine iniuria, sineque offensa benefacere possit, quemadmodum ars medica*] consistent en des épisodes dans lesquels des souverains fameux ont été traités par des médecins lors d'événements historiques où la médecine joue un rôle majeur. Mais il ne s'agit pas seulement de succès médicaux (la guérison de la peste d'Athènes par Hippocrate) mais aussi d'échecs médicaux (l'échec du traitement d'un amiral vénitien, débouchant sur une défaite pour Venise et même pour la Chrétienté, devant les Turcs). La dernière série d'exemples destinés à illustrer la richesse que la médecine peut apporter, avec des anecdotes concernant les sommes énormes reçues par certains médecins célèbres, glisse dans le *topos* de la cupidité médicale avec l'histoire empruntée à Commynes du médecin qui extorqua au roi de France Louis XI une somme extraodinaire pour soigner la maladie dont le roi mourut par la suite[55]. Le *Medicinae encomium* une fois encore, nous présente un usage hautement ambigu de l'histoire exemplaire.

Pendant le siècle de Cardan, Machiavel et Bodin dressèrent tous deux un parallèle explicite entre histoire et médecine en tant que disciplines tirant de l'expérience passée de quoi améliorer le présent. Mais comme l'a remarqué Marie-Dominique Couzinet, Machiavel avait à l'esprit la découverte empirique (c'est-à-dire hasardeuse) des remèdes, tandis que Bodin entendait que l'historien, comme le médecin, pouvait raisonner correctement sur des causes naturelles[56]. Cardan (illustration importante de cette affinité ancienne entre médecins et historiens jadis signalée par Momigliano[57]) raisonnait sur de plus larges causes historiques mais (en tout cas quelquefois) mettait en doute l'évidence des arguments en faveur de l'histoire exemplaire. Peut-être la nature inévitablement aléatoire et déroutante de l'expérimentation médicale pratiquée au XVIe siècle a-t-elle contribué à persuader Cardan de ce que les leçons de l'histoire pouvaient elles aussi avoir de déroutant et d'aléatoire.

Notes

1. Cet article est paru une première fois, en langue anglaise, dans *Gerolamo Cardano, le opere, le fonti, la vita* a cura di Marialuisa Baldi e Guido Canziani, Milano, Pubblicazioni del « Centro di studi del pensiero filosofico des cinquecencento e del seicento in relazione ai problemi della scienza » del Consiglio Nazionale delle Ricerche, Milano, FrancoAngeli 1999, p. 341-362. Que Guido Canziani soit remercié d'en avoir autorisé ici la publication.

2. « Caput XVIII. Delectatio. Historiarum praeterea lectione praecipue » *De vita propria* 18, *OO* I, 14.

3. Giovanni Alberto Albicante, *Historia de la guerra del Piamonte* (Milan, 1538) ; Bonventura Castiglione, *Gallorum Insubrum antiquae sedes* (Milan, 1541) ; Galeazzo Capella, *Commentarii... delle cose fatte per la restitutione di Francesco Sforza Secondo Duca di Milano* (Venise, 1539 ; première édition latine, Milan, 1531). Sur ces auteurs, voir Simone Alnico, *Il ruginoso stile* (Milan, 1990). Cardan, *De exemplis centum geniturarum*, n° 21 ; *OO* V, p. 473.

4. Voir Georges H. Nadel, « Philosophy of History Before Historicism », *History and Theory* 3 (1964), p. 291-315 ; Rüdiger Landfester, *Historia magistra vitae ; Untersuchungen zur humanistichen Geschichtstheorie des 14.bis 16 Jahrhunderts* (Geneva, 1972), en particulier ch. 3 ; Reinhart Koselleck, *Futures Past* (Cambridge, Massachusetts, 1985), p. 3-38 ; Mariangela Regoliosi, « Riflessioni umanistiche sullo « scrivere storia », *Rinascimento* 31 (1991), p. 3-37.

5. Mariangela Regoliosi, *Rinascimento*, 31 (1991), p. 3-37 ; Timothy Hampton, *Writing From History ; The Rhetoric of Exemplarity in Renaissance Literature* (Ithaca, New York, 1990), p. 3-8. — Dans la préface de ses *Historiarum florentini populi libri XII*, cité dans Landfester, *Historia magistra vitae*, p. 132-33, avec les remarques d'un certain nombre d'humanistes dans le même sens.

6. Anthony Grafton, « Renaissance Readers of Ancient Texts », dans son *Commerce with the Classics* (Cambridge, Mass. 1991), p. 23-46 ; Hampton, *Writing from History*, p. 8-30, 63-80 ; Victoria Kahn, *Machiavellian Rhetoric ; From the Counter-Reformation to Milton* (Princeton, 1994), p. 18-33 ; le rejet, par Guicciardini, de l'utilité des exemples anciens, dans ses *Ricordi* posthumes, est bien connu : « Quanto si ingannono coloro che a ogni parola

allegano e Romani ! Bisognerebbe avere una città condizionata come era loro, e poi governasi secondo quello essemplo ; el quale a chi ha le qualità disproporzionate è tanto disproporzionato, quanto sarebbe volere che uno asino facessi el corso di uno cavallo »*Ricordi* 110 (Lilan, Garzanti, 1992), p. 136.

7. *Proxeneta* 70, *OO* I, p. 409 ; « Propterea multum refert historias legere, non solum ut prudentior fias... sed ut cognoscendo quanta mala maneant mortales, et quam deteriora alii passi sint, alii intulerint, discas tuam sortem patientius ferre... Nec placent orationes, sed Laconica imminentium expressio ; neque iudicium, nisi sobrium... Nihil ergo utilius in historia quam vera et diligens narratio, etiam minimorum... Ex antiquis, Catilina Sallustii omnium praestantissima ; ut Trogi et Diodori nulla ; media Livii. Ex recentioribus plurimum Sabellicus delectat, sed utilitatem in hoc negotio nullam refert ; praestantissima, et paene sola, Argentoni, ut et alias dixi. Thucydidi omnia desunt ; antiqua, moribus a nostris longe aliena, Reipublicae scripsit, et popularis fuit, demum, qui ostentationi servivit, non historiae nervis ». Son jugement sur son compatriote lombard Paolo Giovio, qu'il considérait (sans doute injustement) comme vénal, comme « nequissimus historicus, seu potius fabulator », se trouve dans l'*Encomium Neronis* (*OO* I, p. 216). Voir T.C. Price Zimmerman, *Paolo Giovio ; The Historian and the Crisis of Sixteenth Century Italy* (Princeton, 1995), p. 264.

8. « Dicillimum [*sic*] enim est historiam scribere, et ob id rara. Primum, ob petitiam [*sic*] et stylum, atque exercitationem ; secundum, ob diligentiam et laborem in minimis persequendis ; tertium, ob iudicium. Nam si parva quaeque describat, ridiculum opus faciet et legentes afficiet taedio ; sin magna solum, vel etiam mediocria, tradat, optimam partem ad cultum vitae et ad instruendum lectorem praetermittat necesse est ; ita ut legendo nihil ex eo discas. Siquidem magna omnia et mediocria ex minimis ortum habent ; sed causae illae occultae, proditiones, sollicitationes, colloquia secreta, corruptio ministrorum, intimorum, consiliariorum, ducum, veteres inimicitiae, odia, aemulationes, obtrectationes, spes inanes, a quibus omnia pendent, vix sciri possunt ; et qui norunt, historiae scribendae animum non adhibent », *Proxeneta* 70, *OO* 1, p. 409.

9. *Cardanos Encomium Neronis*, ed. Nikomaus Eberl (Frankfurt am Main, 1994) ; première édition, avec les *Somniorum Synesiorum... libri IV* et autres œuvres, Bâle, 1562 ; *OO* I, p. 179-220. La plus importante discussion sur le contenu philosophique de l'*Encomium Neronis* se trouve dans Alfonso Ingegno, *Saggio sulla filosofia di Cardano* (Florence, 1980), p. 184-208 ; pour une interprétation qui met l'accent sur le contexte politique et biographique immédiat, voir Eberl, *Cardanos Encomium Neronis*, introduction, p. 11-17. Les autres écrits historiques évoqués ici sont « De dubiis ex historiis », « De clarorum virorum vita et libris », « De hominum antiquorum illustrium iudicio », *Paralipomena* 14-16, *OO* X, p. 545-570, et le *De arcanis aeternatis tractatus*, *OO* X, p. 13-31.

10. *Encomium geometriae, OO* IV, 442. Première publication avec les *Somniorum Synesiorum... libri IV*, Bâle, 1562. Sur Cardan astrologue, voir An-

thony Grafton, *Cardano's Cosmos* (Harvard University Press, 1999).

11. Voir Wesley D. Smith, *The Hippocratic Tradition* (Ithaca, New-York, 1979), p. 61-176.

12. Sur la pratique ancienne des préfaces explicatives des textes, avec des informations biographiques sur leurs auteurs et, en particulier, l'importance de Galien et son influence, voir Jaap Mansfeld, *Prolegomena ; Questions To Be Settled Before the Study of an Author, or a Text* (Leiden, 1994), particulièrement p. 1-11, et 117-76.

13. D'abord publié comme l'un des *Quaedam opuscula* (Bâle, 1559), *OO* VI, p. 1-7.

14. Polydoro Vergilio, *De rerum inventoribus libri VIII* 1. 20-21. Sur cet ouvrage, dont les trois premiers livres parurent pour la première fois en 1499 et qui fut fréquemment réédité au seizième siècle, voir Brian P. Copenhaver, « The Historiography of Discovery in the Renaissance ; The Sources and Composition of Polydore Vergil's *De inventoribus rerum*, I-III », *Journal of the Warburg and Courtauld Institutes*, 41 (1978), p. 192-214.

15. *Encomium geometriae, OO* IV, p. 440. Sur le genre de l'éloge ironique à la Renaissance, voir Annette H. Tomarken, *The Smile of Truth ; The French Satirical Eulogy and Its Antecedents* (Princeton, 1990). L'essentiel de la discussion sur Cardan, dans cette œuvre, se rapporte à son éloge de la goutte.

16. Ingegno, *Saggio*, p. 186-188, 199-206.

17. *Encomium Neronis, OO* I, 217, p. 219. Tacite, *Annales* 11-16 (avec le récit néronien au Livre XIII) survécut au Moyen-Age dans un unique manuscrit. Bien qu'un certain nombre de copies de ce manuscrit aient été transcrites au XVe siècle et que l'*editio princeps* soit apparue en 1470, ce n'est pas avant 1530 que Tacite commence à être considéré comme plus important que Tite-Live (modification généralement attribuée aux changements sur la scène politique européenne et aux progrès de l'absolutisme). Guicciardini, en dépit de sa méfiance à l'égard de l'utilité de l'exemple romain, caractérisait Tacite comme une lecture instructive à la fois pour les tyrans et ceux qui devaient vivre sous eux : « Insegna multo bene Cornelio Tacito a chi vive sotto a'tiranni e modi di fondare la tirannide » (*Ricordi* 18). L'intérêt pour Tacite s'intensifia pendant la seconde moitié du seizième siècle, surtout après la première publication en 1574 de l'importante édition des œuvres de Juste Lipse. Voir L.D. Reynolds, ed., *Text and Transmission* (Oxford, 1983), p. 407-409 ; Gian Biaggio Conte, *Latin Literature. A History*, révisée par Don Fowler et Glen Most (Baltimore 1994), p. 543. Mark Morford, « Tacitean *Prudentia* and the Doctrines of Justus Lipsius » dans *Tacitus and the Tacitean Tradition*, ed. T.J. Luce et A.J. Woodman (Princeton 1993), p. 129-151 ; et Iain Fenlon et Peter N. Miller, *The Song of the Soul* (Londres, 1992), p. 6-20 ; Marc Fumaroli, *L'âge de l'éloquence* (Paris, 1994), p. 63-65 et 69-70 ; Anthony Grafton, *Commerce with the Classics*, p. 203-8.

18. Plusieurs exemples de cette attitude disséminés dans les ouvrages médicaux de Cardan sont signalés dans Nancy Siraisi, *The Clock and the Mirror ;*

Girolamo Cardano and Renaissance Medicine (Princeton, 1997). Pour Cardan critique de Galien, voir particulièrement p. 138-42.

19. *Paralipomenon* 15. 6. *OO* X, p. 557.

20. *Ibid.* 16. 4, *OO* X, p. 568 ; « Quod igitur ad argumentum attinet, Virgilius Homero et Ariosto longe inferior est ». Le chapitre est brièvement discuté et traduit en espagnol dans Francisco Socas, « La "comparación entre Homero, Virgilio y Ariosto" de Gerolamo Cardano », *Alor novísimo* 5 (1988-89), p. 42-52. Sur les comparaisons, au XVIe siècle, entre l'Arioste et Virgile (par des admirateurs et des critiques du premier) voir Daniel Javitch, *Proclaiming a Classic ; The Canonization of Orlando Furioso* (Princeton, 1991), particulièrement p. 16-17 et 26-27.

21. *Ibid.* 16. 1-5, *OO* X, p. 562-70.

22. « Multos vidi nec immerito ambiguos fuisse, inferendo iudicium de claris viris, seu literis seu armis inclaruerint, adeo ut Plutarchus, cum disertissime Ciceronis vitam, tum etiam Demosthenis scripsisset, non solum inferendo iudicium de comparatione illorum mutaverit, sed etiam ipse tum alii admirentur ; vel cur tam evaserit, cum esset natura adeo ineptus, vel cur cum tam clarus esset, tot admiserit errores », *ibid.* p. 562.

23. *Ibid.*, p. 562-63.

24. *Ibid.* p. 570.

25. *Ibid.* p. 563-66.

26. Vivian Nutton, « Biographical Accounts of Galen, 1340-1660 », communication prononcée au 41e Symposium de Wolfenbüttel (octobre 1997), *Medizingeschichtsschreibung. Historiographie unter dem Diktat literarischer Gattungen von der Antike bis zur Aufklärung*, organisé par Thomas Rütten.

27. *Paralipomenon* 16.5, *OO* X, p. 570 : « Anno Christi MCLXXII, qui ab hinc CCCIIC habetur... ».

28. *De rerum varietate* 8. 43, *OO* III, 162 ; 8, 44, *OO* III, 168.

29. Voir par exemple Laura Ackermann Smoller, *History, Prophecy, and the stars* (Princeton 1994), spécialement le chapitre 4 ; Paola Zambelli, « Introduction ; Astrologers's Theory of History », dans *"Astrologi hallucinati". Stars and the End of the world in Luther's time*, ed. Paula Zambelli (Berlin 1986), p. 1-28 ; Anthony Grafton, *Joseph Scaliger ; A study in the History of Classical Scholarship. II. Historical Chronology* (Oxford 1993), p. 349-57 ; Grafton, *Cardano's Cosmos.*

30. *De arcanis aeternitatis*11, *OO* X, 17-24. On peut trouver une brève discussion sur les idées de Cardan à propos de la chute de Rome dans A. Demandt, *Der Fall Roms* (Munich 1984), p. 100-101.

31. *Commentarii in Ptolemeum, de Astrorum iudiciis* 1.3. 24, *OO* V, 113 ; « Cum igitur eodem tempore non unum genus artis floreat, utpote militaris disciplina, poesis, eloquentia, pictura, plastica, musica, medicina, philosophia, simul quoque desinant, ut Alexandri, et Augusti, et nostra etiam aetate, cum tamen ab Augusto ad initium nostrae florentis aetatis, quod fuit

circum annum salutis 1440. fluxerint anni inter medii circiter mille quadragenti, nihil egregium pro miraculo natura produxerit in lucem, praeterquam Antonini tempore cum tunc etiam floruissent simul Alexander Aphrodiseus, Ptolemaeus Pelusiensis, et Galenus Pergamenus, et parum ante id etiam C. Plinius et Plutarchus Cheroneus Traiani magister, manifestum est ex generalibus constitutionibus coeli principaliter ista pendere ». L'ouvrage fut d'abord publié à Bâle en 1554.

32. *De arcanis aeternitatis* 9, *OO* X, 14-16.

33. *Paralipomenon* 1, 10, *OO* X, 437-439.

34. *De venenis* 1, 9, *OO* VII, 285-287. L'ouvrage fut d'abord publié sous le titre *De venenorum differentiis....libri III*, avec *In septem Aphorismorum Hippocratis particulas commentaria*, Bâle, 1564.

35. *Paralipomenon* 1, 10, *OO* X, 437 : « Videtur autem magna dubitatio, an ut quidam dicunt, pestis sit velut in corporibus fluxus ventris periodicus. Abundante enim humano genere, nec natura ferente tantam multitudinem hominum, tum ob urbium plenitudinem, tum ob inopiam alimentorum, videtur necessaria pestis, ut ea multitudo allevietur ».

36. *Ibid.*, 439 : « surgat novum genus hominum incolumius, melioris habitus, formosius, robustius, longioris vitae, simplicioris animi ».

37. Voir Clarence J. Glacken, *Traces on the Rhodian Shore* (Berkeley and Los Angeles, 1967), p. 82-88, et Marian J. Tooley, « Bodin and the Medieval Theory of Climate », *Speculum* 28 (1953), p. 64-83.

38. *Commentarii in librum Hippocratis de Aere, aquis et locis*, lectiones 82-83, *OO* VIII, p. 154-56 (l'ouvrage fut d'abord publié à Bâle, 1570) ; le passsage est étudié de manière plus détaillée dans Siraisi, *The clock and mirror*, p. 143-144.

39. *Airs, Eaux, Lieux* 16, dans *Hippocrates*, ed. et trad. W.H.S. Jones (Loeb Classical Library), 1, p. 114-16.

40. « Intelligit ergo de regia tantum aut tyrannica potestate », Cardan, *Commentarii in librum Hippocratis de Aere, aquis et locis*, lectio 88, textus 12, *OO* VIII, p. 148. « Nostra aetate tria aut quatuor immutata sunt ; Primum servitutis ob Christianam religionem, neque enim licet Christianum a Christiano in servitutem duci ; quae lex ferme omnium quae apud nos habentur moralium utilissima est ; Secundum ut coloniae non fiant, quod etiam humanitatis est, et quanquam factum aliquando sit, id potius casu quam voluntate et lege contingit. Tertium ut spolia quisque in praelio sibi comparet, et etiam in urbium direptionibus... quoniam non unus populus pugnat, sed colluvies mercenariorum... Quartum est quod captivi potentes sunt in potestate ducis exercitus, persoluta quantitate pecuniae, scilicet stipendio menstruo militi qui illum coeperit ». *Ibid*, lectio 89, textus 13, 8, p. 149.

41. Jean Bodin, *Methodus ad facilem cognitionem historiae*, ch. 5. Voir Marie-Dominique Couzinet, *Histoire et méthode à la Renaissance ; Une lecture du* Methodus ad facilem historiae cognitionem *de Jean Bodin* (Paris,

1996), p. 163-87, et Franck Lestringant, « Europe et théorie des climats dans la seconde moitié du XVIe siècle », in *La conscience européenne au XVe et au XVIe siècles* (Paris, 1982), p. 206-26. Le dernier auteur souligne que Bodin était critique à l'égard de certains aspects de *Airs, Eaux, Lieux* et qu'il n'adopte pas les divisions géographiques de l'auteur hippocratique.

42. À savoir, de Cardan, *De subtilitate libri XXI*, d'abord publié à Lyon en 1550 et *In C[laudii] Ptolemaei Pelusiensis III de astrorum iudiciis*, d'abord publié à Bâle, 1554.

43. Bodin, *Methodus* (Paris, 1566), ch. 5, p. 97-98.

44. « Reliquum est ut dicamus cur regio Scythica non admodum foecundos reddat homines... Et primum quod ita sit, hoc enim supponitur cum sit numerosissima gens et hodie, ut dixi Tartarorum nomine nota quomodo ergo numerosisssima poterit esse gens quae foecunda non est... » *Commentarii in librum Hippocratis de Aere, aquis et locis*, lectio 85, *OO* VIII, p. 160.

45. *Ibid.*, lectio 96, *OO* VIII, p. 185-187.

46. « Quidam egregius qui de Indicis rebus scripsit eo progressus est, ut elephantem mentem habere prodiderit, et ut etiam loqueretur, os monocerotis... Alius etiam longe peritior cum rem litterariam satis adiuvisset non contentus historia pulcherrima et admirabili in turpissimas fabulas atque id in fronte operis deflexit, quid dicas de huiusmodi viris ? » *ibid*, p. 185

47. L'ouvrage de Hayton (ou Hethoum) fut dicté à Nicolas Falcon qui, en 1307 également, le traduisit en latin. L'*editio princeps* en latin est le *Liber historiarum partium Orientis, sive passagium terrae sanctae, Haythono, Ordinis Praemonstratensis, Authore, scriptus anno Redemptoris nostri MCCC* (Hagenau, 1529). Le Livre III concerne les Tatars. Une traduction italienne du Livre III est incluse dans le vol. II des *Navigationi e viaggi...* (Venise, 1559) de Ramusio. Giosofat Barbaro, *Viaggi fatti da Vinetia, alla Tana, in Persia, in India et in Constantinopoli* (Venise, 1543).

48. *Commentarii in librum Hippocratis de Aere, aquis et locis*, lectio 96, *Opera* 8, p. 185 : « non multum tamen immutatos mores a centum annis ad trecentos crediderim, naturam vero rerum multo minus ».

49. *Expositio Anatomiae Mondini, OO*, 10, 129-31. Le passage est commenté dans Siraisi, *The Clock and the Mirror*, p. 105-109.

50. *In quattuor primas principis primae sectionis doctrinas* [sic]... [*i e* le *Canon* d'Avicenne], proem. 1561, *OO* 10, 455-457.

51. *Ars curandi parva, OO* VII, p. 192-194 ; Siraisi, *The Clock and the* Mirror, p. 126.

52. *Commentariorum in Hippocratis Aphorismos libri VII*, proemium, *OO* VIII, p. 216-217 (l'ouvrage fut d'abord publié sous le titre *In septem Aphorismorum Hippocratis particulas commentaria*, Bâle, 1564).

53. *Medicinae encomium*, *OO* VI, 1-7, avec le matériau historique le plus important en 1-4.

54. Sur le concept de médecine comme don divin, voir Chiara Crisciani, « History, Novelty, and progress in Scholastic Medicine », *Osiris* 6 (1990), p. 118-139 ; sur le concept de « Christus medicus », voir Rudolph Arbesmann, « The concept of *Christus Medicus* in St. Augustine », *Traditio* 10 (1954), p. 1-28 ; Gerhard Fichtner, « Christus als Arzt. Ursprünge und Wirkungen eines Motives », *Frühmittelalterliche Studien* 16 (1982), p. 1-18 ; Hubertus Lutterbach, « Der *Christus medicus* und die *Sancti medici* ; Das wechselvolle Verhältnis zweier Grundmotive christlicher Frömmigkeit zwischen Spätantike und Früher Neuzeit », *Saeculum* 47 (1996), 239-81.

55. Une traduction italienne des *Mémoires* de Commynes fut publiée en 1544 ; *La historia formosa di monsignor di Argenton delle guerre et costumi di Ludovico undecimo re di Francia...* (Venise, 1544).

56. Machiavel, *Discorsi*, préface au livre I ; Bodin, *Methodus*, préface. Sur ces analogies, voir Couzinet, p. 123-130, qui compare les idées de Bodin et l'usage que fit la Renaissance du *Methodus medendi* de Galien.

57. Arnaldo Momigliano, « La storia tra medicina e retorica » dans *Tra storia e storicismo* (Pise, 1985), p. 11-23.

Galien au miroir de Cardan

Frédéric Le Blay

Dans son roman *L'Œuvre au noir*, publié en 1968[1], Maguerite Yourcenar, passée maître dans l'art des fresques romanesques à arrière-plan historique ainsi que des autobiographies fictives, imagine un personnage, Zénon, protagoniste principal de l'œuvre, qu'elle conçoit comme la synthèse de toutes les personnalités savantes de son siècle, le XVIe siècle[2]. Ce personnage de roman, médecin, philosophe et alchimiste, présente de nombreux traits communs avec Jérôme Cardan ; il pourrait être Jérôme Cardan. De fait, dans sa notice accompagnant le roman[3], l'auteur met en parallèle son Zénon avec les contemporains illustres, Léonard de Vinci, Paracelse — elle fait de Zénon son émule et son adversaire —, Copernic — dont Zénon connaît les théories —, Étienne Dolet — premier libraire de Zénon —, Servet — médecin travaillant comme Zénon sur la circulation du sang —, Vésale, Ambroise Paré, le botaniste Césalpin, Galilée, Campanella, Giordano Bruno, Érasme, Fracastor, l'anatomiste Rondelet — dont elle fait le maître de Zénon —, et Cardan, qu'elle présente comme mathématicien et philosophe, oubliant que ce dernier se définissait avant tout comme médecin. Comme le fictif Zénon, Cardan fut un polymathe ; comme lui, il eut de puissants protecteurs, dont il fut souvent le médecin et qui lui permirent d'échapper aux poursuites et calomnies de ses ennemis ; comme lui, il eut dans ses derniers moments maille à partir avec l'Inquisition et fut emprisonné. Une différence notable toutefois : Cardan connaît une fin moins tragique que son avatar romanesque, condamné au bûcher. On peut ainsi lire en parallèle le *De vita propria* et la fiction de Yourcenar et l'on ne peut manquer d'être frappé par la ressemblance entre les deux figures de Zénon et de Jérôme Cardan. De fait, le second constitue l'un des modèles du premier.

Cette relation de copie à modèle trouve sans doute sa légitimité et son explication dans la manière même dont Cardan a construit sa propre figure[4], dans la manière dont il s'est efforcé de se présenter lui-même comme un modèle voire un type, celui de l'homme savant. Le lecteur du *De vita propria* ne lit pas tant la première autobiographie moderne que la mise en œuvre d'un portrait archétypal[5]. Cette impression tient à ce que l'auteur s'est lui-même décrit et perçu au miroir des autres, à ce qu'il s'est défini à travers des modèles, à commencer par celui de Galien, qui incarne, quatorze siècles plus tôt, la figure de l'homme savant, une figure consciemment façonnée. La relation de Cardan à ses modèles va ainsi au-delà de la référence aux œuvres ou à la pensée, puisqu'elle relève d'une forme d'identification ou, pour parler plus justement, d'empathie. Mais avant de parvenir à l'empathie, il faut en passer par les antipathies.

Cardan et le Galénisme

Dans la relation entre Cardan et Galien, il convient de distinguer deux aspects bien distincts, l'œuvre et la pensée du médecin de Pergame d'une part, son personnage d'autre part. Le problème doit par conséquent être envisagé selon deux perspectives différentes, Cardan et le Galénisme, Cardan et Galien. Et c'est sans doute la conscience aiguë que Cardan avait de ces deux aspects qui explique la complexité de sa position à l'égard de l'héritage galénique.

La relation de Cardan avec le Galénisme a déjà été explorée et les études sur ce sujet, ainsi surtout que la lecture des œuvres elles-mêmes, laissent assez clairement apparaître que la position de Cardan était d'abord celle de la critique, voire de l'hostilité déclarée. Dès sa première publication, le *De malo recentiorum medicorum medendi usu* (*Des mauvaises pratiques des médecins actuels*) publié en 1536, Cardan se posait en adversaire de la pensée dominante, c'est-à-dire le Galénisme. Ce parti pris, il ne le quittera jamais, puisqu'il déclare lui-même avoir détruit une partie de ses premières publications, sans valeur et d'aucune utilité, à l'exception de cet opuscule polémique[6]. Un second opuscule, le *De simplicium medicinarum noxa* (*Du danger des médecines simples*), illustre la position de Cardan en termes analogues. Toutefois, dans le cas de ces deux ouvrages, la question reste d'identifier la cible véritable des attaques de l'auteur : s'agit-il du Galénisme, en tant qu'il est la doctrine enseignée dans les écoles, ou plus simplement Cardan règle-t-il quelques comptes avec certains de ses confrères ? On sait en effet que les relations de Cardan avec l'Université ne furent pas des plus aisées et que nombreux furent les obstacles qu'il rencontra dans sa carrière, en particulier dans les premiers temps. En outre, la controverse entre les institutions elles-mêmes, c'est-à-dire les différentes universités où l'on enseignait la médecine, était propre à alimenter les polémiques en tous genres. Cependant, dans sa préface à la traduction du *De vita propria* par Jean Dayre[7], à propos de cette dimension polémique caractéristique des écrits médicaux de Cardan, É. Wolff avait assez justement rappelé le contexte de l'époque, celui d'une affirmation de l'individu et de sa particularité, marquée par l'apparition dans la littérature des expressions d'*uomo singolare* et d'*uomo unico*. Notre auteur chercherait avant tout à mettre en valeur son « originalité et son anti-conformisme poussés à l'extrême »[8]. S'il en est ainsi, nous trouvons là un trait de personnalité galénique : ce qui caractérise en effet Galien en son temps, c'est l'acharnement avec lequel le médecin de Pergame bat presque systématiquement en brèche la pratique et la doctrine de ses confrères en élevant un monument à son génie personnel. Trait de personnalité que Cardan avait bien perçu et dont il constate d'ailleurs les dérives :

> Non eandem inibo rationem in enarrandis nominibus inimicorum aut aemulorum tam studiose ut amicorum, quippe Galenum non parum errasse puto qui Thessalum, dum nomen eius proterit, aliquem esse docuerit et cuius rationem haberet. *De vita propria, XVI.*

> Je ne suivrai pas la même méthode consistant à citer les noms de mes ennemis ou imitateurs avec le même soin que ceux de mes amis, car j'estime que Galien ne s'est pas peu trompé lorsque, accablant le nom de Thessalos, il nous apprend par là-même son existence et le cas qu'il faisait de lui[9].

À force de s'en prendre à Thessalos et, avec lui, à tous les maîtres de la médecine méthodique, Galien finit par obtenir un résultat inverse à sa volonté. Un peu plus loin, il reproche au médecin grec son désir de contredire (*contradicendi studio*)[10]. Cardan ne commettra pas ce faux-pas : s'il rendra à ses amis l'hommage mérité, il restera silencieux sur ses ennemis ou adversaires, le silence étant la meilleure arme du mépris. Pour autant, on peut se demander si Cardan ne reproduit pas un comportement similaire à l'égard de celui-là même auquel il en fait le reproche. En effet, ce que Thessalos fut à Galien, aux dires de Cardan, Galien le fut à Cardan. Plus significatif encore, lorsqu'il s'agira de s'en prendre à l'un de ses confrères italiens, Cardan rassemblera ses attaques dans un ouvrage qu'il intitulera *Actio in Thessalicum medicum*[11]. La « pose » galénique ne saurait être plus explicite, l'incohérence de l'auteur avec lui-même également, puisqu'il se donne un Thessalos, suivant ainsi la voie tracée par Galien, celle-là même dont il lui fait ailleurs grief.

Le *De vita propria* est de la même manière un texte très ambigu. Car si les piques adressées au « pape de la médecine »[12] y sont très acérées, les hommages rendus ne manquent pas non plus. Du côté des piques :

> quin etiam nihil alienum mihi adscripsi : in quo genere Aristoteles aliquantulum, Galenus ad turpem usque contentionem peccaverunt.
>
> *De vita propria, XIV.*

> qui plus est, je ne me suis jamais attribué les écrits d'autrui. Sur ce point, Aristote pèche par endroit, Galien le fait au point de tomber dans de honteuses disputes.

ou encore :

> Ter ergo in LI annis quibus sum a medicina erravi, cum Galenus non se accusavit quia toties erruerat ut accusatio non habeat locum excusationis.
>
> *De vita propria, XXXIII.*

> « En cinquante et un ans de pratique de la médecine, je me suis trompé trois fois, alors que Galien ne s'est pas accusé de ses erreurs car elles ont été si nombreuses qu'un aveu n'aurait pu lui servir d'excuse. »

On voit que, si ces blâmes découlent de la lecture des traités galéniques, c'est davantage la personne elle-même de Galien, dans ses vices et ses travers, qui se trouve attaquée plus que le fond de sa pensée. Il s'agit d'un véritable réquisitoire *ad hominem*. Rappelons, avec N. G. Siraisi[13], que dans les deux premières éditions de son *De subtilitate*, Cardan présente à son lecteur une liste des douze personnalités qui, dans l'histoire, se sont distinguées par leur *subtilitas*, Archimède, Ptolémée et Aristote occupant les trois premiers rangs, Galien la dernière place.

Quant aux remarques plus élogieuses, notons qu'il crédite Galien et Aristote d'un très grand scrupule dans la rédaction de leurs ouvrages et qu'il affirme avoir fait d'eux, sur ce point, ses modèles[14]. Il est intéressant que Galien soit, une seconde fois, étroitement associé à Aristote.

De fait, ils sont tous deux les *auctores* qui dominaient l'enseignement des universités ; on peut comprendre que le savant Cardan allait chercher ses modèles du côtés des deux grandes figures savantes et polymathes de l'Antiquité. Notons au passage qu'Aristote fut l'autre cible privilégiée des attaques de Cardan et que c'est pour le défendre, lui et Galien, que Scaliger et Camuzio se dressèrent contre lui[15]. Cardan ne s'en prend pas à des auteurs mineurs mais aux deux piliers de l'éducation philosophique et médicale. En ce sens, son entreprise ne constitue pas véritablement un cas isolé, puisqu'elle s'insère dans un mouvement général de la rhétorique médicale de son siècle consistant à critiquer la médecine scholastique des XIVe et XVe siècles[16]. Cardan ne fut en effet pas le seul à s'en prendre aux grands « maîtres » antiques puisque l'on observe une volonté similaire chez son confrère Giovanni Argenterio, qui fut en particulier l'auteur d'un ouvrage critique intitulé *In artem medicinalem Galeni commentarii*[17].

CARDAN, « NOUVEL HIPPOCRATE »[18]?

Il est désormais bien établi que c'est l'héritage hippocratique qui est au cœur de ce qui peut être décrit comme une querelle de personnes entre Cardan et Galien. Comme l'a très bien montré N. G. Siraisi, dans son étude magistrale *The Clock and the Mirror. Girolamo Cardano and Renaissance Medicine*, ainsi que dans divers articles complétant cette dernière, Cardan forma l'ambitieux projet de commenter l'intégralité du *Corpus hippocraticum*. S'il ne put venir à bout d'une si vaste entreprise, il n'en produisit pas moins plus de mille deux cents pages imprimées *in folio* de commentaires aux traités hippocratiques. En tant que commentateur, Cardan affirme comprendre le sens véritable de la pensée d'Hippocrate avec plus d'exactitude que Galien. Ce faisant, il ne fait rien d'autre que prendre la pose de Galien lui-même qui considérait être le meilleur interprète d'Hippocrate. Ainsi, le projet hippocratique de Cardan se révèle être galénique dans la forme comme dans l'esprit. L'étude de N. G. Siraisi attribue à Cardan la volonté d'être un nouvel Hippocrate, volonté explicitement affichée, mais elle démontre également que, plus profondément, Cardan avait cherché, dans sa relation avec le père de la médecine, à prendre la place de Galien. Ainsi, bien qu'il ait incontestablement Galien pour modèle,

Cardan s'acharne à discréditer son modèle. Pour ainsi dire, Cardan doit « tuer » Galien pour être lui-même Galien. Pour « tuer » Galien, il fallait montrer qu'il avait été un piètre commentateur du père de la médecine. Cardan se devait en quelque sorte d'être un meilleur fils que ne l'avait été Galien.

Dans cet acharnement critique[19], force est de constater que Cardan fait preuve de peu d'objectivité et que ses prises de position le conduisent à un certain nombre d'incohérences. En effet, Cardan n'est pas toujours en accord avec lui-même lorsqu'il s'agit de mettre en évidence les faiblesses ou les erreurs de Galien. I. Maclean a bien montré que dans le *De libris propriis*[20] était développée une théorie du commentaire qui était formulée en contradiction avec celle de Galien. Selon l'auteur, Galien serait indifférent à la valeur véritable du texte, son commentaire ne serait rien d'autre que celui d'un grammairien se contentant d'expliquer le sens des mots sans éclairer le contenu du texte. Premier grief. De fait, l'hippocratisme de Cardan accorde plus de poids aux idées, aux théories et à la pratique qu'à la critique textuelle, point sur lequel Cardan ne saurait d'ailleurs rivaliser avec les meilleurs philologues de son temps[21]. Dans son commentaire aux *Aphorismes*[22], il reproche au commentaire de Galien de s'attarder à des discussions dialectiques et métaphysiques sans pertinence pour l'art médical. Encore une fois, ce grief ne vise sans doute pas tant Galien qu'une certaine manière d'enseigner la médecine dans les universités. Continuant sur le même plan, il considère que la cause des erreurs de diagnostic et de traitement chez Galien, Paul d'Égine, Avicenne et tous les professeurs de médecine actuels est à attribuer à un excès de spéculation et de contemplation intellectuelles, associé à une insuffisance d'expérience dans le traitement des patients. Galien pécherait donc par défaut d'expérience et de pratique[23]. Le retour de Cardan à Hippocrate reviendrait donc à se libérer d'un dogmatisme et d'un systématisme qui ne se soucieraient pas du sujet et mépriseraient l'expérience ; tel était déjà le sens de l'opuscule polémique *De malo recentiorum medicorum medendi usu*. Cette foi en la pratique et en l'expérience trouve son expression la plus éclatante dans la page de titre du *Commentaire au Prognostic* d'Hippocrate, édition de 1568 :

> Fuerunt hi uiri Hippocrates et Cardanus, praeter summam doctrinam, longo felicique usu et experientia in operibus artis admirandi, cum haec scripserunt, uterque ultra LX annorum aetatem.

> Ces hommes, Hippocrate et Cardan, en plus de leur enseignement qui est le meilleur, doivent être admirés pour leur longue et heureuse pratique ainsi que pour leur expérience dans les travaux de l'art, puisque tous deux traitèrent par écrit de ces matières alors qu'ils étaient âgés de plus de soixante ans.

Cette phrase est souvent mise en avant par les commentateurs comme parfaitement révélatrice de la pensée de Cardan[24]. Ce qui toutefois nous paraît important avant tout dans cette manière de présenter l'auteur, c'est le recours explicite à des éléments biographiques précis qui vont bien au-delà de l'établissement d'un parallèle ou d'une analogie entre deux personnages puisqu'ils aboutissent à une identification. C'est en ce sens qu'il n'est pas excessif de parler d'empathie entre les deux hommes, puisqu'il apparaît que le cours de leurs existences respectives suit la même chronologie, chronologie qui relève bien entendu de la reconstruction *a posteriori*, que cette reconstruction soit une invention de l'auteur ou d'une *Vita Hippocratis* publiée par un contemporain. Cette question de l'âge qui, pour nous, paraît tout à fait étrangère à l'œuvre et à sa valeur intrinsèque est un élément important du plaidoyer *pro domo* de Cardan, puisqu'il y revient avec encore plus de force dans son autobiographie :

> Contulit etiam ad hoc aetas, iam ingresso LXXV, cum Galenus LXII non excesserit, Avicenna, id est Hasen LVII, uterque tota uita in itineribus consumpta, Galenus XX perpetuis annis, Hasen semper, Aetius in suo episcopatu, Oribatius in Ponto proscriptus, Paulus vagabundus.
>
> *De vita propria, XL.*

> Un autre avantage est mon âge : j'ai soixante-quinze ans, alors que Galien n'a pas dépassé soixante-sept[25], Avicenne (c'est-à-dire Hasen) cinquante-sept, et tous les deux passèrent leur vie en voyages, Galien vingt ans entiers, Hasen toute son existence ; Aetios la consacra à son évêché, Oribase fut proscrit dans le Pont, Paul d'Égine fut un vagabond.

Mais revenons à la question de la pratique et reconnaissons ici que Cardan fait preuve d'une évidente mauvaise foi en accablant Galien de charges qui ne sauraient lui être imputées. Non seulement Galien n'a cessé d'affirmer la nécessité d'un équilibre entre théorie et pratique, position de principe consistant en fait à rétablir, au sein d'une médecine très spéculative, le rôle de la pratique[26] mais surtout, toute son œuvre se distingue par l'importance que jouent les relations de cas cliniques et d'expériences[27]. Il se peut certes — et sur ce point nous partageons la position prudente de N. G. Siraisi[28] — que Cardan et ses contemporains n'aient pas été en mesure d'être sensibles à cette dimension de l'œuvre galénique. En effet, certains des exemples les plus significatifs de ces relations cliniques de la médecine antique restaient encore inconnus dans l'Occident médiéval, comme c'est le cas des *Épidémies* d'Hippocrate, dont la réception au XVIᵉ siècle semble avoir été très limitée ou encore du *De praenotione* de Galien[29]. Lorsqu'ils relataient des cas cliniques — et Cardan le fait à plusieurs reprises, les médecins du XVIᵉ siècle n'avaient sans doute pas à l'esprit les modèles antiques mais plutôt le genre alors très répandu des *consilia medica*, récits détaillés de traitements réussis que les médecins publiaient pour vanter leur science[30]. Cardan consacre tout un chapitre de son *De vita propria* à relater ses cures heureuses (XL) dont les bénéficiaires vont de l'humble aubergiste aux plus grands, ainsi l'archevêque écossais Hamilton. Les analogies de forme et de fond avec l'œuvre de Galien sont notables, même si l'inspiration galénique est difficile à établir, précaution qui oblige à poser la question de la connaissance réelle et directe que Cardan avait des textes du médecin de Pergame : qu'avait-il véritablement lu de Galien ? Nous reviendrons plus loin sur ce point.

Cardan dans les pas de Galien

Reprenons une fois de plus les conclusions de N. G. Siraisi : en guise de conclusion au chapitre qu'elle consacre à l'*historia* et à la narration dans les textes médicaux de Cardan[31], elle esquisse un portrait de Cardan imitateur, définissant sa relation avec Galien sous l'angle de l'*imitatio* ou peut-être, dit-elle, de la rivalité. Elle démontre bien que, en introduisant des notations autobiographiques dans ces traités médicaux, Cardan suit très exactement le modèle de Galien. Mais il semble que l'on peut se montrer encore plus affirmatif qu'elle et passer de la notion d'imitation à celle d'identification. Certains des éléments précédemment évoqués vont déjà dans ce sens. Mais notre réflexion nous invite désormais au dévoilement d'une stratégie personnelle, plus ou moins habilement masquée.

Dès les premières lignes de son autobiographie, Cardan cite ses deux modèles dans le genre, Marc Aurèle et Galien. Ouvrons ici une parenthèse sur le premier, avant de revenir au second : la mention de

Marc Aurèle est particulièrement intéressante car nous ne définirions pas aujourd'hui ses *Pensées* comme un ouvrage autobiographique ; un dialogue avec soi-même sans aucun doute, mais non une autobiographie. C'est pourtant de la sorte que Cardan, ainsi que ses contemporains d'ailleurs, ont lu les réflexions philosophiques de l'empereur de Rome[32]. L'ouvrage de Marc Aurèle présente pourtant une particularité, que l'on retrouve tant chez Galien que chez Cardan, l'hommage et les remerciements adressés aux parents, responsables de la formation intellectuelle et morale de l'auteur[33]. Peu d'auteurs antiques font ainsi intervenir leurs origines familiales et leurs géniteurs dans leur œuvre. On peut penser qu'il y a là un trait propre à l'enseignement stoïcien et à cette idée selon laquelle chaque individu appartient à la communauté des hommes : nul ne se construit seul mais grâce à l'aide d'autrui et en se fondant sur le modèle des générations précédentes. Galien, qui n'était pas à proprement parler un stoïcien mais fut fortement influencé par la doctrine du Portique, avait peut-être retenu la leçon lorsqu'il brosse le portrait de son père et insiste sur le rôle que ce dernier joua tant dans sa formation intellectuelle que dans sa vocation médicale[34].

Or nous retrouvons exactement les mêmes notations chez Cardan, qui évoque assez longuement ses parents, rappelant l'intérêt que son père portait à ses études, et se plaignant d'avoir eu une mère irascible[35] — coïncidence frappante avec la biographie de Galien. I. Maclean[36] a très exactement relevé ces échos galéniques très intimes dans l'écriture ou, devrions-nous sans doute dire la réécriture, autobiographique du médecin de Milan : rôle du père dans la formation intellectuelle[37], en particulier en matière de mathématiques et de logique, vocation médicale du fils déterminée par les rêves prémonitoires du père. Autre coïncidence qui peut être relevée : Cardan comme Galien évoquent une grave maladie survenue dans leur jeunesse, causée par la consommation de fruits de saison[38]. Il peut s'agir, de la part du milanais, d'un épisode réel, mais cette accumulation de coïncidences ne paraît pas être le fruit du hasard. Si l'épisode a pu se produire tel que Cardan le décrit, l'idée de le faire figurer dans la relation des années de jeunesse a pu en revanche lui être suggérée par la jeunesse de Galien. De même que Galien avait jugé bon d'être d'abord le médecin de soi-même et d'entretenir son lecteur des maux dont il souffrit, Cardan consacre un chapitre entier à parler de sa santé[39]. Il s'agit d'ailleurs ici d'un trait caractéristique à la fois de l'époque de Cardan — pensons à Montaigne, à Érasme également — et de celle de Galien : pour le IIe siècle romain, on pense naturellement à Aelius Aristide, ou encore à la correspondance entre Marc Aurèle et Fronton. On a pu écrire que l'empereur stoïcien, à l'instar d'Aelius, avait été un hypochondriaque[40] ; G. W. Bowersock découvre chez les auteurs contemporains une tendance à l'hypochondrie qui serait le miroir des raffinements excessifs de la rhétorique, caractéristiques de la Seconce Sophistique[41]. En cette période d'hypersensibilité, on se préoccuperait d'une manière presque morbide des problèmes de santé. Le siècle de Galien et celui de Cardan ont en tous cas au moins ceci en commun d'avoir vu tous deux naître l'autobiographie.

Le parallèle textuel est encore plus flagrant entre le *De libris propriis* de l'italien et l'ouvrage du même titre de son modèle antique. Des causes l'ayant poussé à écrire, Cardan envisage, dans un système de causalité complexe[42] des motivations internes et externes, des causes éloignées et proches, des causes immédiates et des catalyseurs. Parmi celles qui le poussèrent à rédiger son *De libris propriis*, il faut bien entendu compter la destruction d'une grande partie de ses livres, jetés au bûcher, lors de ses démêlés avec l'Inquisition. Étrangement, Galien connut la même perte, lors de l'incendie du Palatin de 192, quartier où se trouvait sa demeure, et justifie ainsi la réécriture de certains traités[43].

Le Galien de Cardan

À ce stade de notre réflexion, il convient de poser enfin la question essentielle : quel était le Galien de Cardan ? Comment Cardan lisait-il Galien ? Que pouvait-il réellement connaître de son œuvre ? La question revient à étudier les éditions de Galien qui étaient alors accessibles ainsi que la nature des textes par lesquels la tradition galénique était transmise dans l'enseignement universitaire. Comme je l'ai dit, il n'est pas question de traiter ici de ce point dans son intégralité. Je me limiterai donc à quelques observations.

L'*editio princeps* de Galien, en grec, cinq tomes *in-folio*, était sortie en 1525 des presses d'Alde Manuce. En 1538 avait été publiée à Bâle une édition des *Opera omnia* en cinq tomes *in-folio*, en grec, par les soins de H. Gemusaeus, L. Fuchsius (Fuchs) et J. Camerarius, qui reprenait avec quelques corrections le texte de l'Aldine. Mais Cardan, à l'instar de la plupart de ses contemporains, lisait peu — si ce n'est pas du tout — le grec. Le Galien de Cardan était donc un Galien latin ; il en va de même de son Hippocrate. La traduction latine de Fichardus, publiée chez Cratander à Bâle en 1538[44] aurait pu être sa source principale. Mais cette traduction, malgré son importance pour la suite de la tradition du texte galénique, connut une diffusion assez lente et ce n'est pas, semble-t-il, dans cet ouvrage que Cardan avait eu accès au texte de Galien, comme nous l'apprend son testament du 7 août 1560, document dans lequel il donne la liste des volumes de sa bibliothèque[45]. Le Galien de Cardan était celui d'une édition latine de 1556[46], qui contenait en particulier le *De libris propriis*. Cette chronologie explique le chapitre XXXIII du *De vita sua*, dans lequel Cardan narre le traitement qu'il administra, en vain, au fils du comte Borromée, enfant de sept ans qui souffrait de fièvre. Ayant pris son pouls, le médecin constata qu'il était intermittent, une fois sur quatre, observation qui détermina son diagnostic. Après avoir prescrit une première ordonnance, Cardan réalisa que l'enfant était sans doute agonisant et que rien n'y ferait pour le sauver. Il précise qu'il ne connaissait pas encore les livres de Galien *De praesagiis ex pulsibus* et que la parution ultérieure de ce texte avait confirmé son diagnostic. L'épisode est daté de 1536, soit plusieurs années avant la parution de l'édition qui fut vraisemblablement le texte de référence de Cardan. Cardan n'avait donc pas alors une connaissance directe du texte galénique mais il paraît difficile de croire qu'il ne savait rien de la sphygmologie galénique, qui constituait l'une des pierres de touche de l'enseignement médical[47]. Les contemporains de Cardan n'avaient certes pas entre les mains les quatre traités formant la *Megalè Pragmateia* de Galien, c'est-à-dire le *De pulsuum differentiis*, le *De dignoscendis pulsibus*, le *De causis pulsuum* et le *De praesagitione ex pulsibus*[48], mais ils pouvaient travailler sur des traductions, des adaptations ou des commentaires des écrits que Galien avait rédigés à l'intention des débutants (*De pulsibus ad Teuthran / Ad tirones*[49]), où se trouvaient résumés les éléments d'un système trop complexe pour être enseigné directement. Ce sont ces éléments pour les débutants que l'enseignement avait prioritairement conservés. Cardan n'avait pas directement lu les traités galéniques mais il ne pouvait pas ignorer le fond théorique de cette partie de la pensée du maître[50]. On peut donc envisager avec circonspection le récit qui est fait de la fièvre du jeune Borromée. Cardan ne feint-il pas d'ignorer la théorie galénique sur le pouls — en s'appuyant sur l'absence d'une édition du texte — afin de mieux mettre en valeur son génie personnel ? Seul un grand praticien comme lui aurait été en mesure de retrouver la pratique galénique sans avoir lu les écrits de Galien. En somme, Cardan serait Galien réincarné. Au-delà des informations qu'il nous donne sur les lectures de Cardan, cet épisode du *De vita propria* est essentiel pour comprendre à quel point Gerolamo Cardano, lorsqu'il se regardait dans un miroir, devait certainement apercevoir le reflet de Galien[51].

Dans l'ouverture du *De vita propria*, l'auteur déclare, après avoir affirmé que Galien était son premier modèle en matière d'autobiographie :

> Nec nos Galenum idem tentasse latet, honestius ut sibi visum est, quasi aliud agens sparsim ; ignavia tamen factum est studiosorum, ut nullus classicus illam ordinare tentaverit.
>
> Je n'ignore pas non plus que Galien s'y essaya également, mais il lui parut plus correct de disperser ses remarques parmi ses ouvrages ; et telle est la paresse des savants qu'aucun d'entre eux n'a cherché à les ordonner en un tout.

Si Galien expose bien sa vie dans ses œuvres, il n'existe en revanche aucun ouvrage autobiographique de la main de Galien. Sur ce point, Cardan a parfaitement raison. En outre, personne, dit-il, n'aurait cherché à réunir les passages épars dans le corpus en un tout. À travers ces déclarations, Cardan oublie de mentionner les nombreuses biographies de Galien qui furent publiées entre 1530 et 1570, conformément au genre alors très en vogue des *Vitae*, comme l'a bien montré V. Nutton[52]. Il paraît incontestable que les étudiants en médecine avaient entre les mains ce genre d'ouvrages s'appliquant aussi bien à Galien qu'à Hippocrate. Ils avaient surtout entre les mains un *Accessus ad auctores*, adaptation d'une pratique scholastique, c'est-à-dire un ouvrage synthétique présentant l'œuvre et la manière d'en aborder l'étude, semé de nombreuses notes biographiques[53]. Cardan ignore-t-il que de tels ouvrages existent de son temps ? Cela paraît improbable. Il se laisse plutôt aller à un artifice rhétorique : il veut sans doute faire croire à son lecteur qu'il a lu tout Galien et qu'il a pu ainsi collecter lui-même les passages autobiographiques de son œuvre, sans avoir recours à aucun *compendium* qui, dit-il, n'existe pas. Une fois de plus, l'auteur se pose en homme d'exception, en pionnier, relevant au passage l'*ignavia* des humanistes contemporains. Les lecteurs contemporains n'étaient certainement pas dupes. Cardan avait nécessairement lu une *Vita Galeni* ou un *Accessus* ; il s'en était inspiré et en avait tiré les éléments biographiques que l'on retrouve dans ses propres écrits. La lecture directe des traités galéniques était intervenue assez tardivement dans sa vie ; elle n'avait naturellement pas été complète. Bien qu'il ne dise rien de sa méthode de travail ni de ses sources et modèles de seconde main, cherchant à établir en quelque sorte une relation directe et sans intermédiaire entre lui-même et Galien, nous pouvons fort bien imaginer d'où il tirait ses informations biographiques.

En guise de conclusion, citons quelques-uns des témoignages de contemporains illustres sur Gerolamo Cardano, tels que ce dernier les énumère au chapitre XLVIII du *De vita propria* (*Testimonia clarorum virorum de me*) : l'un de ses ennemis et rivaux à l'Université le comparait, nous dit-il, à Galien : « Pour ce qui est de la première place, je ne la laisserai jamais passer, même si Galien la réclamait. Mais j'affirme qu'il est plus honorable pour moi d'être le second auprès de toi que le premier avec un autre » ; « Camuzio, un autre collègue, a fait imprimer un livre où il déplore vivement qu'à Pavie et dans plusieurs universités on cite mon nom contre Galien, qu'on devrait préférer sans hésitation puisque, à défaut d'autre motif, il est mort depuis si longtemps que la jalousie à son égard est complètement éteinte et qu'il a l'approbation de quantité d'auteurs. Ce livre se trouve partout ». Enfin, après une longue liste d'hommages, l'auteur déclare :

> Nam de scriptis quis dubitat Galeno nec forsan Aristoteli (si non typicae artis beneficio accidit mihi) totidem vix viventibus contigisse.
>
> Pour ce qui est des témoignages écrits, sans doute Galien et peut-être même Aristote en ont-ils à peine reçu autant de leur vivant (si je n'en suis pas redevable à la technique de l'imprimerie).

Nous tenons à exprimer nos plus vifs remerciements au Professeur I. Maclean pour ses observations et suggestions. Son érudition nous a permis d'apporter d'utiles corrections à cette contribution.

Notes

1. Gallimard, Paris.

2. « Sans qu'il s'agît de composer mécaniquement un personnage synthétique, ce qu'aucun romancier consciencieux n'accepte de faire, d'assez nombreux points de suture rattachent l'imaginaire philosophe à ces authentiques personnalités échelonnées le long de ce même siècle. » (*Note de l'auteur*, Bibliothèque de la Pléiade, Gallimard, Paris, 1982, p. 840).

3. *Note de l'auteur*, cf. *supra*, p. 837-850.

4. « Famously, Cardano exemplifies the self-expressiveness of Renaissance culture, whether this is defined in nineteenth-century terms as individualism or in late-twentieth-century ones as self-fashioning. » (N. G. Siraisi, *The Clock and the Mirror. Girolamo Cardano and Renaissance Medicine*, Princeton University Press, Princeton (NJ), 1997, p. 195). Sur cette question, voir également S. Greenblatt, *Renaissance Self-fashioning from More to Shakespeare*, Chicago University Press, Chicago & London, 1980.

5. M. Fierz, *Girolamo Cardano, Physician, Natural Philosopher, Mathematician, Astrologer and Interpreter of Dreams*, Birkhaüser, Boston-Basel-Stuttgart, 1983, n'est pas d'un autre avis puisqu'il présente le *De vita propria* comme « not so much an autobiography as it is a self-portrait » (p. 1). Un point de vue qui n'est pas partagé par É. Wolff, Cardan, *Ma vie*, traduction du latin par J. Dayre (Honoré Champion, Paris, 1936), révisée et éditée par É. Wolff, Coll. « Un savant, une époque », Belin, Paris, 1991, qui définit cet ouvrage comme une « autobiographie véritable ».

6. *De vita propria*, LXV.

7. *Op. cit.* p. 15-16.

8. *Ibid.* p. 21.

9. Nous donnons notre traduction personnelle des passages du *De vita propria.*

10. *De vita propria*, XXXIX.

11. *Hieronymi Cardani Mediolanensis Opera omnia*, ed. Ch. Spon, Lyon, 1663, I, p. 169-178.

12. Nous empruntons cette expression à D. Gourevitch, *I giovani pazienti di Galeno. Per una patocenosi dell'Impero romano*, Lezioni italiane, 20, Laterza, Roma-Bari, 2001, p. 3 : « Se, a stare alla tradizione, Ippocrate è il padre della medicina occidentale, Galeno ne è il papa ; il suo pensiero, trasformato in "galenismo" per essere compatibile con gli insegnamenti della Chiesa, ha strutturato la medicina medievale, limitandone strettamente i confini della ricerca. »

13. *The Clock and the Mirror*, cit., p. 119.

14. *De vita propria*, LXV.

15. Voir sur ce point l'introduction de Jean Dayre, éd. cit.

16. Cf. N. G. Siraisi, « Cardano, Hippocrates and Criticism of Galen », *in* E. Kessler (éd.), *Girolamo Cardano, Philosoph, Naturforscher, Arzt*, Wolfenbütteler Abhandlungen zur Renaissanceforschung, Harrasowitz Verlag, Wiesbaden, 1994, p. 131-155 (p. 141 pour le point mentionné).

17. 2 vols. in 8°, Paris, 1578. Sur cette pratique du commentaire et de la critique des grands auteurs de l'Antiquité, cf. I. Maclean, *Logic, Signs and Nature in the Renaissance, The Case of Learned Medicine*, Cambridge University Press, Cambridge, 2002, ch. 6 ; « Interpreting medical texts », p. 206-233.

18. Nous reprenons ici le titre et la thèse du chapitre 6 de l'étude magistrale de N. G. Siraisi, *The Clock and the Mirror*, *op. cit.*, p. 119-145, dont les analyses qui suivent sont largement tributaires.

19. Acharnement qu'il faut en toute rigueur nuancer ; « The freedom with which Cardano criticized Galen as a Hippocratic commentator and the frequency with which these criticisms turned into attacks on particular aspects of galenic medical theory and therapy do not, of course, mean that he was a wholehearted anti-Galenist. It must be emphasized once again that he was as much a product of a generally Galenic framework of medical learning as any of his colleagues. Approving citations of works and opinions of Galen abound in the Hippocratic commentaries as well as elsewhere in his writings. » (N. G. Siraisi, *ibid.*, p. 141)

20. « Interpreting the *De libris propriis* », *in* M. Baldi & G. Canziani (édd.), *Girolamo Cardano. Le opere, le fonti, la vita, Atti del Convegno internazionale di Studi, Milano, 11-13 dicembre 1997*, « Filosofia e scienza nel Cinquecento e nel Seicento », Università degli Studi di Milano, Francoangeli, Milano, 1999, p. 13-33.

21. Cf. Siraisi, *ibid.*, p. 134-135. Sur l'hippocratisme de Cardan, voir aussi l'étude de J. Pigeaud, « L'Hippocratisme de Cardan ; étude sur le commentaire d'*Airs, Eaux, Lieux* par Cardan », *Respublica litterarum*, 8, 1975, p. 219-229.

22. IV, *proem.* (*Opera omnia*, VIII, p. 347).

23. Dans ses *Paralipomena* en revanche, où Galien occupe un tiers de la section consacrée aux vies des hommes de l'Antiquité (*Opera omnia*, X, p. 563-566), Cardan attaque d'abord le caractère moral du médecin de Pergame ainsi que ses vues philosophiques plus que sa pratique (cf. N. G. Siraisi, « Cardan et l'histoire de la médecine » *supra*, p. 71-94) reprenant en cela l'esprit des attaques formulées dans le *De vita propria*.

24. Siraisi, *The Clock and the Mirror*, p. 133, considère que même si cette phrase est peut-être une insertion de l'éditeur, elle n'en illustre pas moins la pensée de Cardan. Cette déclaration semble bien être le fait de Petri, l'éditeur de l'ouvrage, mais elle se fonde sur une citation de Cardan lui-même, qui considérait que le meilleur âge pour écrire était entre soixante et soixante-dix ans (voir dans ce volume l'article de I. Maclean).

25. Cardan, suivant en cela la tradition, fait donc mourir Galien dans les toutes dernières années du IIe siècle. Nous savons désormais qu'il faut reculer

la date de sa mort d'une voire deux décennies. Le médecin de Pergame eut donc une vie bien plus longue que son émule italien.

26. Voir en particulier son traité *De experientia medica*, qui n'a survécu que dans une traduction arabe, elle-même effectuée à partir du syriaque (*éd.* R. Walzer, Oxford, 1944 ; trad. P. Pellegrin, C. Dalimier & J.-P. Levet, GF Flammarion, Paris, 1998) qui s'efforce de réaliser une synthèse entre l'approche des dogmatiques et celle des empiriques.

27. Cf. la synthèse récente de D. Gourevitch, « L'insegnamento medico di Galeno ; perché narra casi clinici ? », *Medicina nei Secoli*, 16/2, 2004, p. 253-275.

28. *Ibid.*, ch. 9 ; « *Historia*, narrative, and medicine », p. 195-213.

29. Sur la question de l'édition, de la lecture et de la traduction des médecins grecs à l'époque de Cardan, cf. V. Boudon-Millot & G. Cobolet (éd.), *Lire les médecins grecs à la Renaissance. Aux origines de l'édition médicale*, De Boccard, Paris, 2004. Également I. Maclean, « The diffusion of learned medicine in the sixteenth century through the printed book », *in* W. Brake & H. Deumens (edd.), *Medical Latin from the late Middle Ages to the Eighteenth Century, Proceedings of the European Science Foundation Exploratory Workshop in the Humanities, 3-4 sept. 1999*, Koninglijke Academie voor Geneeskunde van België, Bruxelles, 2000, p. 93-114. Sur la bibliographie galénique au XVIe siècle, R. J. Durling, *A Chronological Census of Renaissance Editions and Translations of Galen*, Ebenezer Baylis & son, Worcester, 1961 (reprinted from *The Journal of the Warburg and Courtauld Institutes*, vol. XXIV, 3-4, 1961, p. 230-305).

30. Sur ce genre, cf. N. G. Siraisi, *Ibid.* et M. Fierz, *Girolamo Cardano, Physician ..., op. cit.*, ch. 2.

31. *Op. cit.*

32. L'édition princeps des *Pensées*, publiée en 1559 par Xylander (Wilhelm Holzmann) chez Andreas Gesner à Zürich, portait le titre suivant ; *M. Antonini imp. dese ipso seu uita sua libri XIII.* Les éditions de Strasbourg (1590) et de Lyon (1626) intitulent le recueil *De vita sua*. Dans son esprit, Cardan n'inaugure donc pas un genre. Sur la question du genre des *Pensées* de Marc Aurèle, cf. P. Hadot, *Introduction aux Pensées de Marc Aurèle. La citadelle intérieure*, *Le Livre de Poche*, Paris, 2005, p. 54-58 (1re éd. Fayard, 1992).

33. Le livre I des *Pensées* se lit comme une succession de remerciements, sur le mode du souvenir, aux parents d'abord, aux professeurs et maîtres à penser ensuite.

34. Ces passages, répartis dans divers traités, ont été réunis dans l'ouvrage ancien mais toujours utile de P. Moraux, *Galien de Pergame. Souvenirs d'un médecin*, PUF, Paris, 1985, p. 35-44.

35. *De vita propria*, ch. III & IV.

36. « Interpreting the *De libris propriis* », *op. cit.*, p. 17.

37. Ainsi au chapitre XXXIV du *De vita sua*, l'auteur rend hommage à ses maîtres et fait figurer au premier rang d'entre eux son propre père, qui lui enseigna l'arithmétique et la géométrie.

38. *De probis prauisque alimentorum sucis*, 1 (Kühn, VI, p. 755-757 = *Corpus Medicorum Graecorum*, V, 4, 2, Leipzig, 1923, 1968^{2}, p. 392-393). Sur cet épisode de la jeunesse de Galien, voir le commentaire de D. Gourevitch, *I giovani pazienti di Galeno*, *op. cit.*, p. 43-46, qui met bien en évidence la relation privilégiée unissant le fils à son père, un trait commun à Galien et à Cardan.

39. *De vita propria*, ch. VI. Sur les maladies de Galien, cf. M. D. Grmek & D. Gourevitch, « *Medice, cura te ipsum*. Les maladies de Galien », *Études de lettres, Revue de la Faculté des Lettres de l'Université de Lausanne*, janvier-mars, 1986, p. 45-64.

40. J. E. G. Whitehorne, « Was Marcus Aurelius a Hypochondriac ? », *Latomus*, 36, 1977, p. 413-421.

41. *Greek Sophists in the Roman Empire*, Clarendon Press, Oxford, 1969, p. 71-74.

42. Nous renvoyons encore à Maclean, *ibid.*, p. 21, qui observe que cette causalité complexe est héritée de l'enseignement galénique.

43. *De compositione medicamentorum per genera*, I, 1 (Kühn, XIII, p. 362).

44. Une première version, moins étendue, avait déjà été donnée chez le même libraire par le même traducteur en 1531. Elle contenait en particulier le *De libris propriis* et le *De ordine librorum suorum*, dont Cardan s'inspira. Cf. Durling, *op. cit.*.

45. Cf. R. Soriga, « I testamenti di Gerolamo Cardano », *Bolletino della Societa Pavese di Storia Patria*, Pavia, 15, 1915, p. 152.

46. *Galeni opera [Latina]*, *Venetiis apud Iuntas*, 3e éd. Cette édition était complétée par un index d'Antonio Musa Brasavola, *Index refertissimus in omnes Galeni libros qui ex Iuntarum tertia editione extant*, publié la même année sous les mêmes presses.

47. Sur ce point, cf. N. Palmieri, « L'*inspectio pulsus* dans le premier galénisme gréco-latin ou les artifices du toucher », *in* I. Boehm & P. Luccioni (édd.), *Les cinq sens dans la médecine de l'époque impériale ; sources et développements, Actes de la table ronde du 14 juin 2001*, Centre d'Études et de Recherches sur l'Occident Romain de l'Université Lyon 3, Coll. du CEROR, n. s. 25, Lyon, 2003, p. 75-92.

48. Respectivement Kühn, VIII, p. 493-765 ; p. 766-961 ; IX, p. 1-204 ; p. 205-430. Le dernier des quatre est celui que Cardan déclare ne pas avoir connu en 1536. On peut donc en déduire que, des traités de sphygmologie de Galien, ce traité est celui — le seul ? — dont il eut par la suite connaissance.

49. Kühn, VIII, p. 453-492.

50. Quatre éditions antérieures à la date de 1536 existaient ; *De pulsibus introductorius*, S. de Colines, Paris, 1529 ; *Commentariolus de pulsibus ad me-*

dicinae candidatos, S. de Colines, Paris, 1531, rédigé à partir d'un *De pulsibus ad medicinae candidatos*, Cratander, Bâle, 1531 ; *Opera de pulsibus*, S. de Colines, Paris, 1532. L'origine parisienne de ces ouvrages à caractère didactique, explique sans doute que Cardan n'en ait pas eu connaissance. On constate en revanche qu'à partir de l'année 1538, les publication de traductions des traités de Galien sur le pouls se multiplient. Cf. R. J. Durling, *op. cit.*.

51. Sur cette image du miroir chez Cardan, cf. Maclean, *ibid.*, qui montre comment l'œuvre de notre auteur développe le thème de la réflexivité en faisant notamment appel au mythe de Narcisse.

52. « Biographical accounts of Galen, 1340-1660 », communication présentée au 41e Wolfenbüttel Symposium (Octobre 1997), *Medizigeschichtsschreibung. Historiographie unter dem Diktat literarischer Gattungen von der Antike bis zur Aufklärung*, organisé par Th. Rütten. Cette référence se trouve chez N. G. Siraisi, « Cardano and the history of medicine », *op. cit.*, p. 352.

53. Sur ce type d'ouvrages très répandus, cf. I. Maclean, *Logic, Signs and Nature in the Renaissance ; the Case of learned Medicine*, cit., p. 210-213, qui montre en particulier que dans l'édition de 1562 de son *De libris propriis*, les finalités de l'ouvrage, telles que l'auteur les énumère, suivent très exactement l'ordonnancement d'un *Accessus ad auctores*.

L'héritage du troisième degré : Cardan, Viète, Descartes

Evelyne Barbin

Nous trouvons trois figures géométriques différentes dans la résolution d'équations cubiques, chez Cardan et chez ses deux successeurs que sont Viète et Descartes. Dans l'*Ars magna* de Cardan de 1545, il s'agit de la figure du cube, alors que Viète dans l'*In artem analyticem Isagoge* de 1591 met en avant la figure de l'intercalation et que Descartes dans *La Géométrie* de 1637 prend la figure des coniques. Cardan, Viète et Descartes reprennent des figures qui ont été utilisées avant eux pour résoudre des problèmes géométriques ou des équations. Ce sont des héritiers, ils s'appuient sur les savoirs antérieurs et, en même temps, ils les réinterprètent ou les contredisent[1]. Pour comprendre et analyser leurs choix, nous commençons par présenter leurs héritages grecs et arabes.

1. Trois figures géométriques : des héritages grec et arabe

Les mathématiciens grecs proposent des problèmes de construction, comme ceux de la duplication d'un cube, de l'insertion de deux moyennes proportionnelles, de la trisection d'un angle, de la construction de polygones réguliers ou de la sphère d'Archimède. Le propos est de construire des solutions par intersections de droites et de cercles, c'est-à-dire à la règle et au compas. Ils n'y parviennent pas, mais obtiennent des solutions par d'autres moyens ou d'autres figures. Les mathématiciens arabes héritent de ces problèmes et ramènent certains d'entre eux à la résolution d'équations cubiques.

L'intersection de deux coniques permet à Ménechme, au IVe siècle avant J.-C., de résoudre le problème de l'insertion de deux moyennes proportionnelles entre deux grandeurs données[2], et donc le problème de la duplication du cube. Au XIe siècle, dans son *Traité d'al-jabr et d'al-muqabale*, Omar Khayyam montre que les équations cubiques obtiennent des solutions par intersections de deux coniques[3].

La figure de l'intercalation d'une droite est ancienne, elle est attribuée à Archimède au IIIe siècle avant J.-C. pour la résolution du problème de la trisection d'un angle[4] et à Philon de Byzance pour le problème de l'insertion de deux moyennes proportionnelles[5] au IIe siècle avant J.-C. Nous savons, d'après Pappus[6], qu'Apollonius s'était intéressé à plusieurs problèmes d'intercalations dans son ouvrage perdu des *Inclinaisons*, au IIIe siècle avant J.-C.

La décomposition d'un carré en deux carrés et deux rectangles égaux[7] est présente dans le livre II des *Éléments* d'Euclide, où elle sert à la résolution de problèmes de constructions d'égalités d'aires. Dans son *Traité d'al-jabr et d'al-muqabala* du IXe siècle, le mathématicien arabe Al-Khwarizmi résout les équations quadratiques à l'aide de cette figure. Deux siècles plus tard, Omar Khayyam utilise aussi la décomposition d'un carré pour la résolution d'équations quadratiques, il utilise aussi la figure du cube pour raisonner sur des équations cubiques mais il ne décompose pas le cube.

1.1. *La figure des coniques*

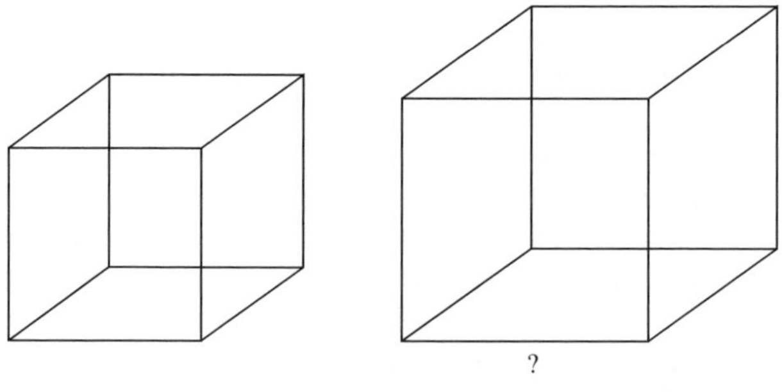

FIG. 1

Le problème de la duplication du cube consiste à construire le côté d'un cube ayant un volume double de celui d'un cube donné (fig. 1).

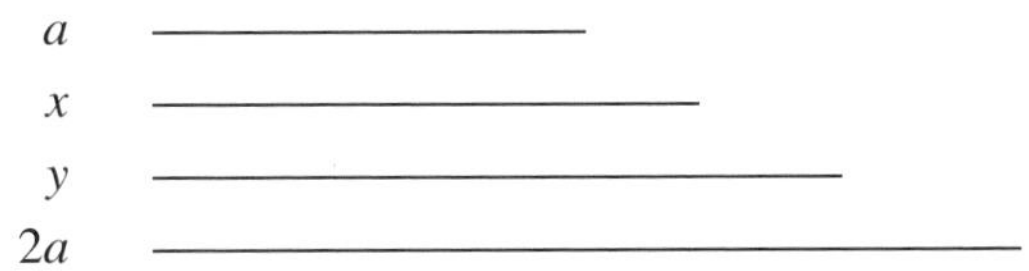

FIG. 2

Hippocrate de Chios, au ve siècle av. J.-C., ramène le problème de la duplication du cube à celui de la construction de deux moyennes proportionnelles entre une droite (finie) donnée a et son double, c'est-à-dire à la construction de deux droites (finies) x et y (fig. 2) telles que l'on ait, en notations modernes, la double égalité des rapports suivante :

$$a : x = x : y = y : 2a.$$

Ménechme résout le problème général de la construction de deux moyennes proportionnelles entre deux droites (finies) données a et b, c'est-à-dire de la construction de deux droites (finies) x et y telles que l'on ait, en notations modernes, la double égalité des rapports suivante :

$$a : x = x : y = y : b.$$

Il ne le résout pas par intersections de droites et de cercles, mais en utilisant l'intersection de deux sections coniques, à savoir d'une parabole et d'une hyperbole. Eutocius rapporte cette construction, ainsi qu'une construction utilisant le point d'intersection Z de deux paraboles d'axes AB et $B\Gamma$ (fig. 3) de sorte que

$$AB : BE = BE : B\Delta = B\Delta : B\Gamma.$$

Au XIe siècle, dans son *Traité d'al-jabr et d'al-muqabale*, Omar Khayyam mentionne plusieurs problèmes géométriques, comme celui de la sphère d'Archimède, qui ont été ramenés par les mathématiciens arabes à la résolution d'équations cubiques[8]. Il classe et résout les équations cubiques qui ont une solution par intersection de deux sections coniques. Par exemple, pour l'équation « un cube plus des côtés AB sont égaux à un nombre CB », il construit l'intersection d'une parabole et d'un cercle (fig. 4)[9].

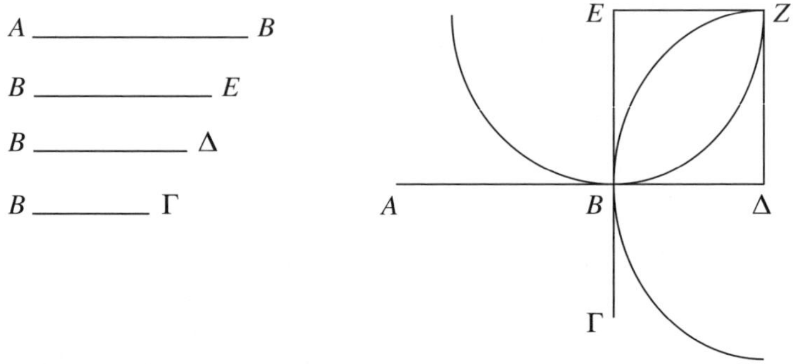

FIG. 3

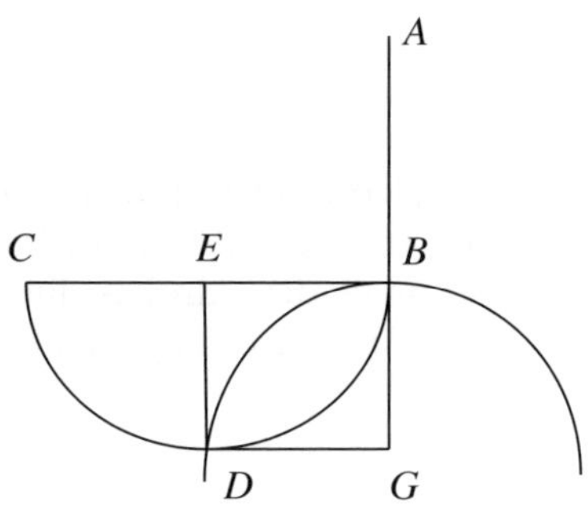

FIG. 4

Dans *La Géométrie* de 1637, Descartes énonce la méthode qui permet de ramener la résolution de n'importe quel problème de géométrie à la résolution d'une ou de plusieurs équations. C'est ainsi qu'il aborde le problème de la trisection de l'angle (fig. 5) en aboutissant à une équation cubique

$$z^3 = 3z - q.$$

Pour résoudre cette équation, Descartes propose la règle de Cardan, mais il préfère à celle-ci la construction de l'intersection d'une parabole et d'un cercle[10]. Il adopte cette construction pour d'autres équations cubiques.

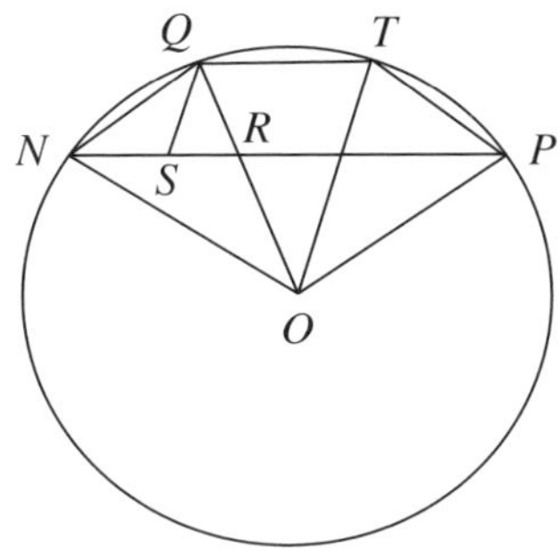

FIG. 5

1. 2. *La figure de l'intercalation*

Dans ses *Commentaires sur le traité de la sphère et du cylindre* d'Archimède, Eutocius donne la construction de deux moyennes proportionnelles à la manière de Philon de Byzance[11]. Étant données deux droites (finies) AB et BC, on construit le rectangle $BCHA$ et on fait tourner une droite autour du point B de telle sorte qu'elle rencontre en D le prolongement de AH, en E le cercle de diamètre AC et en Z le prolongement de CH, et que les droites (finies) intercalées BD et EZ soient égales entre elles (fig. 6). Alors on a construit les deux moyennes proportionnelles BD et EZ à AB et BC, c'est-à-dire que l'on a la double égalité de rapports :

$$AB : AD = AD : ZC = ZC : BD.$$

Un lemme attribué à Archimède montre comment trisecter un angle par intercalation. Étant donné un angle ABC, on construit un cercle de centre B et le prolongement de AB, il faut intercaler entre le cercle et ce prolongement une droite (finie) EF telle que EF égale AB. Il est aisé de démontrer qu'alors l'angle $\widehat{CEA}$ est le tiers de l'angle $\widehat{ABC}$ donné (fig. 7).

Une autre trisection de l'angle par intercalation[12] est indiquée par Pappus dans sa *Collection mathématique*. Étant donné un angle $\widehat{ABC}$, on construit un rectangle $ACBD$ de côté BC et de diagonale AB, puis on fait tourner autour de B une droite qui rencontre AC en E et le prolongement de AD en F de telle sorte que la droite (finie) intercalée EF soit égale au double de AB. Alors l'angle $\widehat{EBC}$ est le

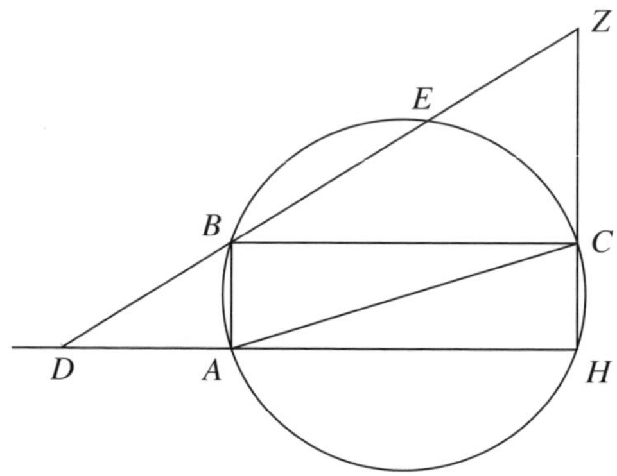

FIG. 6

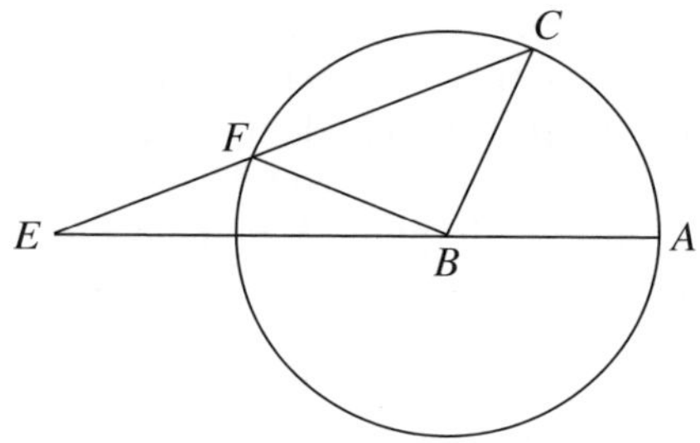

FIG. 7

tiers de l'angle $\widehat{ABC}$ (fig. 8). Pappus construit une telle intercalation par intersection d'un cercle et d'une hyperbole.

Selon Pappus, Apollonius a proposé dans son livre des *Inclinaisons* plusieurs problèmes d'intercalation, en particulier des intercalations de droites (finies) entre une droite et un cercle ou entre deux cercles (fig. 9).

La construction d'intercalations permet de résoudre aussi bien le problème de la duplication du cube que celui de la trisection d'un angle. Viète indique que, plus généralement, la construction de certaines intercalations suffit pour résoudre les équations cubiques aussi bien que les équations biquadratiques (de degré quatre). Dans son *Isagoge*, il propose donc d'ajouter une demande à la géométrie, qui permettra de construire les solutions de toutes ces équations : « Pour

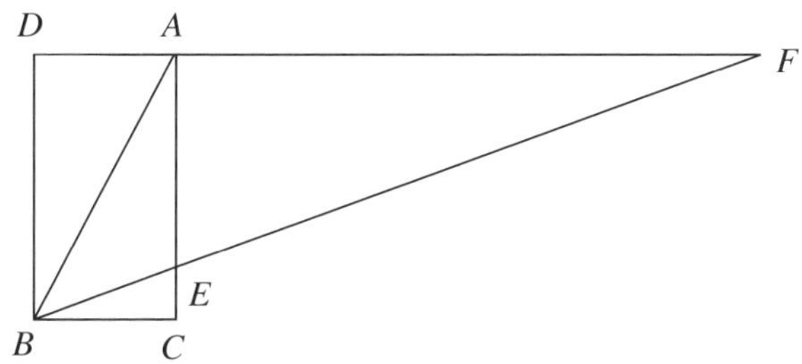

FIG. 8

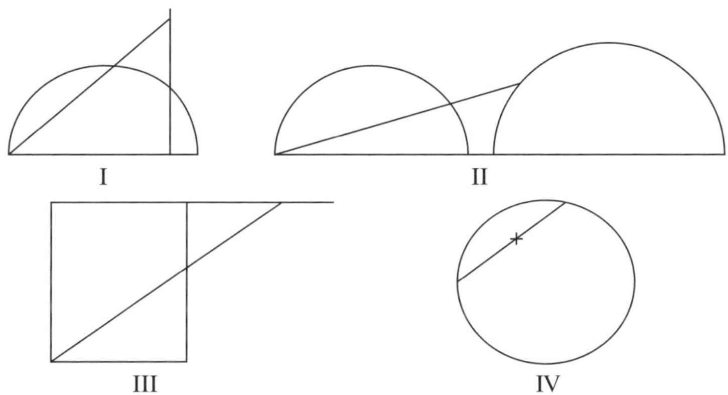

FIG. 9

les cubes et les carrés-carrés, afin de suppléer presque par la géométrie aux défauts de la Géométrie, il est demandé de tirer, d'un point quelconque à deux lignes quelconques, une droite telle que le segment intercepté entre ces lignes soit une longueur donnée. »[13]

1. 3. *La décomposition du carré et la résolution d'équations quadratiques*

La décomposition du carré (fig. 10) se trouve au livre II des *Éléments* d'Euclide, où la proposition 4 énonce que, si une ligne droite est coupée, alors le carré sur la droite entière est égal aux carrés sur les segments et deux fois le rectangle contenu par les segments[14]. Si AB est coupée en un point C, alors le carré construit sur AB se décom-

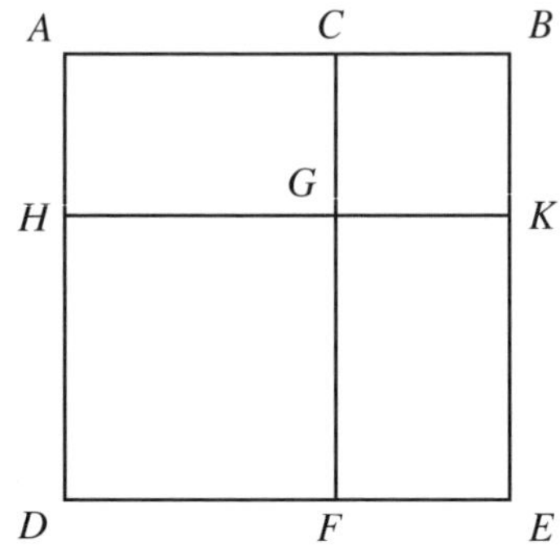

FIG. 10

pose en un carré de diagonale GB, un carré de diagonale DG, et deux rectangles égaux de diagonales HC et FK.

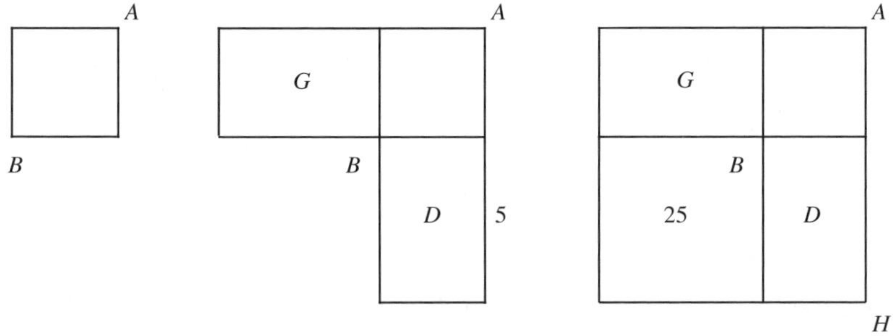

FIG. 11

Cette figure se retrouve dans le *Traité de l'Al-jabr et de l'al-muqabala* d'Al-khwarizmi pour la résolution d'équations quadratiques. Par exemple, pour l'équation « racines et trésors égalent nombres », Al-khwarizmi traite le cas où « un trésor et dix racines du même égalent trente-neuf dirhems ». Il commence par donner l'algorithme, c'est-à-dire la procédure qui permet d'obtenir une racine par des calculs à partir des coefficients « dix » et « trente-neuf » de l'équation. Puis il écrit : « La figure pour expliquer ceci est un carré, dont les côtés sont inconnus » (fig. 11). Il demande alors de construire un carré de diagonale AB qui représente le trésor, c'est-à-dire le carré de la racine cherchée, puis deux rectangles égaux G et D dont les côtés sont la racine et cinq, la moitié de dix. La figure est un gnomon d'aire trente-neuf. En complétant avec un carré de côté cinq, il obtient un grand carré d'aire soixante-quatre et de côté AH égal à huit, d'où la racine trois pour l'équation de départ.

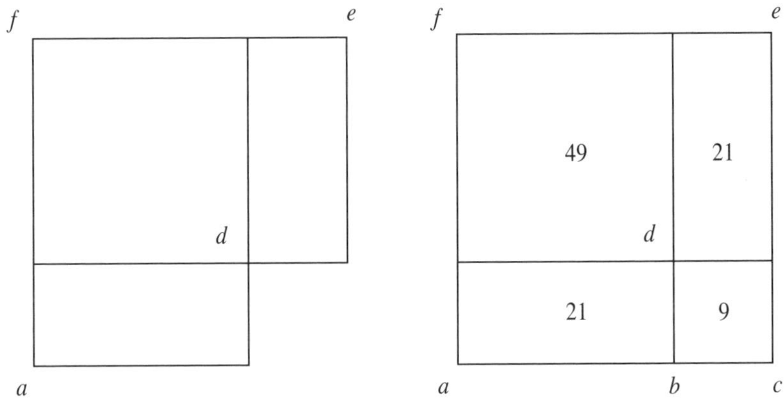

FIG. 12

La résolution d'équations quadratiques dans l'*Ars Magna* de Cardan passe aussi par la figure de décomposition du carré[15]. Par exemple, pour l'équation « le carré fd et 6 choses égalent 91 », en se référant à la proposition 4 du deuxième livre d'Euclide, Cardan demande de compléter le carré fd par les rectangles ad et de égaux ensemble à 6 choses, puis par le carré cd qui est 9, car bd vaut 3 (fig. 12). Il en conclut que le carré de ac vaut 100, le côté ac est 10, et en retirant bc qui est 3, il reste le côté ab égal à 7.

2. CARDAN : DÉCOMPOSITION DU CUBE ET RÉSOLUTION D'ÉQUATIONS CUBIQUES

Une décomposition du cube similaire à celle du carré est donnée par Cardan[16] dans l'*Exæreton Mathematicorum*. Étant donné un carré $abcd$ décomposé selon la proposition 4 du livre II d'Euclide en deux carrés et deux rectangles (fig. 13), les « diamètres » découpent le cube en huit composants : deux cubes, l'un de côté ce et l'autre de côté fg, trois solides *ce* par le carré de côté *de*, et trois solides *de* par le carré de côté *ce*.

Pour obtenir cette décomposition, Cardan considère d'abord les corps de hauteur *ce*, à savoir le cube de côté *ce*, deux solides *de* par le carré de côté *ce*, et un solide *ce* par le carré de côté *de*. Pour conclure, il suffit de considérer, de même, les quatre corps d'altitude *ag*, puis d'ajouter les huit solides obtenus au total. On obtient ainsi la décomposition du cube. Cardan ne la donne pas, mais nous en procurons une représentation en perspective cavalière (fig. 13).

Une figure accompagne l'exemple numérique dans *Exæreton Mathematic*, elle indique les difficultés de représentation d'un cube et donc celles de vision des huit solides en lesquels se décompose un cube (fig. 14). Ceci peut expliquer l'intérêt d'un exemple numérique, qui appuie l'explication géométrique, où *ab* égale 3, *de* égale 2 et *dh* égale 5.

Dans l'*Ars Magna*, Cardan démontre trois propositions qui lui permettent de justifier les formules pour la résolution des équations cubiques. La première concerne la décomposition du cube. Elle énonce que si une quantité est divisée en deux parties, alors le cube du tout est égal aux cubes des deux parties plus trois fois les produits de chacune par le carré de l'autre. Pour démontrer ceci, Cardan[17] considère un carré de côté *ac* divisé en *b* (fig. 15).

Il considère le cube de base le carré *ae* et décompose cette base en quatre surfaces (de diagonales) *da*, *dc*, *df* et *de*. D'après la proposition 4 du livre II d'Euclide, *cd* est le carré de *bc*, *df* est le carré de *ab* et chacun des rectangles *ad* et *de* est égal à *ab* par *bc*. Le cube total est fait de la ligne *ac* par le carré *ae*, donc de *ac* par les quatre composantes *da*, *de*, *dc* et *df* de *ae*. Puisque *ac* consiste en *ab* et *bc*, le cube *ae* consistera en huits solides, quatre d'ente eux sont faits de la ligne *ab* par les surfaces *da*, *de*, *dc* et *df*, et les quatre autres de la ligne *bc* par les mêmes quatre surfaces. De *ab* par *fd* vient le cube de *ab* et de *bc* par *fd* vient le cube de *bc*. Par conséquent, le cube *ae* consiste en le cube *ab*, le cube *bc*, *ab* par *da*, *de*, *dc* et *cb* par *da*, *de*, *df*. Mais *ab* par *cd* est égal à *bc* par *da* car les altitudes et les bases sont les mêmes. De la même façon, le parallélépipède *bc* par *ad* et le parallélépipède *bc* par *de* sont égaux car *ad* et *de* ont des surfaces égales d'après la proposition 43 du livre I d'Euclide. Cardan conclut que « le cube *ae* consiste en les cubes *ab* et *bc* plus trois fois *ab* par le carré *bc* et trois

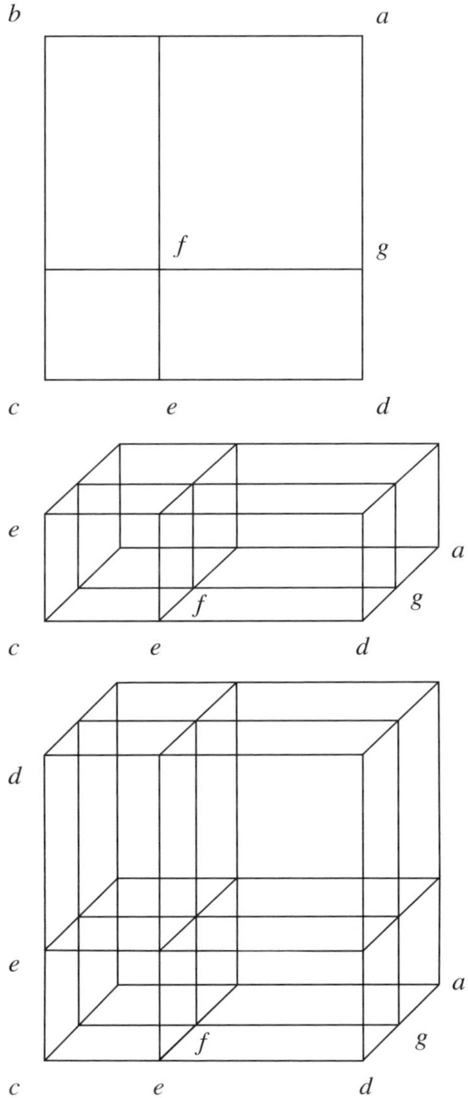

FIG. 13

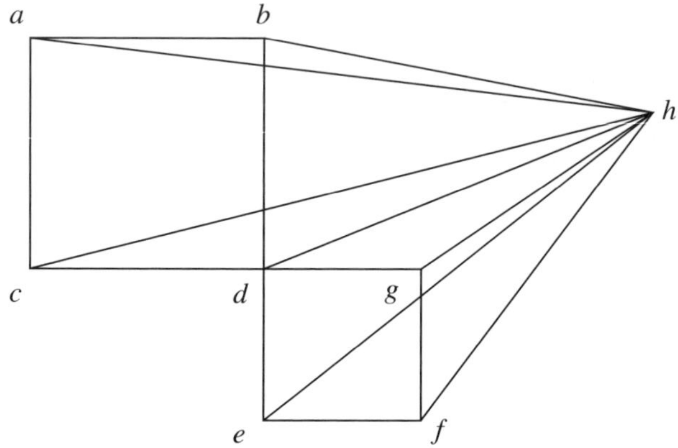

FIG. 14

fois *bc* par le carré *ab*, ce qu'il fallait démontrer »[18].

La résolution des équations cubiques dans l'*Ars Magna* passe par des démonstrations géométriques qui utilisent effectivement la décomposition du cube. Examinons, à ce titre, la démonstration qui accompagne la résolution de l'équation « le cube et des choses égales à un nombre ».

Cardan écrit : « Soit par exemple le cube de *gh* et six fois le côté égal 20. Je prends deux cubes *ae* et *cl* dont la différence est 20 de sorte que le produit du côté *ac* par le côté *ck* soit égal à 2, le tiers du nombre des inconnues et je pose *cb* égal à *ck*. Alors je dis que la ligne restante *ab* est égale à *gh* »[19]. Il considère deux cubes *ae* et *cl* dont la différence des volumes soit 20 et dont le produit des côtés soit 2, qui est le tiers de 6 (fig. 16).

Pour montrer que *ab* est égal à *gh*, Cardan utilise la décomposition du cube *ae* obtenue en divisant *ac* au point *b*. Elle lui permet d'écrire que : « il est clair alors que la différence entre le cube de *ac* et le cube de *bc* est égal à la somme du cube de *ab* et trois fois *ac* par le carré de *bc* et trois fois *bc* par le carré de *ac*, moins le cube de *bc* et six fois *ab* »[20].

Ayant démontré que *ab* est égal à *gh*, Cardan ramène le problème à la résolution d'une équation quadratique. Il obtient ainsi pour solution de l'équation de départ, non pas une construction géométrique, mais

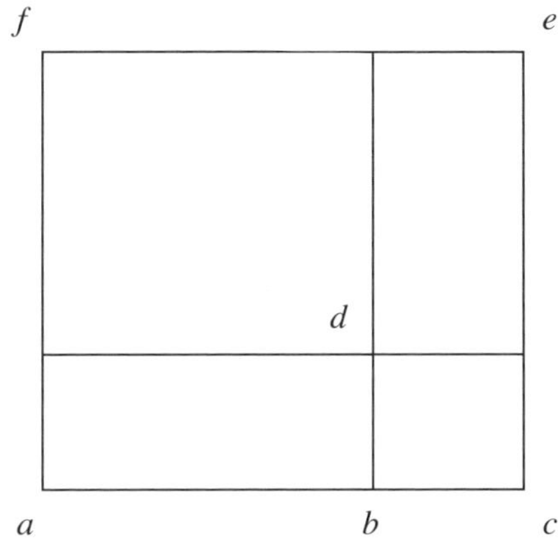

FIG. 15

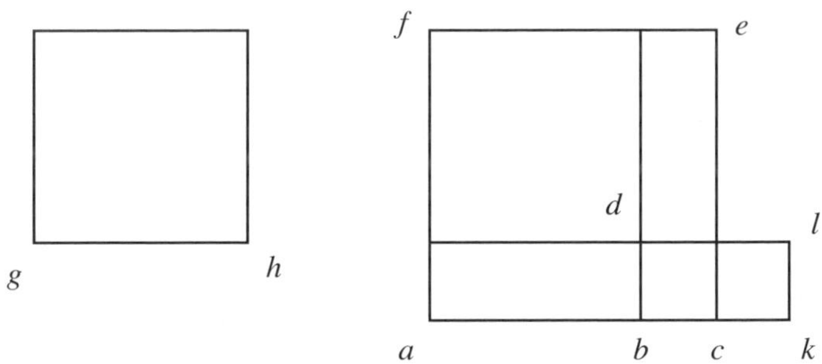

FIG. 16

une formule symbolique :

R. v. cu. *R*. 108. p. 10.
m. *R*. v. cu. *R*. 108. m. 10.

Ce faisant, Cardan démontre par la géométrie les formules obtenues de Tartaglia. Sa démonstration est un prolongement de celle qui sert à résoudre les équations quadratiques, celle-là passe par la décomposition du cube et celle-ci par la décomposition du carré.

3. Aller au-delà : une question d'héritier

Cardan, Viète et Descartes résolvent des équations cubiques par des procédés qui sont des héritages de leurs prédécesseurs. Tous trois ont le souci de démontrer leurs procédés par la géométrie. Mais, nous l'avons vu, les procédés et les démonstrations choisies par les héritiers sont différents. Ces choix sont guidés, en particulier, par la possibilité qu'offre le procédé adopté d'être exporté pour obtenir la résolution d'équations biquadratiques et de degrés plus grands. L'héritier veut faire mieux, aller au-delà, en aménageant les procédés anciens. La question est de savoir comment cet aménagement est validé et compris par l'auteur. Ou encore, la question est de savoir comment modifier la géométrie pour que les procédés nouveaux puissent être légitimés par une démonstration géométrique. Les réponses indiquent les valeurs fortes que l'héritier entend conserver, ainsi que son attachement à l'héritage.

Le procédé de Viète pour les équations cubiques et biquadratiques utilise des figures d'intercalation. Le mathématicien propose donc d'ajouter aux demandes, c'est-à-dire aux axiomes de la géométrie, une nouvelle demande, celle de pouvoir intercaler une droite (finie) donnée entre deux cercles, entre deux droites ou entre une droite et un cercle.

Viète reste ainsi fidèle à l'esprit de la démonstration grecque en proposant l'ajout d'une demande, mais encore faut-il que cette demande possède un caractère d'axiome. Rappelons que, selon Aristote, les prémisses de la démonstration doivent être vraies, premières, immédiates[21]. Viète justifie la valeur d'axiome à sa demande en écrivant : « cela accordé, ce qui est une demande « non difficile », il résout « artificieusement » les problèmes les plus fameux appelés jusqu'à présent « irrationnels » [...] tous les autres qui tombent dans ces formules d'équations dans lesquelles on compare les cubes aux solides, les carrés-carrés aux plano-plans »[22].

Le caractère « non difficile » de la demande peut être assimilé à une qualité d'immédiateté. Mais son caractère d'efficacité semble plus approprié aux canons du XVIe siècle qu'à ceux de l'Antiquité grecque. En effet, les deux premières demandes d'Euclide concernent la possibilité de mener des droites et des cercles. Elles permettent bien des constructions, mais ce sont aussi deux contraintes fortes comme ont pu s'en rendre compte les géomètres grecs et leurs successeurs. Les demandes de constructions de droites et de cercles semblent plus liées à un souci d'exactitude, du discours et de la figure, qu'à un souci d'efficacité dans la résolution de problèmes. De plus, la construction d'intercalations par intersections de coniques chez Pappus, indique, qu'à une certaine époque au moins, les grecs préféraient recourir à ces intersections qu'aux intercalations.

Le procédé de Descartes pour les équations cubiques consiste à intersecter un cercle et une parabole. Il s'agit donc, selon la terminologie grecque, d'un problème « solide », c'est-à-dire résoluble par intersections de coniques. Tandis que la résolution d'équations quadratiques est un problème « plan », car résoluble par intersections de droites et de cercles. Pour aller au-delà des équations quadratiques et cubiques, pour résoudre des problèmes ni plans ni solides, Descartes propose de continuer d'intersecter des courbes, mais d'autres courbes. En effet, il écrit : « Ayant construit tous ceux qui sont plans, en coupant d'un cercle une ligne droite ; et tous ceux qui sont solides, en coupant aussi d'un cercle une parabole ; et enfin tous ceux qui sont d'un degré plus composés en coupant d'un cercle une ligne qui n'est que d'un degré plus composée que la parabole ; il ne faut que suivre la même voie pour construire tous ceux qui sont plus composés à l'infini »[23].

Ainsi, Descartes conserve l'idée d'intersection, mais sans se limiter au cercle et à la droite. Pour que les intersections puissent toujours être qualifiées de géométriques, c'est-à-dire d'exactes, il lui faut donc que d'autres lignes que la droite et le cercle soient admises en géométrie. Effectivement, au début du Livre II de *La Géométrie*, Descartes appelle géométriques toutes les courbes qui peuvent être décrites par des mouvements bien réglés les uns aux autres, ou encore, explique-t-il, les courbes qui peuvent être exprimées par une équation. Ce faisant, il se met en position de résoudre géométriquement des équations de tous degrés. L'efficacité est très grande, elle est à la mesure de la transgression, opérée par Descartes, vis-à-vis de la conception grecque des courbes[24]. Le mathématicien s'en justifie longuement au début du Livre II, allant jusqu'à excuser les géomètres grecs de leurs limitations. Son dernier argument est que s'ouvre un monde nouveau aux géomètres. Il écrit : « Mais parce que j'espère que dorénavant ceux qui auront l'adresse de se servir du calcul géométrique ici proposé, ne trouveront pas assez de qui s'arrêter touchant les problèmes plans ou solides ; je crois qu'il est à propos que je les invite à d'autres recherches, ou ils ne manqueront jamais d'exercice ».

Le souci n'est pas tant celui d'efficacité que celui de fécondité.

Le propos de Cardan vis-à-vis de la géométrie est différent de celui de Viète et de Descartes. Le mathématicien italien ne propose pas une construction géométrique des solutions, mais une démonstration géométrique des formules donnant les solutions. Dans la mesure où les formules pour les équations cubiques contiennent des extractions de racines cubiques, les résolutions de ces équations supposent leurs constructions. Celles-ci étant supposées, la démonstration qui justifie les formules devient géométrique. Cardan écrit : « Quand, de plus, je compris que la règle que Tartaglia m'avait fournie avait été découverte par moi à partir d'une démonstration géométrique, j'ai pensé que ce serait la voie royale pour poursuivre dans tous les cas. Ainsi j'entrepris d'établir trois propositions très utiles. Une exposition claire de celles-ci rendra plus aisées les autres qui sont aussi démontrées ».

Il semble que pour aller au-delà des équations cubiques, on soit arrêté dès les équations biquadratiques, car il n'existe pas de corps ayant quatre dimensions. Pourtant, Cardan a le souci de justifier géométriquement la résolution des équations biquadratiques obtenue par Ferrari. C'est ainsi que dans l'*Ars magna*, il ramène une équation biquadratique à l'égalité de deux carrés d'expressions quadratiques. À cet effet, il représente l'expression[25]

1. quad. quad. p. 6. quad. p. 9, c'est-à-dire, $x^4 + 6x^2 + 9$

par un carré (de diagonale) af décomposé en deux carrés ad et df et deux rectangles dc et de (fig. 17). Puis il ajoute cg au côté de ce carré et il décompose le carré de côté ag. Pour cela, le côté ab est pris égal à « quad », c'est-à-dire, en notations algébriques modernes, à x^2. Par conséquent, Cardan a linéarisé un carré dont le côté est l'inconnue, et c'est sous cette condition, qu'il parvient à représenter géométriquement une équation biquadratique.

Mais comment est-il possible d'obtenir géométriquement une droite (finie) égale à un carré ? La réponse se trouve dans le *Paralipomenon de Mathematicis quæsitis*, un autre écrit[26] où Cardan considère d'abord deux cubes de côtés 4 et 2 (fig. 18).

Pour AB égale 4, le carré AB vaut 16, et le cube AB vaut 64. De même, pour CD égale 2, le carré CD vaut 4 et le cube vaut 8. On obtient que :

$$4 : 16 = 16 : 64 \text{ et } 2 : 4 = 4 : 8.$$

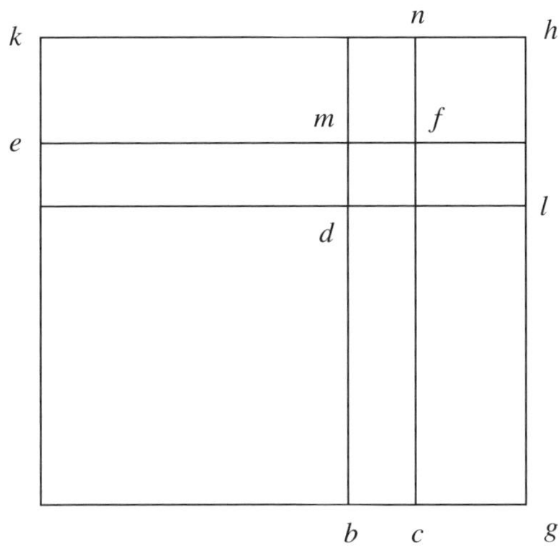

FIG. 17

Puis Cardan introduit (fig. 18) une droite unité E (« monas »). Il considère F tel que

$$E : CD = CD : F,$$

alors F est égal au carré CD, et il considère G tel que (fig. 19)

$$E : CD = F : G,$$

alors G est égal au cube CD.

Il procède de même pour AB, en considérant H et K tels que H est égal au carré AB et K au cube AB. De la sorte, on obtient que :

$$CD : F = F : G \text{ et } AB : H = H : K.$$

Par conséquent, en introduisant une droite unité, Cardan a obtenu des droites (finies) égales à des carrés et à des cubes. Ceci lui permet aussi d'écrire des rapport de grandeurs non homogènes, par exemple le rapport de CD, qui est une droite (finie), avec F, qui est égal au carré CD.

L'introduction d'une droite unité constitue le moyen de linéariser des carrés et donc de traiter des équations biquadratiques. Mais, introduire une unité en géométrie, revient à mélanger arithmétique et

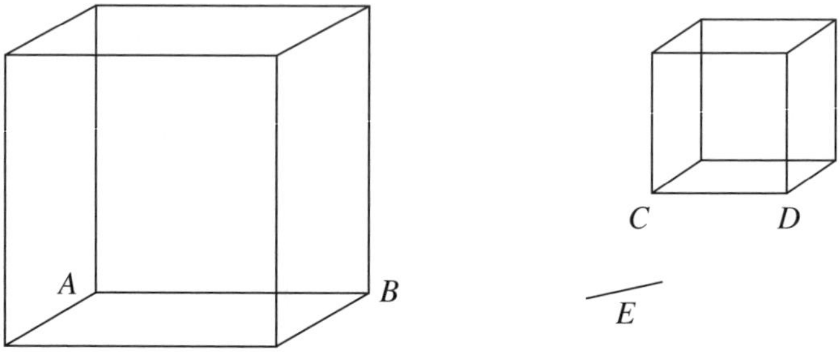

FIG. 18

FIG. 19

géométrie, c'est-à-dire à faire « un mélange de genres » proscrit par Aristote. Il ne semble pas que Cardan soit satisfait par la démonstration obtenue par linéarisation. En effet, il écrit dans *l'Ars Magna* : « Puisqu'une position correspond à une ligne, le carré à une surface, et le cube à un solide, il serait fou d'aller au-delà. La nature ne le permet pas. Ainsi, nous verrons que toutes ces matières jusqu'au cube sont entièrement démontrées, mais les autres, que nous ajouterons, par nécessité ou par curiosité, nous les exhibons à peine »[27]. Cardan hésite à considérer comme démonstrative la figure de l'équation biquadratique. Il est vrai que, en introduisant une droite unité, il infiltrerait dans la géométrie un élément « étranger ».

CONCLUSION : UN ÉLÉMENT « ÉTRANGER »

La tension qui s'exerce sur l'héritier peut se dire ainsi : c'est au prix de l'introduction d'un élément étranger à la géométrie que l'on peut légitimer géométriquement la résolution d'une équation biquadratique. Viète introduit, au titre de demande géométrique, la construction d'intercalations et Descartes introduit, au titre de courbes géométriques, les courbes ayant une équation algébrique. Cardan aurait besoin d'introduire une droite unité, ce que fera Descartes, dès la première page de *La géométrie*.

L'héritier Cardan peut-il être parfaitement satisfait de cette intrusion ? Il ne le semble pas, si nous nous reportons à la définition qu'il donne d'un livre parfait. En effet, il écrit : « De par la sagesse et l'art, un livre doit être parfait pour mériter d'être acheté. Il est parfait, celui qui conduit d'un trait du début à la fin sans rien négliger, sans rien ajouter d'étranger, en s'en tenant aux divisions nécessaires, qui fait comprendre ce qui était caché, qui met en évidence les fondements, comme s'il avait exactement dépeint le fondateur d'un art, ainsi que Philander l'a fait pour Vitruve »[28].

L'*Ars magna* répond à quatre des cinq canons de la perfection ainsi énoncés. Premièrement, cet ouvrage ne néglige rien dans le passage en revue des différents problèmes. Deuxièmement, il observe bien les divisions nécessaires, c'est-à-dire qu'il examine les différentes équations quadratiques, puis les différentes équations cubiques, puis les équations biquadratiques. Troisièmement, il fait comprendre à l'aide d'une figure géométrique ce qui avait été caché par Tartaglia. Quatrièmement, il met en évidence les fondements, car il énonce et démontre les règles à suivre, comme la règle qui résulte de la décomposition du cube.

Mais, selon Cardan, l'*Ars Magna* ne sera pas parfait s'il ajoute quelque chose d'étranger. Cette exigence situe l'héritier qu'est Cardan, un héritier plus scrupuleux que ses successeurs, Viète et Descartes[29].

Bibliographie

ARCHIMÈDE, *Les œuvres complètes*, trad. P. Ver Eecke, tome II, Vaillant-Carmanne, Liège, 1960.

ARISTOTE, *Organon*, *Les seconds analytiques*, trad. J. Tricot, Vrin, Paris, 1987.

BARBIN (Évelyne), *La révolution mathématique du XVIIe siècle. Méthode et invention du courbe*, Volume I, Université de Lille I, 1997.

——, « L'écriture de l'histoire : la place du sujet et le temps de son acte », dans *4000 ans d'histoire des mathématiques : les mathéma-*

tiques dans la longue durée, IREM, Université de Rennes, 2002, p. 141-154.

BOS (Henk), *Redefining Geometrical Exactness, Descartes' transformation of the Early Modern Concept of Construction*, Springer Verlag, New York, 2001.

CARDANO (Girolamo), *Opera Omnia*, Huguetan et Ravaud, Lugduni, 1663.

DESCARTES (René), *Discours de la méthode, plus La Dioptrique, Les Météores et La Géométrie*, rééd. Fayard, Paris, 1987, p. 418-421.

EUCLIDE, *Les éléments*, trad. B. Vitrac, volume 1, PUF, Paris, 1990.

MARACCHIA (Silvio), « Algebra e geometria in Cardano », dans *Cardano e la tradizione dei Saperi*, BALDI (Marialuisa) et CANZIANI (Guido) éd., FrancoAngeli, Milano, 2003.

PAPPUS D'ALEXANDRIE, *La collection mathématique*, trad. P. Ver Eecke, tome II, Blanchard, Paris, 1982.

RASHED (Roshdi), VAHABZADEH, (B.), *Al-Khayyam mathématicien*, Blanchard, Paris, 1999.

VIÈTE (François), « Introduction à l'art analytique », trad. F. Ritter, *Cahiers François Viète*, n° 7, 2004, p. 36.

NOTES

1. Sur la question de l'héritier, voir E. Barbin, « L'écriture de l'histoire ; la place du sujet et le temps de son acte », dans *4000 ans d'histoire des mathématiques ; les mathématiques dans la longue durée*, IREM, Université de Rennes, 2002, p. 141- 154.

2. Dans les *Commentaires sur le traité de la sphère et du cylindre d'Eutocius d'Ascalon*, Archimède, *Les œuvres complètes*, trad. P. Ver Eecke, tome II, Vaillant-Carmanne, Liège, 1960, p. 603-604.

3. R. Rashed et B. Vahabzadeh, *Al-Khayyam mathématicien*, Blanchard, Paris, 1999, p. 117-118.

4. Dans le *Livre des lemmes*, Archimède, *Les œuvres complètes*, trad. P. Ver Eecke, tome II, Vaillant-Carmanne, Liège, 1960, p. 532-533.

5. Dans les *Commentaires d'Eutocius d'Ascalon*, Archimède, trad. cit., p. 592-594.

6. Pappus d'Alexandrie, *La collection mathématique*, trad. P. Ver Eecke, tome II, Blanchard, Paris, 1982, p. 591-593.

7. Euclide, *Les éléments*, trad. B. Vitrac, volume 1, PUF, Paris, p. 331-332.

8. R. Rashed et B. Vahabzadeh, *Al-Khayyam mathématicien*, Blanchard, Paris, 1999, p. 117-118.

9. Rashed et Vahabzadeh, *op. cit.*, p. 162-164.

10. Descartes, *Discours de la méthode, plus La Dioptrique, Les météores et La géométrie*, Fayard, Paris, 1987, p. 418-421.

11. *Commentaires d'Eutocius d'Ascalon*, dans Archimède, *Les œuvres complètes*, cit., p. 592-594.

12. Pappus d'Alexandrie, *La collection mathématique*, cit., p. 212-213.

13. Viète, « Introduction à l'art analytique », trad. Ritter, *Cahiers François Viète*, n° 7, 2004, p. 36.

14. Euclide, *Les éléments*, cit., p. 331.

15. Cardan, *Ars Magna*, *Opera Omnia*, volume 4, Hugueton et Ravaud, Lugduni, 1663, p.229.

16. Cardan, *Exæreton Mathematicorum*, *Opera Omnia*, volume 4, éd. cit., p. 450-451.

17. Cardan, *Ars Magna*, *Opera Omnia*, volume 4, éd. cit., p. 235-236.

18. Cardan, *Ars Magna*, *Opera Omnia*, volume 4, éd. cit., p. 236.

19. Cardan, *Ars Magna*, *Opera Omnia*, volume 4, éd. cit., p. 249-250.

20. Cardan, *Ars Magna*, éd. cit., p. 249.

21. Aristote, *Organon*, *Les seconds analytiques*, trad. J. Tricot, Vrin, Paris, 1987, p. 8.

22. Viète, *loc. cit.*

23. Descartes, *op. cit.*, p. 432.

24. Pour une comparaison entre Viète et Descartes, voir H. Bos, *Redefining Geometrical Exactness, Descartes' transformation of the Early Modern Concept of Construction*, Springer Verlag, New York, 2001.

25. Cardan, *Ars Magna*, éd. cit., p. 294-295.

26. Cardan, *Paralipomenon*, *Opera Omnia*, éd. cit., volume 10, p. 514.

27. Cardan, *Ars Magna*, éd. cit., p. 222.

28. Cardan, *De Vita propria.*

29. Sur l'héritage scientifique au XVIIe siècle, voir E. Barbin, *La révolution mathématique du XVIIe siècle. Méthode et invention du courbe*, Volume I, Université de Lille I, 1997.

Minima moralia

Marialuisa Baldi

1. « Ex minimis omnia humana constant »

À Milan, les soldats espagnols ont une technique pour découvrir la cachette d'un trésor dans une maison. Sous prétexte de choisir la meilleure demeure, ils se font accompagner par le maître de maison dans toutes les pièces et observent attentivement l'endroit où ce dernier pose les yeux. C'est ensuite cet endroit qu'ils iront piller car, comme le dit l'évangile, « ubi thesaurus tuus, ibi cor tuum. Oculus est lucerna corporis »[1]. Les voyageurs qui quittent Rome et se mettent en route avec beaucoup d'or ont trouvé un moyen efficace pour se protéger des brigands : ils avalent leur or. Ils sauvent ainsi leur peau et leurs biens. Car on n'a jamais vu un bandit féroce au point de tuer sa victime pour aller chercher dans ses entrailles un trésor caché qu'il n'a même pas entrevu, alors qu'il y a souvent des agressions et des morts pour un bien modeste mais visible[2]. Dans une petite ville proche de Milan, trois « puellae nubiles », voyant des soldats s'approcher, ont l'idée et le courage de glisser entre leurs seins un poulet égorgé. Elles sauveront ainsi leur pureté, car elles feront croire à un mal incurable qui remplira les soldats de terreur et de pitié[3].

Dans son étude sur les « auxilia adversus errata », le cinquième livre du *De sapientia* utilise ces exemples pour montrer que « ex minimis omnia humana constant »[4] : dans l'expérience humaine, les choses les plus petites et apparemment les plus insignifiantes, les minimums, sont fondamentales pour arriver aux plus grandes, et parmi elles aux plus grandes de toutes, la vie et la possession des biens qui la rendent possible ; la capacité à savoir repérer ces minimums derrière les apparences qui les cachent est justement ce qui fait la différence entre ceux qui possèdent la sagesse et ceux qui en sont dépourvus. Dans une Italie que Cardan dépeint comme une terre envahie par les troupes étrangères, un pays où l'on fait chaque jour l'expérience des dangers et de l'insécurité de la vie, la sagesse est surtout ingéniosité, prudence, alliée à la capacité de savoir saisir l'occasion au vol, pour oser ce que les autres n'osent pas et atteindre le but désiré. On reconnaît dans ces considérations l'écho de motifs machiavéliens, de même que celui, typiquement érasmien, du « renversement », du rapport inversé entre visible et invisible[5]. Il s'agit là de sources connues de la réflexion morale de Cardan, et elles sont également présentes ici, même si, exprimées en ces termes généraux, elles n'épuisent pas la complexité de la réflexion qui les justifie.

Passé sous silence dans le premier et le quatrième livre du *De sapientia*, qui traitent respectivement de la sagesse divine et de la sagesse démoniaque, à peine évoqué dans le deuxième livre, « de sapientia naturali » et le plus souvent utilisé dans le troisième, « de sapientia humana »[6], le thème des minimums dans la morale devient central dans le cinquième livre. Là, ayant pris du recul par rapport aux manifestations les plus audacieuses de la sagesse qui peut rendre l'homme « quasi Deum »[7] ou au contraire le précipiter dans le « tourbillon profond » du savoir diabolique éclairé seulement par les lugubres reflets d'une « luna sanguinea »[8], Cardan se concentre sur le genre de sagesse nécessaire pour éviter les erreurs ou combler les manques qu'entraîne un usage moyen de la prudence. Le minimum est ce qui est petit au début mais devient grand avec le temps, ce qui est donc essentiel pour un art de vivre qui proportionne les forces aux objectifs. Le calcul des fins et des moyens nous rendra efficaces dans l'action, nous permettant d'exploiter les occasions ou de cacher nos faiblesses. Et surtout, c'est la mesure qui évitera les excès opposés du désespoir dans l'adversité ou de l'exaltation dans la bonne fortune : « Sic enim in adversa fortuna non adeo tristaberis nec in secunda frustra eveheris et in utraque eris diligentior, cum nec desperandum nec assecutum quae oportuerit te fuisse intelligas »[9].

Ces thèmes sont destinés à perdurer dans l'œuvre de Cardan et on en trouvera un large écho dans l'ouvrage des années 60 dont le titre est très proche du motif des « auxilia adversus errata », le *De utilitate ex adversis capienda.* Plus tard, à une époque déjà teintée de contre-réforme, la conscience de s'être trompé pour avoir cru à une réalisation trop immédiate de la sagesse se double d'une référence plus fréquente aux minimums. Cardan y théorise, dans le cadre de la morale, et plus clairement que par le passé, l'importance du petit et de l'insignifiant, à partir d'une conception de l'homme et de son bonheur dans la vie terrestre qui a perdu le côté prométhéen de certaines pages du *De sapientia*, et il se concentre sur le travail plus lent et plus prudent d'acquisition des facteurs élémentaires du bonheur.

Si le bonheur « absolu » ne peut être que l'objet de la sagesse divine et naturelle, nous dit Cardan, il est de même impossible de tout obtenir par la sagesse humaine, parce que la brièveté du temps dont nous disposons retardera la possession des biens auxquels nous aspirons. C'est pourquoi, « contenti deberemus exiguis et sorte nostra, atque in ea felicitatem [...] reponere »[10]. Cette affirmation est insérée dans le chapitre I du livre III, consacré à *De principum incommodis*, dans lequel la vie des princes dans les cours est décrite avec force détails comme le contraire de ce qu'elle devrait être, tellement tourmentée par la vanité et l'immoralité qu'elle devient pire que celle des mendiants et plus misérable que la misère elle-même[11]. Tandis que les échos machiavéliens ne réapparaissent qu'en négatif, pour dénoncer le manque de « virtus » politique et militaire du prince[12], et que ceux d'Erasme perdurent dans la condamnation morale[13], Cardan soutient que la condition de vie privée est préférable à celle de vie publique, opposant l'apparence du bien à la réalité de la misère, et affirmant la nécessité de se concentrer sur le petit, face à l'impossibilité d'atteindre le grand. Le minimum est d'ailleurs proportionné à notre réalité existentielle : puisque nous sommes poussière, nous devons traiter avec la poussière ; nous ne pouvons rien atteindre de plus dans notre vie ombreuse : ombres nous-mêmes, telles des âmes de morts « cadaveribus immersae », nous allons sans savoir d'où nous venons et vers où nous tendons[14], et nous payons par le malheur le prix de l'aspiration à franchir la limite qui définit notre condition finie, selon un *topos* de la tradition consolatrice chrétienne, qui avait déjà été utilisé avec une élégance imprégnée d'humanisme dans l'ouvrage de 1542. Ce thème, qui exprime la vanité des choses du monde, se mêle à un autre leitmotiv de Cardan, « totus homo est animus »[15] : tout, dans la dimension humaine, passe par la conscience ou par l'opinion parce que, d'après le *De utilitate*, « rien n'est grand, rien n'est solide, mais apparaît ainsi uniquement en raison de notre jugement » et pour cette raison est destiné à être très vite ramené à une grandeur insignifiante[16]. D'où la nécessité d'une évaluation correcte ou d'une opinion juste sous peine d'une subversion de la morale elle-même, comme l'affirme un autre ouvrage de ces années-là, le *De minimis et propinquis*.

Le point de départ est ici encore la fausse opinion selon laquelle le bonheur résiderait dans la grandeur des biens, « cum nihil hominibus magnum sit, praesertim bonum »[17]. Rien n'est grand et ne peut l'être — ni une vie très longue, ni la richesse, ni la puissance, ni les plus grands honneurs — à cause de la fragilité constitutive de la vie humaine, sur laquelle interagissent de nombreux facteurs, tels que la brièveté du temps à notre disposition, la diversité des résultats, l'inconstance extrême de notre condition. L'erreur est double car nous nous trompons aussi bien lorsque nous prenons pour un bien ce qui ne l'est pas, que lorsque nous subordonnons un grand bien à un petit, jusqu'à la complète inversion des valeurs qui caractérise le monde contemporain, où la corruption ne cesse de s'étendre et où l'homme devient fatal pour l'homme lui-même. C'est la séparation totale entre vertu, sagesse et bonheur dans la vie de l'individu et dans celle de la collectivité :

> Hoc vero errore quantum emergit mali ? Dum enim opes, potentiam, gloriam adepti, magnum aliquid possedere se existimant, impii primum evadunt, Deumque contemnunt, aut illius qui minus mali sunt obliviscuntur : inde crudeles, ambitiosi, avari, caeteros mortales nihil esse putant, et in omnia flagitia erumpuntur, obliti Dei beneficiorumque illius, tum virtutis humanitatisque, qua cum aliis hominibus necessario coniuncti sunt: nec non sortis humanae. [...] At [...] nonne praestaret carere illis bonis, etiamsi maxima essent, quam tantis vitiis animi laborare, adeoque orbi et humano generi exitiales esse, atque funestos ?[18]

2. Grands maux et petits biens

L'évaluation correcte ou la juste opinion du bonheur implique donc deux ordres de considérations, l'une relative à la nature du bien et du mal, l'autre plus proprement quantitative, liée à leur mesure. Dans le premier cas, nous abordons le mérite des contenus et des rapports complexes que Cardan établit entre vertu et sagesse, prudence et arts :

une série de questions qui ont été étudiées par d'autres[19] et que je n'ai pas l'intention d'aborder ici. J'aimerais par contre me pencher sur la considération relative à la grandeur des biens ou des maux, à leur fréquence, à leur somme ou à leur division : comme on peut le lire dans le *De utilitate*, nous jugeons d'autant plus grands les maux et les biens que « facile eveniant, [...] magna sint ac gravia, [...] perpetua, [...] plurima »[20].

Lorenzo Valla avait déjà abordé la question de la mesure du bien et du mal dans le *De vero falsoque bono*, alors qu'il avait reconstruit la morale d'Épicure, en suivant Cicéron[21]. D'après lui, ceux qui « utilitati inserviunt » « preponunt [...] minora damna maioribus, quemadmodum maiora bona minoribus »[22]. Mais Cardan est plus précis.

Comme on peut lire dans le *De utilitate*, la morale s'articule en deux couples fondamentaux, bien et mal, grand et petit, caractérisés tous deux par un rapport complexe et inverse d'opposition. Pour simplifier, nous pouvons dire qu'un grand bonheur annule un petit malheur, mais que le contraire n'est pas valable : lorsque nous sommes heureux, nous ressentons le moindre mal ; mais lorsque nous sommes malheureux, le plus petit bien ne nous procure aucun soulagement. En réalité il n'existe pas de signe plus sûr de la présence du bonheur que celui que donne la perception continue de toutes petites contrariétés ; les détails de la vie vécue surgissent devant nous, comme d'habitude chez Cardan, dans leur immédiateté concrète : la nuit, les punaises et les puces, le croassement des grenouilles, les hurlements d'un chien ou la chaleur suffocante des chambres nous empêchent de dormir ; le jour, les clients assidus, un voisin importun, les mouches agaçantes, les serviteurs ivres, les papillons qui mangent le blé, le vin devenu vinaigre, l'eau polluée du puits... une série de petits ennuis pour des choses insignifiantes empoisonnent notre vie et nous empêchent de jouir d'un bonheur plein et entier. Mais si cela est vrai, le contraire ne l'est pas, comme je le disais plus haut : nul ne songerait en effet à dire que le signe le plus évident du malheur est la perception d'une série de petits biens et de petits bonheurs[23]. Ainsi, alors que le malheur et la douleur ont une nature positive, le bonheur et le plaisir n'ont qu'une nature négative : il faut donc toujours viser au plaisir et fuir la douleur.

Le bonheur est une « voluptas animi », qui vient « ex possessione bonorum », de la possession de la « res iucunda »[24]; bien mieux le bonheur vient de la « perception » ou de la conscience de cette possession : « felicitatem igitur primum definio, quod sit plena perceptio voluptatis ex possessione bonorum »[25]. Le bonheur vient du plaisir et de la connaissance : « in voluptate quadam et in cognitione sita est omnino felicitas »[26], parce que chaque plaisir, comme le dit Lorenzo Valla[27], appartient à l'âme qui gouverne le corps : « totus homo est animus », pourrait-on ajouter selon la formule déjà rappelée, mais maintenant affirmée contre le stoïcisme et Boèce. Il s'agit de motifs épicuriens que Cardan reprend dans ses écrits et en particulier dans le *De utilitate*, en dépit des critiques parfois très dures adressées aux disciples d'Épicure[28]. Bien comprise, la notion épicurienne d'ἀπάθεια est juste[29] ; au reste, personne n'est au-dessus d'Épicure dans l'étude de la félicité par la lumière naturelle[30].

La méthode quantitative, ou mieux la mesure du bien et du mal que Cardan esquisse ici a conduit certains à y voir, un peu trop hâtivement, une sorte d'anticipation du calcul des plaisirs et des douleurs du siècle des Lumières, mais la notion de minimum apparaît trop complexe pour entrer dans ce schéma[31].

Tout d'abord, il convient de répéter que, selon la perspective partagée avec Valla, le petit, le minimum, est essentiel, aussi bien lorsqu'il s'applique à un bien que lorsqu'il s'applique à un mal : le plus petit mal est en effet extrêmement pernicieux et il ne sera plus contrôlable lorsqu'il sera devenu grand : ainsi que Cardan aime à le souligner, suivant un célèbre principe aristotélicien, devenu proverbe : « minimus in principio error, maximus in fine »[32] parce que — avait clairement remarqué Thomas — il est dans la vertu du principe de se multiplier dans la succession[33]. Par contre, le bien est toujours petit et extrêmement fragile et il doit être défendu et protégé afin de ne pas être submergé par le mal qui est par nature toujours plus grand et toujours gagnant. Le petit bien doit être recherché, goûté et savouré comme on le fait avec le vin :

> nostra omnia ex minimis constari, nihil esse integrum apud mortales, maxima quaeque ab exiguis ducere originem ; non solum minima ne pereant solicitus erit, sed ad quascumque occasiones bonas captandas, et lucra quantumvis exigua colligenda, diligentiam et curam adhibebit. Tum vero illud accedit, quod quemadmodum qui magnis haustibus bibunt, non adeo delectantur, ut qui saepe ac sensim parum sorbillant : ita bona paulatim congesta magis nos delectant, quam quae confertim adveniunt. Ut etiam ab amaris eduliis potus dulcissimi apparent ; ita ex adversis secunda, ex calamitatibus prospera, ex iacturis lucra suavissima

> esse videntur. Atque id in re merito, cum quae nobis confertim ac quasi ex insperato bona adveniunt, foetus fortunae existimantur : quae vero sic satis multis laboribus, rebus afflictis, hinc inde decerpuntur, nostri proprie industriaeque nostrae[34].

La considération de la mesure est donc décisive car elle permet la possession et la conservation ou le maintien du bien. Comme Cardan le répète dans le *De utilitate*, ce qui est plus petit est plus sûr et donc est désirable non pas tant en raison de sa grandeur que de sa sûreté : on peut l'atteindre plus facilement et le garder pour toujours. Puisque seuls ceux « qui quod volunt possunt » et « qui quod possunt volunt » sont heureux et que le fait de pouvoir ce que l'on veut n'est accordé qu'à Dieu, il nous sera donné de vouloir seulement ce que nous pouvons : à l'intérieur de ces limites il nous faut essayer de construire le bonheur qui est possible ; le bonheur de l'homme qui n'est ni indifférent ni en retrait du monde mais qui est conscient de la menace du mal et qui se concentre sur la façon de se protéger du danger extérieur — « bonum igitur est quodcumque tuetur hominem magis a periculo, hoc igitur sequitur sapiens »[35]. Dans une morale qui fait appel, dès le *De consolatione* (1re éd. 1542), aux thèmes stoïciens et chrétiens du contrôle de soi et du *fortiter ferre*, la mise en évidence du petit et du minimum comporte, à côté des implications épicuriennes auxquelles il faut l'associer, une sorte de régression ou de réduction des espaces laissés à l'action pour la vertu et le bonheur, dans une réalité humaine qui est peinte en couleurs sombres car dominée par le mal et le négatif.

C'est la réalité de la vipère, dont l'image est reproduite dans le *De optimo vitae genere*[36]. La vipère est le serpent et son opposé, le serpent étant l'expression de la perfection du sage et de sa connaissance[37] : une perfection et une sagesse « in eadem substantia indivisa, indiscontinua : attamen numerosa discreta et fecunda », pour reprendre les mots de de Bouelles[38]. Pour Cardan, la vipère représente l'imperfection absolue de l'homme qui, dans les trois âges de sa vie, ne s'élève jamais jusqu'à la sagesse et reste plongé dans un temps toujours égal de corruption : le bien s'est transformé en mal.

Dans le cercle du temps, chaque instant est un minimum comme l'avait déjà rappelé Erasme, en se rattachant implicitement à la célèbre définition aristotélicienne du temps comme mesure du mouvement (*Phys.*, IV, 11, 219 b), pour justifier la synchronie de l'« industriae celeritas et diligentiae tarditas », la devise qui exprime selon lui les conditions de l'action efficace, en mesure de réaliser la perfection.

Mais pour Cardan l'action est quelque chose de trop complexe pour pouvoir s'épuiser dans cette devise ; et l'ingéniosité ou la diligence seule ne peut pas rendre compte du jeu des interférences qui nous empêchent de contrôler totalement nos actions et notre temps (v. *Proxeneta*). L'action, pour Cardan, exige des préceptes différents et différenciés, comme le savent ceux qui ont parcouru l'un de ses ouvrages moraux.

Si l'homme était « mens », le cercle pourrait représenter son être. L'intellect ou la *mens* est une extension « quasi immensa » et dépourvue de limites : à l'intellect, qui par sa nature « absque termino [...] et quasi coextenditur omnibus », revient un temps éternel ; la *mens* est le simple. Comme on lit dans le *De rerum varietate*, le temps de la *mens*, qui peut être tout parce qu'il comprend l'infini [39], est « substantia [...] atque aeterna [...] in omnia trasmutabile » [40] ; selon le modèle de Bouelles, il « contrahitur et extenditur, fulget et obscuratur, silet et operatur » [41] et c'est pourquoi la *mens* est capable, à chaque instant, d'atteindre la perfection [42].

Mais la nature humaine ne coïncide pas avec la *mens* : au contraire, elle est comme la *hyle*, ou matière première, le moins parfait des êtres ; elle est l'opposé de la *mens*. Vue dans son ensemble, l'espèce humaine est une masse, qui partage l'imperfection du monde sublunaire : sa nature est ductile et plastique et peut prendre toutes les formes ou figures [43] :

> soleo humanas res, hancque totam machinam sublunarem, et quae in ea contingunt, cereae massae assimilare in qua, dum comprimitur, tubera in cavitates evadant, cava protuberent, formae omnes varientur, atque in similes modo, modo in dissimiles transeant, in pulchras foedas, aspectu horribiles aut iucundas [44].

Si les hommes sont « diversi vero tempore, loco, materia secunda, parentibus, actionibus et accidentibus », leur forme et leur matière sont toujours les mêmes : « eaedem manent ». C'est pourquoi Aristote « negat res circulares agi, sed generationem semper prorsus procedere » [45] : l'espèce humaine revêt donc une forme de spirale. Et la spirale — il faut le rappeler — est la figure qui exprime chez Fracastor le mouvement du cosmos réel et existant, unité vivante du monde céleste et du monde sublunaire[46].

3. Minimum naturel, minimum moral

Il est donc possible d'appliquer aux « res humanae » aussi la loi des contraires, que les philosophes présocratiques ont prise comme modèle de l'œuvre de toute la nature. Dans les *res humanae*, tout change et rien ne demeure, selon la même alternance qui règle la nature physique dans son ensemble. Lors de la « vicissitudo rerum ac mutatio »[47], le positif et le négatif peuvent s'inverser et le poison peut devenir un antidote. De même que la nature cache au sein des montagnes et de la terre d'immenses dépôts de métaux et de pierres, qu'elle ne nous fait entrevoir qu'à travers des signes et des indices, de même souvent des tas de maux cachent un bien : « ex malorum acervis saepius perpetua gloria et iucunda vita deducitur »[48].

Cette théorie de la vicissitude et de la transmutation rappelle certaines pages du *De sympathia et antipathia* de Fracastor : en raison de la lois des contraires, les passions mêmes, le plaisir et la douleur, la tristesse et la haine, s'attirent et elles peuvent être étudiées dans le processus de « parva principia et motus ad maiores et demum ad maximos »[49].

Bien que Cardan n'étudie pas les passions par rapport à leur genèse dans le corps, il établit toutefois une analogie entre morale et physique. Cette analogie vient de la ressemblance des éléments du monde physique et du monde moral : on peut parler d'un minimum moral aussi bien que d'un « minimum naturel ». Il nous permet d'expliquer les actions humaines. Grâce aux minimums nous pourrons comprendre la transformation, la vie de la morale, pour ainsi dire, la continuité dans les variations qui expliquent la complexité des actions humaines. La série et le minimum sont inséparables[50].

C'est la notion même de minimum qui implique la complexité. En effet, d'après une tradition bien connue du Moyen Age et de la Renaissance[51], le minimum peut devenir maximum dans le temps. Il est donc à la fois un et multiple, il est indivisible et divisible : indivisible en parties réelles qui puissent subsister par elles-mêmes, divisible en parties inexistantes et selon notre désignation, pour reprendre la formule claire de Lodovico Boccadiferro dans son commentaire du *De generatione et corruptione*[52]. Le minimum naturel est indivisible « in substantia », divisible « in qualitate » comme écrit Pomponazzi[53] : puisqu'il a une forme accidentelle « intensibilis » ou « extensibilis », il peut changer par rapport à la quantité, par rapport au plus ou au moins. En tant que tel le minimum implique — nous l'avons déjà vu - une quantité qui doit être déterminée et qui peut devenir de plus en plus petite. Hostile aux « calculatores » comme Pomponazzi, Cardan utilise leurs termes dans une acception plus vaste qui renvoie à la physique, à la métaphysique, et aussi à la morale.

Dans le *De utilitate*, il écrit que, lorsqu'on parle de minimums, les différences sont minimes : « minimarum quantitatum minimas necesse est esse differentias »[54] : l'exemple est celui du rapport de ressemblance entre les descendants de plus en plus éloignés d'un même individu ; un rapport qui se fait de plus en plus compliqué et subtil lorsque les descendances s'emmêlent dans les relations avec les oncles, les neveux ou les cousins. Lorsque la relation s'insère ensuite dans le tissu des autres relations qui constituent le monde, cela devient d'une complexité extrême. Les lignes s'enchevêtrent, bifurquent, suivent des parcours souterrains que l'on ne voit pas tout de suite. On pourrait dire que le réseau des concaténations exprime le système de dépendances réciproques auxquelles l'homme est soumis ; l'opposé spéculaire, pourrait-on même répéter, de la *mens*, ou de l'intellect.

Pour le médecin Cardan, commentateur d'Hippocrate, et fidèle dans l'ensemble à la conception aristotélicienne des mélanges, la *transmutatio* — sujet de pages passionnantes qui ont attiré l'attention d'Ingegno[55] — est une donnée naturelle, qui trouve confirmation dans la chimie des aliments et le traitement des maladies, dans les mutations des fossiles et des éléments[56].

Le contexte le plus immédiat est ce qui est décrit dans le livre V du *De subtilitate* et dans les livres II et IV des *Contradicentia medicorum*[57] où Cardan parle des différents genres de qualités des mélanges, et des minimums, sur la base d'une réélaboration particulière de l'averroïsme : d'après lui la forme du mélange se ramène à la forme de l'élément dominant dans la matière, c'est-à-dire de l'élément dont la matière l'emporte sur les matières des autres éléments du mélange[58]. La solution de Cardan était déjà contenue, comme il le dit, dans les textes d'Averroès, bien que d'une façon non univoque[59].

En continuité avec le deuxième livre des *Contradicentia*, le deuxième livre de *Paralipomena* explique la perfection humaine à partir du mélange des éléments qui composent le corps. Dans le corps de l'homme les éléments « refranguntur et miscentur » « ad tenuissam partem »[60]. La nature des hommes est « coaequalis » « omni mixtorum amplitudini ». En raison de l'égalité et de la jonction des différentes parties, le mélange a une densité qui est proche de l'un. Et l'un, comme on lit dans le *De uno*, est le principe suprême de toute la réalité et de tout le savoir[61]. La primauté de l'homme vient d'ici : dans le mélange de son corps, il contient « vires omnium entium »[62], « ex quo admirabiles illae facultates proveniunt » ; la primauté ne peut pas venir de la multiplicité. Au reste, nous l'avons déjà vu, la « matière humaine » est une comme la matière première : elle « succrescit atque decrescit contrariis ex partibus »[63].

C'est justement ce rapport inévitable avec la matière et la spécificité de sa nature humaine qui font que pour l'homme la conservation de la vie est facilitée par ces choses qui « minimis constant ». La remarque a un caractère diététique et elle est proposée dans les ouvrages moraux pour montrer l'importance de certains aliments. Mais elle assume aussi, comme nous l'avons vu, la valeur d'un principe général de l'art du « diu ac bene vivere ». Cardan nous dit que le bonheur, la « possessio rei iucundae », est toujours le même dans sa totalité et dans ses parties ; il est « quasi homogeneum et undequaque sibi simile »[64] : il est comme l'eau et la terre.

Dans la physique, en raison des variations du plus ou du moins la qualité peut se transformer en son contraire. Dans la morale il peut aussi arriver que, lorsque le genre des qualités change, les biens découlent des maux et les maux des biens[65] : une *adversitas* peut alors produire une *utilitas*, comme le suggère le titre de l'ouvrage de 1561. Tout comme le monde physique, le monde moral peut être transformé, à la suite de processus de composition et de recomposition des ses minimums, ou mieux encore de leurs conflits, provoqués par l'alternance de la domination d'un facteur sur l'autre ; une domination toujours imparfaite et instable, source de nouveaux bouleversements et d'équilibres nouveaux.

D'autre part il faut souligner aussi que la théorie des mélanges de Cardan vise explicitement à sauvegarder la primauté de la forme, et l'uniformité de la nature dans les domaines des êtres animés et inanimés: partout la nature s'organise d'après la forme, qui est unique et en acte ; la forme de l'élément dominant chez les être inanimés, l'âme chez les animaux[66]. D'ailleurs, les rapports entre les trois âmes de l'homme sont bien différents des rapports entre les éléments du mélange : les âmes végétative et sensitive ne sont pas les éléments du mélange de l'âme rationnelle. Leur relation est celle de moyen à fin, l'une étant en puissance par rapport à l'autre : cette relation vise à établir la primauté, la « perfectio » de l'âme rationnelle[67].

Comme l'a bien souligné Mme Védrine, d'après Cardan forme et matière sont inséparables ; elles sont complémentaires : comparée à la forme, la matière est donc en puissance, mais, en elle-même, elle est en acte. Dans l'étude des « res humanae » et de la morale aussi, Cardan s'efforce « de saisir ensemble dans leur développement les rapports de la forme et de la matière » [68]. Dans ses ouvrages moraux, Cardan nous parle de l'homme dans son entièreté concrète : unité d'*animus* et de *corpus*.

> Videntur autem omnia quae ipsi homini contingunt, hominis ipsius esse, non corporis aut animi. Dolet corpus? Non equidem, sed totus homo. Tristatur animus? Non per fidem meam, sed homo ipse. Ita et intelligit. Dico autem de his affectibus, quae cum cognitione fiunt. Nam de aliis, sive sit ita, seu non, parum nobis esse curae debet[69].

La primauté de l'homme vient de cette unité. Nous avons déjà vu que dans le corps de l'homme les éléments sont brisés et mélangés « ad tenuissimam partem » : la matière de l'homme est excellente. D'après les mots de Cardan,

> Quotquot enim species fiunt animantium, vel plantarum, vel etiam metallorum, sub iisdem elementorum proportionibus, sed refractorum, ac ad minima deductorum potest humana forma constare ; quare et omni mixto ali, velut omne mixtum alicui animali cibus est[70].

Bref, « sub hac excellenti materia humana formae omnes quorumcumque animalium latitant »[71].

Bien plus, par la hiérarchie des formes, l'âme rationnelle est la perfection de l'âme sensitive, et ses opérations « sine illa [forma sentiente] esse non possunt »[72]. Il s'ensuit une hiérarchie des genres de vie, jusqu'à celle du sage, qui réalise la « coniunctio cum Deo », et auquel Dieu « detegitur » [73].

4. Les minimums et la prévision

Si l'homme parfait, d'après Aristote, est « Diis simillimus » et sa félicité « in cognitione Dei »[74], Épicure a bien décrit — nous l'avons déjà vu — les principes de la morale naturelle[75], une morale qui est proportionnée à ce que « maxime homini expetendum est ». Le sujet des œuvres morales de Cardan est surtout la vie « mixta » du *Philèbe* de Platon : c'est la vie décrite dans le *Proxeneta*. Chez l'Athénien la vie morale est un mixte des éléments différents, qui requièrent une mesure : le *Proxeneta* est l'étude de Cardan sur l'homme et sur l'âme, qui s'approche le plus de cette règle ; il s'agit d'une enquête bien difficile, étant donné la variété des hommes et des circonstances.

Quelquefois Cardan se déclare optimiste sur la possibilité d'atteindre la perfection de la science : la science, qui est une qualité, pourra peut-être rejoindre la perfection, « forsan finem habet »[76]. Dans ce cas on aurait une connaissance parfaite des choses imparfaites. Cependant, en général et plus fréquemment, il montre les difficultés de la science des minimums[77].

Certes, au minimum que nous sommes, le monde moral dans son ensemble apparaît insondable et aveugle comme la *hyle*. Mais si seul le minimum est « in nostra potestate », nous pouvons repartir du minimum non seulement pour rendre le monde moins obscur et moins hostile mais aussi pour nous assurer une supériorité sur les autres et la perfection dans des domaines précis de notre vie. Celui qui saura discerner le petit dans le grand et le subdiviser en parties encore plus petites deviendra en effet très habile dans les arts, dans les délibérations et dans les affaires.

Le fait de repérer les minimums nous permet par exemple — comme il est écrit dans l'*Antigorgias* — d'éviter les bouleversements que provoque l'introduction de nouvelles lois visant à corriger des déviations à l'origine minimales, mais qui deviennent macroscopiques avec le temps. Cette règle permet à l'astronome d'ajuster le calendrier, en recalculant l'« ordo anni » sur la base de ces différences si petites dans le mouvement du soleil, qu'elles ne peuvent être mesurées avec exactitude mais qui, en s'additionnant tout au long des années, finissent par faire un jour, qui n'est toutefois pas parfait à cause d'un très petit excédent ou manque qui imposera un nouvel ajustement[78].

À l'aide d'une image suggestive, Cardan, dans le *De propria vita*, assimile les minimums aux « retium maculae », et leur dynamique à la formation et transformation des figures qu'entraîne dans le ciel le mouvement des nuages[79]. L'habileté consiste à trouver le minimum et, à partir de là, à reconstruire tout le réseau de la « retis », en repérant la règle ou l'ordre qui lie un minimum aux autres et le place à un endroit précis de la trame des fils. Ces deux objectifs sont essentiels parce qu'ils constituent l'objet de la prévision, dont dépendent l'invention et la découverte.

Détaché du réseau dans lequel il est inséré, le minimum perd son sens et peut même devenir ennuyeux, comme cela arrive parfois chez Galien qui, dans le *De sanitate tuenda*, a insisté sur le minimum « usque taedium »[80], oubliant par ailleurs un grand nombre de choses. La critique formulée par Cardan est subtile et tend à souligner la supériorité d'Hippocrate, le véritable maître du pronostic, celui qui a fait du minimum le point de départ de l'inférence médicale.

Toutefois, dans le *De minimis* et de nouveau dans *De propria vita*, Cardan n'établit aucune association explicite entre minimum-prévision et médecine. Il l'établit par contre avec la science des rêves qui, plus que tout autre art, illustre l'extrême complexité et variété des minimums, la difficulté de les repérer et de trouver la règle de leur association. La « science des rêves est difficile car elle a pour tâche de contenir dans le fini des choses infinies »[81] — comme le sont les minimums qui constituent un objet aussi complexe que l'esprit humain. Cette tâche est pratiquement impossible parce qu'on voudrait soumettre à une règle ou à une norme quelque chose qui peut difficilement y être ramené. D'où la nécessité, dans cet art aussi, de qualités spéciales chez l'interprète, en plus de l'utilisation normale du sens et de l'intellect : c'est le vaste domaine de la « subtilitas »[82] avec ses implications occultistes et ses innombrables découvertes et « experimenta minima »[83], jusqu'aux paradoxes des « vaines subtilitez »[84]. Le filet est en fait une toile et la toile, comme l'a montré Magnard, a un rapport, même du point de vue étymologique, avec la *subtilitas*[85].

Lorsqu'un détail, un élément minime et, à première vue, insignifiant, se manifeste dans un rêve avec une fréquence dépassant la normale, il nous permet d'inférer ce à quoi il est relié, bien que ce ne soit pas de manière évidente, ou que cela reste tout à fait caché à celui qui ne possède pas l'art de l'interprétation. Comme il est écrit dans les

Somniorum Synesiorum libri, toutes les choses futures apparaissent en rêve à l'âme silencieuse, mais celle-ci n'est que très rarement capable de les percevoir. L'interférence de facteurs perturbateurs, comme la nourriture, les humeurs, les soucis, le mouvement déréglé des sens[86], inhibent la vision transparente qui n'appartient qu'à Dieu, le seul être en mesure de se connaître à travers lui-même. Cette vision est interdite à l'homme car, comme tous les êtres vivants, il agit selon les lois de la nature et non selon les délibérations de son esprit[87]. Cependant, grâce à la conjecture et à la divination, l'interprète des rêves peut d'une certaine façon franchir ces limites ; il peut établir une connexion entre le minimum et la séquence des choses dont il découle, entre le début et le résultat, autrement dit il voit le réseau qui constitue la structure de la toile, pour reprendre l'image précédente, et il anticipe ce que le temps ne produira que par la suite. L'extase, le rêve, surtout celui du matin, mais aussi l'approche de la mort, l'abstinence, la veille prolongée constituent toutes les conditions dans lesquelles l'âme « abscendit a corpore », voit des spectres, contemple des merveilles, aidée par les démons, avec des figures et des énigmes.

Dans le *De minimis*, toutefois, Cardan survole ces aspects. Il cherche plutôt à se protéger, comme dans la *Vita*, contre une éventuelle lecture en clé démoniaque de ses affirmations, en soulignant la valeur de la *prudentia* humaine pour la prévision, et la supériorité de la Providence divine.

L'art de la prévision consiste à relier le début et la fin, le petit et le grand, le minimum et le maximum. Les deux termes se distinguent en fonction des différentes parties du temps car c'est la succession des instants qui rend *a* différent de *b*. On aura beau essayer d'anticiper *b* dans *a*, on ne pourra pas annuler la distance qui les rend différents et irréductibles l'un à l'autre, parce que *a* est une quantité, et « palam est quod non poterit permutari instanti, quia simul esset, et non esset, ergo repugnaret ». Dès qu'il y a grandeur ou quantité, la division, du point de vue aristotélicien, n'a jamais de fin et le temps peut être fractionné en instants, relativement, de plus en plus petits. De plus en plus petits, mais seulement dans le rapport de l'un avec l'autre. Bien que le temps « ut infinitum est, aut in actu est, aut refert quippiam in actu », chaque part du temps « solum est potestate »[88]. C'est pourquoi dans la nature corporelle, soumise à la quantité et à la grandeur, il n'y a pas coïncidence des contraires. D'après Nicolas de Cues, la « coincidentia oppositorum » est dans l'être de Dieu et « les raisons des figures finies » — pour reprendre les mots de la *Docta ignorantia*[89] — peuvent être transférées « à l'infini simple, débarrassé de toute référence aux figures ».

Dans le *De minimis* et ailleurs, Cardan évoque les noms de Bouelles et de Nicolas de Cues : l'un à propos du procédé utilisé pour diviser en autant de parties égales que l'on veut un angle quelconque, l'autre en ce qui concerne les expériences de statique et de l'aimant[90] : tout cela pour montrer la valeur et surtout la limite de leurs recherches. Nicolas de Cues et Bouelles se sont en effet tous deux trompés en pensant avoir trouvé la solution exacte de ces problèmes. Un tel résultat n'est pas à la portée de la science de la quantité.

Pour revenir à l'autobiographie, Cardan, après avoir utilisé l'image du filet, évoque le jeu de dés. La règle du jeu peut faire l'objet d'un calcul, mais comme cela n'explique pas tout, cette règle échappe à un plein contrôle de la raison naturelle : un caractère insondable et impondérable est associé au minimum.

Parmi les différentes découvertes que Cardan s'attribue, celle qui concerne la morale est d'avoir montré « aequalitatem conditionis omnium, non solum hominum, sed etiam viventium »[91]. Cette découverte, comme nous l'avons vu, est étroitement liée aux minimums et nous mène à la continuité de la nature. Toujours dans le *De minimis*, Cardan répète ce que l'on peut lire ailleurs : là où tout est continu, un doigt seulement sépare un règne de l'autre et seulement « parvo discrimine » (...) « mortale ab immortale seiunctum est »[92]. D'ailleurs, par rapport à ce qui est en dehors de la série — l'infini en acte — chaque individu, chaque point, chaque moment est également éloigné, ou, si l'on préfère, également proche : Nicolas de Cues l'avait dit. Dans le *De proportionibus*, Cardan écrit que si « omnis quantitas habet conditiones, per quas [...] constringitur, et repugnat eas mutari », la *mens* est bien différente :

> omnes mentes movent sine proportione, et non possunt dici finitae vel infinitae, quia ipsae sunt expertes omnis quantitatis, imo omnis relationis ad quantitatem [...] est ergo omnis operatio iuxta id quod est in materia, et non quod una mens maiores habeat vires alia, cum non sit in eis neque maius neque minus[93].

Notes

1. J. Cardan, *De sapientia* [1re éd. 1544], V, dans *H. Cardani mediolanensis ... Opera omnia*, éd. Ch. Spon, 10 vol., Lugduni, sumpt. I.A. Huguetan et M.A. Ravaud, 1663 (*OO*), vol. I, p. 577a. Voir *Mathieu*, 6, 21-22.

2. *De sapientia*, V, p. 577b.

3. *Ibid.*

4. *Op.cit.*, p. 577a.

5. Sur la relation entre Cardan et Machiavel, soulignée aussi par Naudé, voir G. Procacci, *Studi sulla fortuna del Machiavelli*, Roma, 1965, p. 80-94 ; E. Di Rienzo, « Dal principato civile alla tirannide : il "Neronis Encomium" di G. Cardano », dans *L'aquila e lo scarabeo. Culture e conflitti nella Francia del Rinascimento e del Barocco*, Bulzoni, Roma, 1988, p. 25-60 ; N.G. Siraisi, « Cardano and the history of medicine », dans M. Baldi et G. Canziani (éd.), *Girolamo Cardano. Le opere, le fonti, la vita*, Franco Angeli, Milano, 1999, p. 347-362 ; L. Bianchi, « Cardano e Naudé : naturalismo e politica », dans M. Baldi et G. Canziani (éd.), *Cardano e la tradizione dei saperi*, Franco Angeli, Milano, 2003, p. 405-426 ; sur Érasme et Cardan voir A. Ingegno, *Saggio sulla filosofia di Cardano*, La Nuova Italia, Firenze, 1980, en particulier p. 79-101 ; M. Bracali, « Artifici argomentativi e retaggi erasmiani nel *De sapientia* », dans *Cardano e la tradizione dei saperi*, cit., p. 249-270.

6. Voir, à titre d'exemple, *De sapientia*, II, p. 507b ; III, p. 539a, 545b, 550a, 551b.

7. Voir *De sapientia*, I, p. 497b.

8. *Op.cit.*, IV, p. 562a.

9. Voir *op. cit.*, p. 579b. En effet, « nec tamen unquam tuarum virium imbecillitatem tenuitatemque alicui, nisi qui tibi patrocinari velit, prodere bonum est. [...] Ad bonos vero mores pertinet non solum detegere nolle suarum virium infirmitatem, sed etiam eludere eos qui te dolose aggrediuntur » (*ibid*).

10. J. Cardan, *De utilitate ex adversis capienda* [1re éd. 1560], II, *OO*, vol. II, p. 100a.

11. Voir *op. cit.*, p. 99b : « Habes ergo vitam Principum, non solum mendicorum vita, sed ipsa miseria miseriorem. Unde recte dicebat Mecaenas. Qui in sublimi positus est, ibi est, ubi semper tonat, id est, inter maximas perturbationes & pericula ingentia ac facta horrenda. Quorsum ergo cum tot laboribus, molestiis, curis, tanta vitae iactura ac infamia, tamque frequentibus casibus illuc properare, ubi cum fueris, deteriore quam prius conditione futurus sis ? ».

12. « Vis autem videre, quod Principes nostrae aetatis non sunt Principes, sed simulachra Principum ? » (*op. cit.*, p. 99a). Il serait très facile, « si quis est Princeps etiam unius exiguae partis provinciae, evadere in maximum regem ». Ceux qui « regnum ampliarunt, iidem et magna gesserunt, et moribus

optimis fuere, omnesque propria curant. Tales vero, cum non, ut reliqui, otio sint molles, stupidi & a suis assentatoribus proditi, qui et ipsi sunt inertissimi, nullo fortunae auxilio ad hoc egent nisi vitae diuturnitate » (*ibid.*, p. 99a-b). Sur l'importance pour Cardan du motif pré-machiavélien de la « conservation » de l'État dans la réflexion politique du XIVe siècle à Milan, voir P. Pissavino, « L'*Exemplum generale de Civitate Mediolanensi.* Il filosofo e l'immagine del *Milanesado* », dans *Cardano e la tradizione dei saperi*, cit., p. 385-403.

13. Voir Érasme, *Enarratio in Psalmos*, XXXVIII, dans *Desiderii Erasmi Opera omnia emendatiora et auctiora* (J. Clericus edidit), 10 tomes en 11 vol., P. Van der Aa, Lugduni Batavorum, 1703-1706, V, p. 453C : « Quid enim aliud est vita principum, episcoporum, negociatorum, quam ridiculus quidam vel miserabilis totius tumulus ? ».

14. *De utilitate*, III, I, p. 100a.

15. Voir J. Cardan, *De consolatione* [1re éd. 1542], I, *OO*, I, p. 592b et mon « Dalla *consolatio* alla *norma consarcinata*. Un opuscolo aureo di Cardano e il dialogo con Pendasio », dans *Cardano e la tradizione dei saperi*, cit., p. 320-323.

16. Voir *De utilitate*, IV, XI, p. 266a : « Nihil est grande in toto mortalium genere, nihil solidum, sed existimatione modo magna, modo parva videntur. Assimilantur mundana amasiis, quibus antequam potiamur, nihil maius esse credimus, postquam potiti sumus, rem exiguam esse putamus ».

17. J. Cardan, *De minimis et propinquis* [1re éd. 1562], *OO*, I, p. 690a.

18. *Ibid.*

19. Voir A. Ingegno, *Saggio sulla filosofia di Cardano*, La Nuova Italia, Firenze, 1980; G. Canziani, « "Sapientia" e "Prudentia" nella filosofia morale di Cardano », dans E. Kessler (éd.), *Girolamo Cardano. Philosoph, Naturforscher, Artz*, Harrassowitz Verlag, Wiesbaden, 1994, p. 11-47.

20. *De utilitate*, I, I, p.14a.

21. Voir, en particulier, Cicéron, *Tusc. Disp.*, V, 33, 95 (Ep., fr. 442 Usener) : « Totumque hoc de voluptate sic ille praecipit, ut voluptatem ipsam per se, quia voluptas sit, semper optandam et expetendam putet, eademque ratione dolorem ob id ipsum, quia dolor sit, semper esse fugiendum ; itaque hac usurum compensatione sapientem, ut et voluptatem fugiat, si ea maiorem dolorem effectura sit, et dolorem suscipiat maiorem efficientem voluptatem » ; L. Valla, *De vero falsoque bono*, critical edition by M. De Panizza Lorch, Adriatica Editrice, Bari, 1970, II 15, p. 62-63.

22. *Op. cit.*, p. 62-63. Toutefois « que autem maiora bona et que minora sunt difficile est pronuntiare, praesertim quod mutantur tempore, loco, persona, et ceteris huiusmodi ».

23. Voir *De utilitate*, III, XXII, p. 217a-b.

24. Voir *op. cit.*, I, IV, p. 37a.

25. *Ibid.*

26. Ivi, p. 37b. Voir aussi *op. cit.*, II, XIV, p. 91 : « voluptas animi orta ex ratione cognoscente possessionem rei iucundae ».

27. L. Valla, *De vero falsoque bono*, cit., II, XXVII, p. 76 : « Omnis voluptas non tam corpore sentitur quam animo qui corpus moderatur, quod, ut opinor, sensit Epicurus ».

28. Les Épicuriens sont des êtres indolents, affaiblis par la « nausea affluentium voluptatum », par la nausée de plaisirs toujours égaux, grâce auxquels ils voudraient annuler la fuite du temps pour exorciser la peur de la mort (voir J. Cardan, *Hyperchen* [1re éd. 1566], *OO*, I, p. 291b). En effet, si Épicure « adeo male suasisset in moribus, velut fecit in his quae de natura scripsit, proculdubio omnium mortalium pessimus dici et haberi posset ». Il serait pire que les stoïciens, qui « pessime vivunt, optima suadent » ; il serait de même pire que les amis de Protagoras, qui « pessime vivunt, pessimeque docent » (*De utilitate*, I, III, p. 25b). Mais la morale d'Épicure ne s'identifie pas avec sa physique.

29. « Quoniam vero nostra felicitas, ut recte definiunt Epicurei, in ἀπαθείᾳ seu *indolentia* consistit, hanc privationem numquam nisi comparatione eorum quae sunt, velut tenebras lucis, et surditatem auditus, et carceres libertatis, percipere poteris » (*De utilitate*, I, I, p. 15a). D'après Cardan la « voluptas » d'Épicure est « moderata [...] et temperata ». De ce point de vue « tristium casuum recessus, et bonorum possessionis memoria inter iucunda et voluptates ab Epicuro recte numerantur » (*op. cit.*, II, XIII, p. 81a). En général, Épicure a montré la règle « huic proposito aptam, quae si non omnia complectatur, plurima saltem nos docet » (*op. cit.*, p. 80a) : nous pouvons atteindre le plaisir, mais non au point que « praesens voluptas futuris ac succedentibus viam praescindat aut impedimento saltem sit ». Bref, Cardan déclare son accord avec la notion épicurienne de la félicité : « tam ergo nostra omnis absoluta felicitas, quam etiam Epicuri, in ratione constituta est, quoniam ratio questiones cognoscit » (*op. cit.*, II, XIV, p. 88b).

30. Voir J. Cardan, *Paralipomena*, liber II : *De humana perfectione*, VIII, *OO*, X, p. 449a : « in moribus si recte intelligatur, nullus melius Epicurus sensit. Ita mihi sapientissimus mortalium naturali lumine visus est Epicurus, iniuste lancinatus ab aliis, nec bene intellectus » (*op. cit.*, p. 449b-450a).

31. D'après G. Muoni, *La mente e la fama di Gerolamo Cardano*, Milano, Società Editrice Libraria, Milano, 1908 (1re éd. dans *Archivio storico lombardo*, juin 1906), p. 66, Pietro Verri a suivi Cardan dans son *Sull'indole del piacere e del dolore* (Livorno 1773).

32. Voir *De sapientia*, V, p. 579b et, parmi les nombreux passages d'Aristote à ce propos, *De coelo* I, 271b 8-10 ; *Pol.* 1302a.

33. Thomas de Aquino, *In libros Aristotelis de caelo et mundo expositio*, I, 9, 4.

34. *De utilitate*, I, I, p. 13a.

35. J. Cardan, *De optimo vitae genere* [1re éd. 1663], *OO*, I, p. 484b.

36. C'est le cercle du « perfectum fff » : « puer foedus », « iuvenis fallax », « senex foetidus » (*ibid.*)

37. Sur la relation entre homme et « natura ac mores viperini », par rapport à la « *refractio* des éléments » voir J. Cardan, *Paralipomena*, II, p. 444a. De cette « refractio » « admirabiles illae facultates proveniunt, quae a multitudine provenire nequeunt » : voilà la raison de la perfection humaine.

38. C. de Bouelles, *Liber de sapiente*, ex officina Henrici Stephani, Parisiis, 1510, p. 133. D'après J. de Sacrobosco, le serpent est l'image de l'« annus solaris », « rediens iterum ad idem punctum » (*Libellus Ioannis de Sacrobosco, de anni rotatione, seu ut vocatur vulgo, Computus Ecclesiasticus*, apud Gulielmum Cavellat, Lutetiae, 1561, p. 16) : « Sol a quocumque quatuor punctorum Zodiaci aequalitatis vel conversionis movetur, circumiens totum Zodiacum motu proprio, rediens iterum ad idem punctum ». C'est pourquoi « apud antiquos solet depingi Serpens devorans propriam caudam, sic 'Serpens annus ego sum, sol sic circinat in quo. / Qui fluxit pridem, status est nunc temporis idem' » (p. 17). Je veux seulement rappeler que l'image du serpent avait été aussi évoquée, parmi plusieurs d'autres, par Érasme dans un adage célèbre, *Festina lente*, où il avait exalté la dignité des études humanistes en les rattachant à la conception classique du temps comme cercle (voir Aristote, *Phys.*, IV 10, 218 a ; Platon, *Tim.*, 37 d), l'année qui revient toujours sur elle-même en raison du retour des instants, le temps sempiternel (voir Érasme, *Adagia*, II, I, I, dans *Opera omnia*, cit., vol. II, col. 400 ; sur les sources de cette image, col. 309-402 ; sur l'image du dauphin « circomvolutus » dans la marque typographique d'Alde Manuce, col. 402-406 ; sur cette marque voir *Andreae Alciati emblematum libellus, nuper in lucem editus*, apud Aldi filios, Venetiis, 1546).

39. Voir *De rerum varietate* [1re éd. 1557], VIII, XLII, *OO*, III, p. 156a : « Nullus preterea sensus, non memoria, non imaginatrix virtus, omnia concipere potest. At intellectum et mentem omnia vel esse, vel fieri, vel posse, constat, cum bovem, equum, coelum, intellectum, numerum, speciem, ipsum denique infinitum comprehendat ».

40. *Op. cit.*, p. 157a.

41. *Ibid.*

42. Voir *op. cit.*, p. 156a.

43. Sur ce leitmotiv de l'aristotélisme scholastique et de la Renaissance italienne voir M.L. Bianchi, « Scholastische Motive im ersten und zweiten Buch des *De subtilitate* Girolamo Cardanos », dans *Girolamo Cardano. Philosoph*, cit., p. 115-130.

44. *De utilitate*, I, I, p. 14b.

45. *Paralipomena*, II, II, p. 445b.

46. Voir, J. Fracastor, *Homocentricorum sive de stellis liber unus*, apud Junctas, Venetiis, 1538 et, à ce sujet, E. Peruzzi, *La nave di Ermete. La cosmologia*

di Girolamo Fracastoro, Leo Olschki, Firenze, 1995, p. 104 suiv.

47. *De utilitate*, I, I, p. 14b.

48. *Ibid.*

49. Voir J. Fracastor, *De sympathia et antipathia rerum, liber unus*, dans *Operum pars prior philosophica et medica* continens, I. Stoer, Genevae, chap. XVII, « De Gaudio et appetitu », p. 71 : « apprehenditur autem bonum et ab intellectu, verum quia hoc commune non est animalibus omnibus, videntur autem gaudere omnia, propter hoc gaudium phantasiae attribuitur magis, quae omnibus animalibus est communis aut perfectioribus ». Le *gaudium* procuré par la *phantasia*, est un *appetitus*, c'est-à-dire un « motus animae ad prosequendum bonum oblatum » (p. 71-72). C'est l'enchevêtrement des différents mouvements ou *appetitus* dans l'âme qui constitue la vie morale d'après Fracastor.

50. Voir *De minimis*, p. 690a (aussi pour la référence à la *Dialectica*).

51. Sur les sources aristotéliciennes du minimum, voir, en particulier, Aristote, *Phys.*, I 4, 187-188 (Averroès, *Aristotelis de Physico Auditu libri octo Commentaria*, apud Junctas, Venetiis, 1562, *textus* 32-38, Nachdruck Minerva, Frankfurt am Main, 1962, vol. IV) ; VI, 231 b 14-15. Sur les problèmes théoriques et sur l'histoire du concept de minimum à la Renaissance, voir J.E. Murdoch, « The medieval and Renaissance tradition of *minima naturalia* », dans *Late Medieval and Early Modern corpuscolar Theories*, ed. by Ch. Lüthy, J.E. Murdoch, W.R. Newman, Brill, Leiden, Boston, Köln, 2001, p. 91-131. Voir aussi P. Duhem, *Études sur Léonard de Vinci, ceux qu'il a lus et ceux qui l'ont lu*, vol. II, F. De Nobele, Paris, 1909 ; D. Frede, « *On Generation and Corruption* I. 10: On Mixture and Mixables », dans *Aristotle :* On Generation and Corruption, *Book I. Symposium Aristotelicum*, ed. by F. De Haas and J. Mansfeld, Clarendon Press, Oxford, 2004, p. 289-314 ; J.M. Cooper, « A Note on Aristotle on Mixture », *ibid.*, p. 315-326.

52. Voir *Ludovici Buccaferrei in duos libros Aristotelis de generatione et corruptione doctissima commentaria*, Venetiis, apud Franciscum Senensem, 1571, p. 25b : « Et ad argumentum dico, quod si consideratur continuum ex parte formae suae, non potest dividi in infinitum in partes inexistenstes, quia non in quacumque parva materia potest stare forma ; si autem consideratur continuum ex parte materiae, sic potest dividi in infinitum ; quia ut sic non repugnat, quia non determinat sibi quantitatem in determinata mensura ipsa materia, et ideo partibus illis ratione materiae non repugnat per se subsistere ».

53. Cardan partage avec Pomponazzi son aversion pour les « calculatores », surtout pour Giovanni Marliani, qui avait enseigné la médecine au père de Jerôme, Fazio (voir *Contradicentia*, II, II, p. 483a) ; voir P. Pomponazzi, *Quaestio de minimis*, dans P. Pomponazzi, *Corsi inediti dell'insegnamento padovano*, II : « Quaestiones physicae et animasticae decem », intr. e testo a cura di A. Poppi, Antenore, Padova, 1970, p. 246. Sur Pomponazzi et les « calculatores », voir S. Caroti, « Pomponazzi e la "reactio". Note sulla fortuna del pensiero oxonienese e parigino nella filosofia italiana del Rinascimento », dans *Fi-*

losofia e scienza classica, arabo-latina medievale e l'età moderna, FIDEM, Louvain-la-Neuve, 1999, p. 255-288.

54. *De utilitate*, IV, I, p. 233b.

55. Voir A. Ingegno, *Saggio sulla filosofia di Cardano*, La Nuova Italia, Firenze, 1980, p. 225 suiv. ; en particulier note 3, p. 225-229 ; N.G. Siraisi, *The Clock and the Mirror. Girolamo Cardano and Renaissance Medicine*, Princeton University Press, Princeton N.Y, 1997. Pour la citation d'Hippocrate voir *Contradicentia*, III, contr. VII, p. 660a-b.

56. Voir Hippocrate, *De Diaeta*, I, 4-6.

57. Voir *De subtilitate* [1re éd. 1550] , V, *OO*, III, p. 438-440 (dir. E. Nenci, t. I, libri I-VII, Franco Angeli, Milano, 2004, V, p. 449 suiv.) ; *Contradicentia medicorum libri* [1re éd. 1545], II, I, contr. I, *OO*, VI, p. 437a-440a ; IV, contr. V, p. 687b-688a; V, contr. XXXIV, p. 740-741.

58. « Quaecumque igitur vere mixta sunt, unam tantum elementi formam, sed non exquisitam, ostendunt; reliquorum solum vires. Nam si non ubique elementa in mixto essent, acervus esset quod mixtum est, non res genita ; si ubique, et secundum substantiam, corpora invicem mutuo se penetrarent. [...] Est igitur forma mixti victoris elementa imperfecta » (*De subtilitate*, V, p. 439a-b; dir. E. Nenci, p. 449).

59. Voir *Contradicentia*, II, I, contr. I, p. 437b-438b.

60. *Op. cit.*, II, V, contr. XXIV, p. 596a.

61. Voir J. Cardan, *De uno* [1re éd. 1562], *OO*, I, p. 277-283.

62. *Paralipomena* [1re éd. 1663], II *De humana perfectione*, I, *OO*, X, p. 444b.

63. *Ibid.*

64. *De utilitate*, II, XIV, p. 91b : « Est enim foelicitas unum quoddam quasi homogeneum et undequaque sibi simile, velut terra, aqua, caro : ut definitio illius et toti et parti eadem sit, ac ex aequo competat. Sicut enim aquam ex aequo dicimus et guttam et amphoram et totum elementum aquae ; ita quaecunque minima pars foelicitatis et tota simul foelicitas hoc nomine foelicitatis comprehenduntur, eademque definitione, quae est, voluptas animi orta ex ratione cognoscente possessionem rei iucundae ».

65. « Ergo [...], cum mutationes, ut philosophi dicunt, ex contrariis et in contraria fiant, ubi genus qualitatis mutatum fuerit, ex bonis mala, ex malis bona orientur » (*De utilitate*, I, I, p. 14b).

66. « Ut vero declaravimus, unam tantum esse formam animatorum animæ, inanimatorum autem elementi praedominantis : nam si alia esset, non moveretur utique mixtum a praedominante illi elemento » (*Contradicentia*, II, I, contr. I, p. 439a). Toutes les formes « sunt in potentia quoad esse, quia non disiunguntur a perfectiore : quo vero ad rationem, et ut de alio dicuntur, sunt in actu, intellectu eas disiungente » (*op. cit.*, p. 439b). Voir aussi *ibid.* sur la différence entre forme et « temperatura elementorum a qualitatibus », en polémique avec Galien (voir A. Ingegno, *Saggio*, p. 226).

67. « Quare cum dixit Aristoteles, triplicem esse in homine, vel animali, compositionem : non intelligit de vera compositione, nam instrumenta non componuntur ex similaribus mixtis invicem, sed tantum iuxta appositis. Propter id dico quod forma mixti est elementum praedominans secundum materiam et subiectum, non autem illa ut est in potentia » (*Contradicentia*, II, I, contr. I, p. 439a). Il s'ensuit que « haec propositio, 'homo sub forma hominis est vivens vel sentiens' falsa est : nam ipse est intelligens, et haec operatio alia est a sentiente, quamvis sine illa esse non possit ». Encore, « cum vero dicimus quod foetus vivit prius vita plantae : dico quod hoc est verum, sed anima illa est actu vegetatrix, potentia autem sentiens. Inde sit animal dormiens, et post actu sentiens, potentia autem vegetatrix est anima permutatis vicibus » (p. 440a).

68. Voir H. Védrine, *La conception de la nature chez G. Bruno*, Vrin, Paris, 1967, p. 272. Voir *De subtilitate*, I, p.359a ; dir. E. Nenci, p. 58.

69. *De rerum varietate*, VIII, XL, p. 148a.

70. *Contradicentia*, II, V, contr. XXIV, p. 596b.

71. *Paralipomena*, II, IV, p. 446a ; voir aussi *Contradicentia*, II, I, contr. I, p. 439b : « Dico igitur quod hae omnes formae [communes] sunt in potentia quoad esse, quia non disiunguntur a perfectiore ; quo vero ad rationem, et ut de alio dicuntur, sunt in actu, intellectu eas disiungente ».

72. *Op cit.*, p. 440a.

73. *Paralipomena*, II, XIII, p. 455a-b.

74. *Op. cit.*, II, VII, p. 448b.

75. *Paralipomena*, II, VIII, p. 449a-b.

76. *Paralipomena*, XVIII : *De sapiente*, V, *OO*, X, p. 581b-582a : « neque enim quicquam prohibet ne finitorum scientia finem etiam perfecta habeat, quandoquidem sub finito infinita comprehendantur. Cum ergo ita sit, nisi genera sint infinita, scientia poterit esse perfecta »

77. J. Cardan, *Tractatus de inventione* [1re éd. 1663], III, *OO*, X, p. 95a : il est très difficile connaître la qualité par la quantité.

78. J. Cardan, *Dialogus Antigorgias, seu de recta vivendi ratione* [1e éd. 1566], *OO*, I, p. 662b-663a.

79. J. Cardan, *De propria vita* [1e éd. 1643], XLI, *OO*, I, p. 36a : « Nonnumquam ex minimis cum immodice perseverant, coniecturam facere licet : cum ex minimis, ut alias declamavi, ac uniusmodi, velut retium maculis omnia apud homines constent, repetitis, et in diversas figuras ut nebulae formatis : nec solum per minima augeantur, sed et illa minima sensim in infinitas partes, ut ita dicam, dividere oportet ; isque solus in artibus, in consiliis, in negociis civilibus praestantissimus erit, et ad summum culmen perveniet, qui haec intelliget, et in opere ipso observare noverit : quamobrem in quibuslibet eventibus talia minima erunt observanda ».

80. Voir *De rerum varietate*, XIII, LXIII, p. 244a ; *Libri sex perfulgentissimi ac medicine principis Galeni de sanitate tuenda*, Venetiis, 1523, p. I-III ; Galien,

De elementis ex Hippocratis sententia libri duo, apud Simonem Colinaeum, Parisiis, 1528. Sur l'art et la prévoyance de la nature chez Galien voir J. Jouanna, « La notion de nature chez Galien », dans *Galien et la philosophie*, Vandoeuvres-Genève, 2003, en particulier p. 253.

81. *Synesiorum somniorum omnis generis insomnia explicantes libri IIII* [1re éd. 1562], II, I, *OO*, V, p. 672a: « Itaque non solum infinitam esse naturam somniorum necesse est, sed et tractactionem ipsam infinitam : at nullum, quod ad singula usque perveniat, infinitum esse potest : non ergo potest tractatio de somniis ad finem ullum deduci, nec limitibus inscribi, nec finem habere ; quare ut difficillima sit necesse esse et cum, infinita finitis contineatur, tractactionem evadere difficillimam ».

82. À ce sujet, je peux renvoyer ici seulement à I. Maclean, « Montaigne, Cardano: the reading of subtlety/the subtlety of reading », *French Studies*, XXXVII (1983), n. 2, p. 143-156 ; Id., « The interpretation of natural signs : Cardano's *De subtilitate* versus Scaliger's *Exercitationes* », dans *Occult and scientific mentalities in the Renaissance*, Cambridge U.P., Cambridge, 1984, p. 231-252 ; P. Magnard, « La notion de subtilité chez Jérôme Cardan », dans *Girolamo Cardano. Le opere*, p. 159-167.

83. « Experimenta minima » est le titre du chap. LXIII du *De rerum varietate*, XIII, p. 241-253.

84. « De inutilibus subtilitatibus » est le titre du livre XV du *De subtilitate*, p. 587-592.

85. Voir P. Magnard, *op. cit.*, p. 159-160.

86. Voir *Somniorum Synesiorum libri*, II, I, p. 672a: « omnia silenti animae per somnium offeruntur ; at illa non solum rarum sed rarissime ea percipit, vel cibis obruta, vel humoribus obfuscata, vel curis impedita, vel sensilium motum immodicum vexata ».

87. « Vitae enim seipsas cognoscunt in Deo, sicut homines et animae in operationibus. Propterea, quae agunt omnia, praeter Deum, quasi naturaliter agunt, non velut mens artifex : dico elementa moventur, finemque suum norunt, quomodo moveantur, ignorant. Plantae nutriuntur, crescunt, flores et fructus pariunt : quomodo id agant, non norunt ; animalia lacertos movent imprudenter, recte tamen, quod in nobis ipsis experimur ; neque Galenus cum sua anatomia vel unum musculum ad digitum ante vel retro movendum monere ac dirigere novit, sed digitum quidam ut vult, movet, ac ex voluntate, musculum autem natura » (*op. cit.*, p. 671b-672a).

88. *Opus novum de proportionibus numerorum* [1re ed. 1570], prop. CCXXV, *OO*, X, p. 594b ; voir aussi p. 594a. De ce point de vue, « [...] anni sunt longum tempus, et dies breves, quia dicuntur in comparatione inter se, et non secundum proportionem ad infinitum » (p. 594b).

89. Nicolas de Cues, *De docta ignorantia libri tres*, Milan, 1502, I, XII.

90. Voir *De minimis*, p. 694b et *De rerum varietate*, XIII, LXVIII, p. 251b ; C. de Bouelles, *Geometrie pratique ... nouvellement par luy revue, augmentee*

et grandement enrichie, Regnard Chaudier, Paris, 1551, p. 32-33 et Nicolas de Cues, *Idiota*, IV.

91. *De vita propria*, XLV, p. 40a. Parmi ses découvertes scientifiques, Cardan rappelle : « In morali philosophia, aequalitatem conditionis omnium, sed etiam viventium : unde naturaliter coniectari licet compensationem a morte actionum : in hominis utilitatem capere ex adversis »

92. *De minimis*, p. 692b.

93. *De proportionibus*, prop. CCXXV, p. 594b.

L'immortalité de l'âme chez Cardan entre histoire naturelle et vision de Dieu

Guido Canziani

1. La destinée de l'âme

La question de la destinée de l'âme, que Cardan discute à partir du traité *De immortalitate animorum* (Lugduni, Griphyum 1545), en se rapportant à la doctrine de Pomponazzi, continue à occuper son attention dans les décennies suivantes : il y revient dans les pages du *Theonoston* consacrées à l'immortalité de l'âme et rédigées probablement sur une longue période (entre 1560 et le début des années soixante-dix[1]), à la suite de l'exécution capitale de son fils aîné, Jean Baptiste, dans le dialogue *Gulielmus De morte*, publié en 1562 avec les *Somnia synesia*, et dans d'autres ouvrages, y compris les *Paralipomena* et les *Contradicentium medicorum libri*, qui contiennent tous les deux des passages sur la *resurrectio* identiques à ce qu'on peut lire dans le *Theonoston* (ou très proches). Dans le dialogue *De morte* Cardan n'a aucune hésitation à se déclarer le père d'une doctrine, qui mérite d'être rangée parmi les très nombreuses inventions (médicales, mécaniques, etc....[2].) avec lesquelles le philosophe a contribué au bonheur des hommes : « tam pulchri inventi, ut & multorum aliorum, sed huius precipue, in quo maxime salus humani generis deposita est, gratiam uni mihi tota debet posteritas »[3].

Je me suis arrêté ailleurs sur le théorème logique par lequel Cardan, dans le troisième livre du *Theonoston*, prétend « démontrer » la vérité de la proposition suivante : « Socrates cum moritur potest in eundem hominem transmutari & non alium »[4], une proposition qui nous donne le noyau essentiel de la réflexion cardanienne sur la *palingenesis*. Cette démonstration *a priori*, fondée sur la logique de l'école, est enchâssée dans un raisonnement bien plus complexe, s'appuyant sur des arguments tirés d'une pluralité de sources, qui reflètent la culture encyclopédique de l'auteur et ses forts intérêts scientifiques. Je me propose ici de revenir sur quelques aspects de l'*inventum* cardanien, pour mettre en évidence les deux niveaux conceptuels qui le caractérisent. À côté d'une considération physique de la nature et de la destinée de l'âme, où ce principe de vie et de connaissance est envisagé en son existence dans le temps et l'espace, Cardan esquisse une doctrine proprement métaphysique, qui concerne l'âme en tant que substance participant de l'intelligible : les deux points de vue sont inséparables et tous les deux concourent à former la conception cardanienne de l'immortalité, bien que le premier, celui qui consiste en une sorte d'"histoire naturelle' de l'âme, aboutissant à une conception, dirai-je, intra-mondaine de l'immortalité, soit plus dévéloppé que l'autre : ce qui correspond d'ailleurs à une attitude profonde de Cardan, son attention désabusée et à sa grande curiosité pour le concret de la vie et pour la faiblesse, la misère de la condition humaine.

Une vaste érudition permet à Cardan d'évoquer la variété déconcertante des solutions fournies par la tradition sur ce sujet et il joue avec elles en les entrecroisant très librement et en libérant, par là même, l'enquête philosophique de la soumission à l'autorité et encore plus à l'orthodoxie confessionnelle. À titre d'exemple : dans le *De immortalitate*, Cardan s'arrête sur l'accord qui existerait, à son avis, entre la philosophie (ou la plupart des philosophes) d'un côté, et la religion, de l'autre, à propos de la nature de l'âme : il s'agit d'un *topos* presque banal à l'époque, mais la nonchalance et la souplesse des mots que je vais citer sont, à mon avis, très cardaniennes :

> il est donc certain que la philosophie et notre religion n'ont qu'une même opinion sur l'âme. S'il y a de la différence, elle n'est que comme celle qui sépare l'imparfait du parfait, l'enfant de l'homme mûr, le dessin préparatoire de la peinture. Elles concordent [...] sur l'origine divine [de l'âme], sur son immortalité, sur la connaissance bienheureuse (*cognitio beata*), grâce à laquelle [l'âme] connaît toute chose après la mort, sur une certaine sorte de resurrection (*in resurrectionis genere quodam*), car *reviviscere videtur quodcunque eandem animam ab obitu retinet* et, bien que [les âmes] ne gardent pas leur mémoire, elles exercent leur intelligence [...][5].

Deux remarques. D'une part, cette liste de points de convergence, bien qu'assez vague sur les détails, identifie en effet *une* perspective philosophique et ne peut pas s'appliquer à la philosophie en général ; d'autre part, cette liste se termine par une allusion à la résurrection, à la fois chiffrée et ambiguë, qui aurait fait vraisemblablement sauter au plafond un lecteur pieux, malgré la reconnaissance de l'infériorité de la philosophie par rapport à la religion, une reconnaissance qui sonne d'ailleurs comme la conscience du fait que la philosophie a son propre domaine, un domaine escarpé et illimité à cause des limites de notre raison, et cependant propre à la recherche du savant.

2. Physique de l'immortalité

Au début du troisième livre du *Theonoston*, au deuxième paragraphe, Cardan tire d'un texte d'Hippocrate, appartenant au *De diaeta*, une théorie des « mixtes » matériels, qui sera discutée plus largement dans les *Contradicentia medica*[6] et qui s'oppose à la conception aristotélicienne de la génération et de la corruption. Les éléments matériels qui forment un corps se désagrègent, en recouvrant leur *simplex natura*, et ensuite s'unissent en d'autres mixtes, sans jamais ni périr ni devenir autre chose que ce qu'ils sont pour toujours. Ce mouvement cyclique, qui garde la constance de l'être et la permanence de l'identité originelle des choses, doit s'appliquer à plus forte raison aux âmes, à cause de leur dignité ontologique supérieure par rapport aux éléments. « Oculis [...] magis credere oportet quam opinionibus »[7], commentait Hippocrate : aux *opinions* il faut préférer ce que les yeux, l'expérience sensible des choses nous permettent d'entrevoir, c'est-à-dire la continuité sous-tendant le rythme scandé par le naître et le périr des choses : la génération *ex nihilo* et l'annihilation ne sont point des objets réels d'expérience. « Generari & interire ut misceri ac separari idem sunt inter se, velut sydera oriuntur & occidunt, atque iterum ad ortum redeunt, ita & in animalibus »[8]. Il s'agit de la toile de fond, du premier scénario dans lequel Cardan situe la question de l'immortalité.

Deuxième occurence d'Hippocrate, dans le troisième livre du *Theonoston*. Elle concerne le *De septimestri partu*, l'un des ouvrages du *corpus hippocraticum* dont Cardan fera plus tard le commentaire (Bâle, 1568)[9]. Le passage du *Theonoston* n'est en effet qu'une ébauche grossière de la discussion développée dans ce commentaire. Le texte d'Hippocrate concerne les différentes attitudes des nouveau-nés à l'égard du rire et du pleurer pendant le sommeil et la veille : ils rient et pleurent en dormant immédiatement après leur naissance, tandis qu'ils ne commencent à rire et à pleurer spontanément pendant la veille que vers le quarantième jour ; avant ce terme, il est même impossible de provoquer leur rire par des stimulations, qui viennent de l'extérieur. Hippocrate dit, assez énigmatiquement, que tout cela révèle la présence d'une *peculiaris sapientia* dans les petits corps vivants dès le premier jour de vie. Cardan s'arrête sur ces mots et en conclut que l'observation hippocratique nous donne un argument très certain pour affirmer que la phénoménologie du rire des nouveaux-nés suppose qu'ils puissent se représenter la vie bienheureuse dont leur âme jouissait avant leur naissance : « primu*s* post Pythagoram », Hippocrate a donc professé et démontré une thèse évidemment favorable à l'immortalité de l'âme et qui « n'est pas étrangère aux opinions des plus érudits parmi les philosophes »[10]. Cardan donne la liste de ces savants : Platon, Plotin, Jamblique et Aristote[11], ou pour mieux dire le pseudo-Aristote exotérique, assimilé à la tradition néo-platonicienne, qui passait pour l'auteur de la *Theologia sive Mystica Philosophia secundum Aegyptios*, dont la traduction latine avait été publiée à Rome en 1519[12]. Dans le commentaire au *De septimestri partu*, Cardan allègue justement ce texte pour illustrer, sous le nom d'Aristote, la doctrine de la reminiscence et celle de l'*ascensus* et du *descensus* de l'âme. De cette façon vient se profiler l'image d'une tradition cohérente, bien qu'assez variée, dans laquelle est reçue l'idée de la circulation des âmes et de leur *reditus* — une tradition qui remonte jusqu'aux pythagoriciens, c'est-à-dire des tenants de la métempsychose qu'Aristote avait qualifiée de mythe, *fabula*, dans son *De anima* (I, 3, 407b, 20-24). On verra tout de suite comment Cardan déchiffre ce texte.

La relation établie entre Aristote et cette tradition n'est pas fondée seulement sur la fausse attribution d'un apocryphe. Cardan prétend l'appuyer sur une lecture bien plus étendue du *corpus* du Stagyrite : si dans la *Politique* et la *Métaphysique* le *reditus* est affirmé par rapport, respectivement, aux *civiles rationes civitatum* et aux *opiniones*[13], le *De generatione animalium* (livre IV, ch. X) nous apprend que toutes les choses matérielles sont soumises à des mutations (générations et dissolutions) réglées et ordonnées d'une façon spécifique et constante :

« omnia quae conveniunt in materia, etiam ordines suos mutationum habent ». Ce principe général est mis en rapport par Cardan avec une conception qu'il repère dans les pages d'Hippocrate : « omnia, quae mortalia sunt, tum nascendo, tum moriendo certis circuitibus aguntur, quia videmus in talis circuitibus, tum alia generari, tum alia corrumpi. Signum est igitur, quod omnia eadem lege aguntur »[14]. Quant à Aristote, il effleure la vérité du *circuitus*, sans savoir la saisir pleinement. Même pour lui, l'*ordo mutationum* consiste en un processus où la continuité et la conservation de l'être se réalisent : c'est une acquisition, qui reste pourtant partielle aux yeux de Cardan, et qu'Aristote exprime ainsi dans les *Problemata* : « homines [...] eosdem numero semper esse censere furor est : specie vero servari eosdem, probari melius potest »[15], il est fou de penser que les hommes soient toujours les mêmes numériquement, et que chacun se réproduise indentique à lui-même pendant le cours entier du temps, tandis qu'il est plus facile de prouver qu'ils sont conservés à l'identique en ce qui concerne leur espèce. Le *circuitus* de générations et dissolutions, par lequel s'accomplit la *restitutio* des hommes, ne peut violer la règle de l'appartenance à l'espèce.

C'est exactement sur ce point que Cardan fonde son interprétation du jugement d'Aristote (*De anima*, 407 b 19-26) sur la « fable » de la métempsychose admise par les pythagoriciens et par Platon : Aristote ne se propose pas de réfuter la « transmutation » des âmes en général ; ce qu'il refuse, c'est l'idée du passage de l'âme d'une espèce à l'autre : « haud dubium opinor hanc illum [*scil.* Aristote] transmutationem non reprehendere, verum corporum dissimilitudinem »[16]. La raison de cette interdiction, on la retrouve dans le commentaire d'Averroès au *De anima* : l'« apologue » pythagoricien de la métempsychose, imaginé originellement dans une intention morale et politique (« ad corrigendum animam civium »), n'est qu'une *opinio falsa*[17], parce que l'instrument corporel doit constituer, par rapport à sa forme et avec elle, une unité cohérente du point de vue des aptitudes et des opérations, sinon il faudrait admettre que la nature agit oisivement (« natura ociose agere »[18]), ce qui est tout-à-fait irrecevable. C'est là-dessus, à mon avis, que Cardan s'appuie pour proclamer : « etiam Averroes nobiscum sentit »[19]. Mais le même principe est partagé par nombre de sources anciennes et hétérogènes : Némésius, par exemple, le met en avant, en l'attribuant à Jamblique, et Cornelius Agrippa reprend cette opinion dans son *De incertitudine et vanitate scientiarum*

(1530)[20]. D'ailleurs la nature serait oisive, aux yeux d'Averroès, même si elle permettait le passage de l'âme d'un corps à l'autre à l'intérieur d'une même espèce : « si esset possibile ut anima leonis existeret in corpore cervi, tunc natura ociose ageret. & hoc etiam manifestum est individuis ejusdem speciei »[21]. Apparemment proche de Thémistius, l'une de ses sources[22], sur ce point, Averroès s'avance plus loin que Porphyre, le platonicien, dont Augustin (*De civitate Dei*, X, 30) disait qu'il avait corrigé son maître Platon, en acceptant une seule forme de métemsomatose, celle qui s'accomplit à l'intérieur de la même espèce. L'attention que Cardan accorde à l'interprétation avverroïste est remarquable précisement en raison de la restriction qu'elle entraîne par rapport au texte d'Aristote et des conséquences qui s'ensuivent. Si une âme ne pouvait s'unir qu'à un seul corps pendant tout le temps de son existence, de deux choses l'une : ou bien la réincarnation serait une fantaisie bizarre; ou bien le *reditus* concernerait chaque homme en tant que tel.

Cardan travaille évidemment sur cette dernière solution et, pour le faire, se sert d'une seconde assertion, additionnelle par rapport au *reditus*, ainsi énoncée dans le *De immortalitate animorum* : « mihi vero haud dubium est, illum [*scil.* Aristote] [...] numerum finitum animorum statuisse in corpora redeuntium »[23]. Encore une fois, Aristote est évoqué, bien que cette thèse ait été largement représentée aussi dans la tradition platonicienne, témoin le commentaire de Proclus[24] à la *République*. C'est que, dans la section du *De immortalitate* qui nous occupe à présent, Cardan refléchit sur le destin naturel de l'âme, en se référant à l'idée aristotélicienne de monde éternel : une idée qui constitue, avec le *reditus* et le nombre fini des âmes, la troisième coordonnée essentielle de sa conception de l'immortalité et qui nous met devant une perspective précise. Un monde éternel ne peut qu'être le lieu de la suite *infinie* des événements, des choses, des âmes... D'une part, la raison refuse d'accepter un infini en acte : Cardan parle d'une *infinitas abominanda numerorum*[25] et Pomponazzi dans le *De fato* proclame : « infinitum [...] in actu abhorret natura; quare animae reiterato unientur [corporibus] »[26]. D'autre part, s'il faut quand même assurer la succession perpétuelle des hommes dans le temps infini, leur nombre infini doit forcément être réduit au fini, ce qui ne peut s'obtenir qu'à une seule condition, assumer que les âmes existent en un nombre stable (*certus numerus*) et que chacune d'elles « infinitis reciprocationibus in corpora revertat », suivant l'exemple des sphères célèstes. C'est la thèse de Cardan, lequel, se référant à Aristote, nous dit dans la même page du *De immortalitate* qu'il soutenait que « iidem homines revertuntur », tout en excluant le *reditus* du même individu : « non idem individuum reverti vult [...] sed additione corporis nova alium atque alium fieri »[27]. Ainsi, d'après Cardan, Aristote aurait affirmé que ce sont bien les mêmes *hommes* qui sont appelés à revenir, mais non pas les mêmes *individus.*

Deux notions donc : homme (espèce) et individu (particulier). Comment concevoir l'individuation de l'homme? Cardan en parle beaucoup dans ses ouvrages des annèes soixante : *Theonoston*, *Dialogus de morte* etc... En bref, dans le cadre du *reditus*, chaque homme vivant n'est qu'une individuation particulière de l'espèce à laquelle il appartient. L'espèce ne subsiste que dans telles individuations particulières ; c'est sous cette forme seulement qu'elle est perpétuellement présente dans le monde. L'homme abstrait n'existe pas ; ce qui existe est, en revanche, cette manifestation de l'espèce humaine, donc cet homme, qui s'est matérialisé dans cet étant individuel en un temps déterminé : par exemple, le Socrate né à Athènes en l'an 469 avant J.-C. et mort en 399. Il est cet homme qui reviendra un jour, dans un delai qui reste incertain, avec toutes ses composantes essentielles de corps et d'âme, bien que l'individu condamné à boire la ciguë — apparition éphémère du Socrate perpétuel — ne doive plus jamais revenir. L'existence individuelle n'est qu'une manifestation passagère d'une substance persistant dans le cours entier du temps : « omnis quidem substantia manet & ad idem redit ac revolvitur, & accidentia etiam », l'absence qu'à nos yeux est un non-être, est en réalité un être « non continuum sed sempiternum »[28], parce que le non-être, le *nihil*, n'est qu'une idée sans contenu, produite par notre imagination. Les dieux sont un *sempiternum immobile*, les cieux un *sempiternum mobile*, les hommes un *sempiternum inaequale*, fissuré, discontinu et dont la partie accidentelle recouvre naturellement un rôle plus important que chez les substances, qui lui sont supérieures dans l'échelle de l'être.

Deux rayons (*iris*) de soleil traversent deux ampoules pleines d'eau et vont se refléter sur un mur ; l'un des deux rayons est parfois obscurci par la clôture d'une persienne. Est-ce qu'on peut affirmer que le rayon constant est toujours le même, tandis que l'autre ne l'est pas et qu'à chaque réapparition se produit un nouveau rayon ? Pas du tout, pour Cardan : la seule différence entre les deux *iris* est que « una continuata est, altera vero interrupta »[29]. Cet exemple, tiré du *Dialogus de morte*, nous explique éfficacement la condition propre du *sempiternum inaequale*, mais la position d'une telle hypothèse n'est pas moins la source d'une infinité de questions, qui deviennent particulièrement compliquées par rapport à l'homme, à sa nature complexe, à la fois matérielle et immatérielle, et à sa destinée.

Comment concevoir le retour du corps de Socrate ? Les réponses que Cardan donne à cette question obéissent à une orientation univoque, tout en présentant des variations, des oscillations de signifié parfois remarquables d'un texte à l'autre. Nous savons que Cardan, en en appellant entre autres à Hippocrate, prend ses distances par rapport à la théorie aristotélicienne de la génération, de laquelle dépend le refus que le Stagirite oppose à la palingénésie du même individu. Hippocrate est le référent parfois réel, parfois symbolique, sur lequel Cardan s'appuie pour proposer une conception de la matière, et surtout du devenir matériel, qui permet de penser la transformation des corps comme un processus combinatoire de décomposition et recomposition des choses (hommes, plantes, animaux), qui disparaissent pour réapparaître constamment et cycliquement. La même femme et le même homme se représentent à des points différents du temps — selon une sorte d'aperçu monadologique. À Socrate, à sa femme, à Platon, à chacun de nous, qui sommes dans l'être à jamais, correspondent non seulement un principe incorporel (l'âme et son intellect), mais aussi une disposition dans la matière toujours prête à s'activer. Cardan ne manque pas de faire allusion à la nature hypothétique et conjecturale de ses reflexions ; malheureusement, cette attitude apparemment antidogmatique, interlocutoire, un peu floue, qui ne s'applique pas tellement à l'esprit réel de notre philosophe, convient beaucoup plus à son usage des termes philosophiques : c'est pourquoi il n'est pas toujours si facile d'entendre exactement, dans une même page, quel est le rapport entre matière première, matière seconde (c'est-à-dire une matière déjà marquée par des déterminations élémentaires et donc plus proche du corps sensible) ou matière tout-court. En tout cas, des notations thomistes, néoplatoniciennes, hermétiques et stoïciennes s'entrecroisent dans la vision du philosophe.

La matière seconde, cette agrégation d'éléments qui compose le corps de Socrate, est elle-même soumise à la vicissitude : « comme la matière seconde revient nécéssairement, bien qu'avec des accidents différents, l'homme revient sous des accidents différents». L'accomplissement de la palingénésie de Socrate, ajoute Cardan dans ces passages du *Theonoston*, sera peut-être précédé d'une série d'aproximations partielles et progressives distribuées au cours des années et des siècles[30] : de cette façon et dans ces limites, le *sempiternum inaequale* se reproduit, semble-t-il, même au niveau des agrégations matérielles.

Une hypothèse matérialiste et mortaliste est le point de départ de la réflexion sur le *reditus* dans le *Dialogus de morte* : si l'on exclut l'existence d'une âme immortelle, dit Cardan, on est quand même obligé de répérer dans la nature humaine un principe capable d'assurer la différence entre les individus (ce qui tient de la forme), un principe qui ne peut pas coïncider avec le corps entier car celui-ci change visiblement au cours du temps, mais qui doit se trouver dans une toute petite partie du corps («partiuncula in corde»), qui serait à la fois le siège de l'âme (mortelle) et la condition matérielle grâce à laquelle le corps d'un homme serait substantiellement son corps pendant toute sa vie mondaine et pendant la suite infinie de ses vies successives, malgré les transformations somatiques qui interviennent de l'enfance à la vieillesse et au delà des écarts d'une vie à l'autre. Selon Cardan, une telle perspective peut s'accorder en tout cas avec l'affirmation de l'immortalité de l'âme : «ubi exigua pars illa rursus imbuerit & humanam animam & mentem, surgit idem homo»[31], et le retour à la vie n'est plus présenté ici comme un processus graduel.

Homo est anima (immortelle), Cardan en est persuadé par une conviction intime liée à un savoir esotérique[32], et pourtant non seulement il s'arrête sur la thèse susdite, mais encore il y revient dans un autre lieu du *Dialogus*, où il n'est plus question du mortalisme matérialiste : «habere duos oculos — écrit-il —, unam linguam, duos pedes ac reliqua huiusmodi, [est] potentia quaedam & perfectio *in corde*, quae semper absoluta est in omni homine»[33]. La structure somatique de l'espèce humaine dépend d'une puissance et d'une perfection absolument propres à chaque homme et localisées dans le cœur, où se trouverait par suite une disposition matérielle apte à seconder l'expression du principe formel. Cependant, le plus souvent, Cardan se refère, tout simplement, à la matière propre d'un corps particulier, la *materia Socratis* : dans le *Dialogus de morte*, cette notion, qui ne peut se rapporter en principe qu'à la matière seconde, est mise en connexion, d'une façon peu claire, à vrai dire, avec une notion — assez aristotélicienne — de matière première[34], cette réalité minimale, *actus diminutus*, qui forme le fondement ultime de la continuité latente et perpétuelle du monde des corps, *aliquid sub forma latitans*[35] : le programme de la nature, s'exprimant dans les substances et dans leurs cycles, semble enfoncer ses racines jusqu'au niveau de la matière première, comme si là, dans cette pure puissance, étaient déposées les formes originelles, qui permettent le *reditus* de tous les corps et de chacun d'entre eux. Tout ce qui existe *peut* exister : la puissance est inséparable de son acte et tous les deux, inséparables par nécessité, font la réalité de l'étant. L'effort de Cardan, pour bizarre ou naïf qu'il puisse nous paraître en ses développements, est de dessiner en philosophe une histoire naturelle de la résurrection des hommes, de leurs âmes aussi bien que de leurs corps : au delà des différentes traditions philosophiques, n'est-ce pas de cela que nous parle même la doctrine de l'Église ?

L'allusion à la *potentia* gardée dans une petite partie du cœur et qui aurait le pouvoir d'assurer la croissance du corps humain suivant les caractéristiques générales propres à l'espèce d'appartenance, mérite notre attention, je crois, parce que l'on y peut entrevoir la trace, l'amorce d'un vitalisme d'empreinte stoïcienne. Le mot *potentia* revient souvent dans ces pages du *Dialogus* et dans celles du *Theonoston*. Il signifie, à la fois, possibilité et puissance : un double pouvoir serré dans une particule matérielle, consignée au théatre invisible de l'existence, pour citer Leibniz (*Monadologie*, § 75), et qui attend de s'exprimer. Une sorte d'entéléchie latente, liée à un fragment minime de mon cœur. Quand la vie se termine, chacun de nous « latitat velut in cinere scintilla, ut astra sub terra »[36]. Et peu après : « Ubi ergo homo interit, materia manet & forma illa in potentia in ea residet, velut in cinere fomes igniculi, & forsan actum etiam, licet exiguum, aliquem habent »[37]. *Semina vitae*, ou plus précisement, *semina vitae individui.* Naturellement, le développement de cette semence, son agrandissement sont soumis à tous les accidents qui peuvent arriver aux corps, aussi bien qu'aux influences astrales, et cela ne pourra que produire nombre de modifications somatiques et psychologiques dans le résultat final de ce processus, par rapport à la forme et à la situation qui lui incombaient dans la vie précédente : « revertentibus autem, neque eadem forma, nec mores, nec fortuna, nec nomen » précise Cardan dans le *Dialogus de morte*, et dans les *Paralipomena* : « homines, qui eandem materiam subibunt, erunt iidem numero quod ad formam & materiam primam ; diversi vero tempore, loco, materia secunda, parentibus, actionibus & accidentibus »[38]. De cette façon, semble-t-il, Cardan pense dépasser la position d'Aristote, sans la nier complètement : il prétend plutôt la reconduire à son noyau rationnel, qui est orienté vers les métaphysiques de la vicissitude, en gardant l'identité comme condition essentielle de la différence. D'une part, le fondement de la diversité des individus consiste dans la perpétuité et dans l'itération de l'identité ; de l'autre, grâce aux *accidentia*, en vertu du jeu infini des influences qui déterminent les accidents, la constance de l'être se situe dans un temps circulaire, qui pourtant s'écarte de la pure et simple répétition de l'identique.

Dans le *Pimandre*, Nous dit à Hermés : « C'est donc par l'action de Dieu que toutes choses viennent à l'être et la vie est l'union de l'intellect et de l'âme. Quant à la mort, elle n'est pas destruction des éléments rassemblés, mais rupture de l'union [...] Or les êtres qui se dissolvent de cette façon, mon très cher Hermès, et le monde [...] je déclare qu'ils se transforment du fait que, chaque jour, une parti du monde va à l'invisible, mais nullement qu'ils se dissolvent. Et voici ce que sont les passions du monde : rotation et disparitions. Or la rotation est révolution, la disparition est renouvellement »[39]. C'est la description d'une loi suprême qui se repropose dans l'apocatastase de Proclus : « rien ne s'en va totalement au néant, parce que les dieux qui président à la génération [...] font suivre de manière continue la naissance et la mort, donnent figure au non-être de la corruption et amènent insensiblement à la forme ce qui est privé de la forme »[40]. Chez Cardan cette loi prend le caractère concret d'une conception physique, affirmée parfois d'une façon péremptoire : « je n'accepte — écrit-il — que ce qui ne peut aucunément être nié [...] », grâce à une *experientia* qui nous en donnerait de preuves irrécusables, selon l'avis du philosophe. Proposée comme l'une des opinions possibles sur l'immortalité, la palingénésie devient ainsi une certitude : « nous tous ressuscitons avec notre chair, et non pas une seule fois, mais *infinite*, parce que le temps est infini ». Et Cardan de conclure : « cette opinion est donc peu différente (*parum differt*) de celle qui retient que nos âmes après la mort dorment jusqu'au jour du jugement. D'où le mot si souvent répété : *Dormivit in pace* »[41]. À nous d'évaluer si la différence est vraiment si insignifiante.

En tout cas, on songe à la conception leibnizienne de la mort comme étourdissement. La mort n'est autre chose qu'un sommeil, qui ne peut pas durer à jamais.

3. *Hyperborea*

Mais qu'arrive-t-il pendant ce sommeil? Quels sont les songes de l'âme après la mort? Cardan touche à ce sujet dans le cinquième, et dernier, chapitre du *Theonoston*, intitulé « Hyperboreorum. De vita et foelicitate animorum post obitum ». La majeure partie du chapitre est consacrée à une théorie de l'âme dans ses rapports avec le corps, d'une part, et l'intelligible, de l'autre. L'homme est fait de deux ou trois composantes essentielles : une forme humaine, la matière, à laquelle cette forme se relie, et une *mens perpetua*. L'âme propre à notre espèce se caractérise justement par la présence de cette partie, grâce à laquelle le psychique humain se détache du corporel et accède à l'immortalité. La définition de l'âme humaine comme « omnium incorporearum specierum materia »[42], rapportée par Cardan dans le *Theonoston*, demande quelques précisions. Thomas d'Aquin, qui utilise Alexandre d'Aphrodise contre la théorie averroïste de l'unité de l'intellect, nous explique que pour l'aphrodisien l'âme possède un *intellectus ylealis* (l'intellect en puissance) : « yle autem dicitur prima materia, ergo in anima est aliquid e prima materia »[43] ; Alexandre pour sa part avait écrit qu'« en effet tout ce qui est apte à recevoir quelque chose, est la matière de cette chose »[44]. Et Thomas de préciser, à propos de la conception aristotélicienne de la *potentia intellectualis* : « pars intellectiva [...] non sic est locus specierum quod habeat eas in actu, sed in potentia tantum »[45]. Thomas discute en ces termes de l'*intellectus possibilis*, qui à son avis n'est pas séparé de l'âme individuelle : puisqu'il connaît toutes choses, « non contingit illum habere aliquam naturam », hormis celle d'être justement « possibilis »[46]. On comprend donc l'assimilation à la matière d'une âme, qui même pour Cardan inclut la fonction propre de l'intellect possible et qui peut être pensée comme une sorte de ὕλη νοητή, recouvrant un fond latent, d'où les espèces sont *eductae* et actualisées[47] : c'est en rapport avec cette possession virtuelle que l'intellect agent — lui-même individualisé dans l'âme, comme le voulait Thomas — exerce son opération, en faisant passer les espèces de la pure puissance à l'acte, et en provoquant, par cela, la *transmutatio* de l'âme, qui *devient* (« fit ») elle-même l'espèce dont elle a l'intelligence[48] : le passage à l'acte de l'espèce s'accomplit dans l'être de l'âme, et grâce à cet être ; l'être actuel de l'espèce est identique à celui de l'âme et réciproquement.

Si le refus de la théorie averroïste de l'intellect est assez net chez Cardan, celui-ci n'en est pas moins marqué, chez lui, par la conception néoplatonicienne de l'unité et de la continuité hiérarchique de l'être. Bien sûr, Averroès n'ignore pas la connexion entre le monde supérieur, intelligible, et le monde inférieur : son erreur a été de concevoir une participation de l'un à l'autre (de l'inférieur au supérieur), qui peut paraître à la fois, trop forte, au point de détruire la consistence de la substance individuelle, et trop faible pour assurer la pleine explication de la continuité dans l'ordre entier de la nature, car une substance individuelle privée de son propre intellect risque de se dissoudre dans l'unité de l'espèce à laquelle elle appartient et dans le devenir obscur du monde sublunaire. En revanche, l'*anima* « quam [Aristoteles] diffinivit mentem »[49], n'est ni *separata* ni *separabilis*, dit Cardan. Il se souvient sans doute de l'exégèse anti- averroïste que Thomas avait faite du *De anima*[50] d'Aristote, mais il poursuit ainsi : « iuxta Peripateticorum sententiam », l'intellect ne reste pas toujours separé, mais se plonge à maintes reprises dans les corps, et le mien, celui qui se trouve à présent en moi-même, a été ailleurs dans d'autres à l'infini (*infinito*)[51]. La convergence avec Thomas s'évanouit immédiatement et laisse réapparaître non seulement le motif de la palingénésie, mais une perspective qui admet la réunification du principe spirituel. Dans le *Dialogus de morte*, Jean-Pierre Albutius rapporte dans les termes suivants l'opinion de son interlocuteur Cardan à propos de la nature de l'âme : « toutes [les âmes] ne sont qu'une seule, mais séparées comme le sont les rayons du soleil et les membres du corps : ce que le pied ressent, n'est pas ressenti par la main, même si l'un et l'autre « *unius sunt, ne unum dicam* »[52]. Une image plotinienne, souvent répétée, pour s'écarter de l'unité averroïste, sans renoncer à un principe commun, auquel puisse se réduire la pluralité.

C'est dans ce cadre que se situe la réflexion cardanienne sur la condition de l'âme *post obitum*. Le fonctionnement de l'âme intellectuelle répond à une règle constante et tout-à-fait traditionnelle : des contenus latents dans l'intellect possible sont portés à leur actualité par l'intellect agent. Ce double niveau permet à Cardan de traiter le rapport entre le conscient et l'inconscient, la vie et la mort, selon un principe de continuité qui embrasse sans exception tous les aspects de l'une et l'autre conditions : du battement du cœur et de la respiration, aux songes et aux fantômes, jusqu'à l'intellection et à la vision béatifique. L'âme est conçue par Cardan comme un principe essentiellement et perpétuellement actif, non seulement pendant la veille, mais aussi « in somno, ebrietate, stupore »[53]. Il se peut que ses opérations soient ralenties, gênées ou empêchées par une défection du corps, une inhibition volontaire ou par d'autres raisons, mais elle reste quand même active à différents dégrés, ou au moins prête à opérer, étant caractérisée par un *naturalis instinctus ad omnia*, c'est-à-dire par une inclination à exercer en tout cas ses fonctions : ce trait lui appartient, comme à la pierre appartient l'*appetitus* à se mouvoir vers le centre de la terre (« appetit ibi esse »[54]). Désir, tension vers la réalisation de sa propre nature, à travers l'expression des fonctions qui lui sont *inditae* :

> Sic & in somno, discussa crapula, anima statim operatur quantum potest, intelligendo, memorando, imaginando, ratiocinando, & sensuum operationes imitando, quamvis sine objecto. Quodnam ergo certius potest esse argumentum quod ista proveniant ab anima & non ab objectis?[55]

On voit clairement à quel résultat aboutit une telle argumentation, axée sur l'existence de contenus latents de l'âme, sur l'attitude active de son essence, sur les dispositions opératives originairement données à cette essence, et, peut-être, sur une tendance à dépasser la distinction entre l'intellect possible et l'intellect agent, au nom de la nature unitaire de l'âme humaine proprement dite. La substance qui abandonne le corps après la mort est un système de fonctions entrelacées et communiquantes, qui jouit d'une autonomie propre et peut donc garder une capacité opérationnelle, même lorsque l'âme se trouve « deserta »[56], seule, sans son référent somatique.

La mémoire, nous explique Cardan, contient des images et des pensées que nous ne savons pas avoir, mais qui sont certainement là, puisqu'il est possible de les extraire de ce gisement et de les présenter à notre conscience : donc la mémoire et ses contenus sont eux-mêmes caractérisés par une modalité d'existence potentielle, dite *actus primus*, et une autre, actuelle, dite *actus secundus*. S'il est vrai qu'une fois l'âme dégagée du corps, l'intellect agent est privé de l'instrument par lequel il nous donne accès à la connaissance des objets de l'expérience sensible, il est également vrai que cet événement ne peut pas détruire toute activité spirituelle. La mort n'est que le sommeil le plus profond. Il est bien possible qu'à l'*actus primus* de la mémoire de l'âme, mieux, à la puissance de cet acte[57], appartiennent encore des espèces purement intelligibles, et que ces dernières puissent elles aussi amorcer le jeu du désir et de l'intellection. Par conséquence, la perte du corps n'empêcherait pas que l'intellect agent actualise les puissances intelligibles figées dans la matière de l'âme, en obéissant à un *appetitus*, qui désormais n'est plus soumis aux espèces sensibles, mais s'adresse finalement au seul intelligible : « intelligit autem quod appetit ; appetit Deum, & in eo reliqua : omnia enim in illo continentur, non autem cum ratione »[58]. La vision de toute chose en Dieu se réalise forcément d'après la nature et les attributs divins, et donc ne peut qu'être intuitive. Cette vision est la mesure de la béatitude.

Le *reditus*, la répétition de la vie dans le monde assurée par la palingénésie, répond, pour Cardan comme pour Pomponazzi et la tradition ancienne, à un principe de justice qui exige la réparation du mal et la restauration de l'équilibre entre les destins individuels : à chaque réveil dans le monde répond une inversion de la « fortune » — l'esclave sera roi. Mais la condition de l'âme est bien différente pendant l'entracte. Le désir de Dieu détermine lui seul l'orientation de son regard.

La discussion sur ce sujet, d'ailleurs assez rapide, n'est pas aussi axée sur la *vision* de Dieu, que sur le *désir* de Dieu et sur la conscience que chaque âme peut se former de sa propre condition de béatitude. Encore que cette *intelligentia Dei*, cette vision intellectuelle, soit une fin en soi, précise Cardan, elle comporte de surcroît une connaissance ultérieure : « alia praeclara [...] adiungitur »[59], qui concerne « omnia quae sunt fiuntque ubique ». Le regard de l'âme est rempli par un contenu plus proportionné à ses limites en tant que créature : voir Dieu c'est même voir ce que Lui voit et comme Il le voit. La vision de chaque âme se fait pourtant selon une mesure individuelle, plus ou moins large à proportion des mérites que chacune a acquis. Et la condition des plus misérables, repète Cardan, le véritable enfer, consiste en la déception du désir d'intelligence dont l'âme est possédée. « Nec leve est aut mediocre hoc supplicium, sed maius longe omni supplicio mortali. Tantalea [...] poena »[60]. Toute félicité et toute misère, dans la vie mondaine, ne reposent que sur le jugement que l'on se forme sur sa propre condition en tant que condition heureuse ou malheureuse : et cette opinion est influencée, dans le monde, par un grand nombre de facteurs, « voluptates, dolores, commoda, incommoda, gloria, infamia, consolationes amicorum [...] »[61]. Nombre de « divertissements » qui s'évanouissent pour l'âme dès qu'elle se dégage du corps : « nihil aliud est quod [animam] distrahat in contrarium, & [...] consuetudo non minuit molestiam »[62]. Elle n'a désormais qu'un seul désir et aucune possibilité ne lui est donnée de se détourner de la conscience que ce désir soit en effet satisfait, ou bien frustré.

Encore une fois, Cardan s'en tient au principe de continuité : l'écart entre les bienheureux et les damnés est mésuré sur l'échelle graduée qui détermine l'envergure de la vision, du dégré zéro à l'infini. Et si l'on peut retenir que pour Cardan la vie contemplative dans ce monde est la préparation la meilleure à la vie bienheureuse dans l'autre, même une anticipation de cette vie[63], il n'est pas également évident de distinguer quel est le destin définitif de l'âme par rapport au cycle de la palingénésie. Est-ce qu'on est autorisé à supposer que les plus savants parviennent à gagner systématiquement le ciel ? Il semble que non, car Cardan, à la manière de Proclus[64], insiste sur la nature infinie de la vicissitude à laquelle l'âme est soumise et dans l'*Hyperchen*, il écrit que l'âme humaine est bien éternelle, mais, d'entre les étants éternels, certains « vicissitudinem patiuntur, velut anima, alia non, velut Dij »[65]. Nous ne sommes pas des dieux, ni nous, ni le philosophe lui-même : « cum enim ego interiero, remanebo actu in forma humana, potestate in hac materia. Quae cum iterum iungentur, idem ero »[66]. C'est l'âme éternelle qui maintient *in actu* la forme humaine de Cardan après sa mort, tandis que la forme matérielle correspondante reste enfermée dans la matière dont le corps de Cardan était composé, comme une puissance attendant son actualisation.

Il s'ensuit que la *vita beata* doit se conjuguer avec la vicissitude. Au fond, c'est, je crois, la théorie générale de la nature qui l'impose car, hormis les accidents, rien ne peut se détruire ni se perdre réellement dans le monde de Cardan, ni du côté des formes incorporelles ni de celui des formes matérielles : transmutation, palingénésie, métamorphose sont admises dans cette vision du monde, mais pas d'*annichilatio*. Et la nécessité d'accepter la coexistence des deux perspectives différentes se pose même par rapport à la question de la justice : la compensation des biens et des maux qui se réalise d'une vie à l'autre ne fait que rééquilibrer le passé par le présent du point de vue mondain et matériel, tandis que la vision béatifique établit la juste rémuneration au niveau de la perfection et de la félicité, qui sont propres à l'âme pure. Mais, encore une fois, une question reste apparemment indécidée dans les pages de Cardan, à savoir quelle relation subsiste entre notre intuition de la divinité et le parcours mondain : une solution 'platonisante' est bien repérable chez notre philosophe, qui pourtant ne manque pas de la problématiser dans plusieurs passages[67]. La question est évidemment assez complexe, puisqu'elle touche à l'application de deux principes essentiels : celui de la continuité de la nature et de l'être, et le principe de justice dans le cadre d'une théodicée. Il se peut que les réflexions éparses, et répétées dans nombre de textes cardaniens, sur la mémoire et la réminiscence nous permettent de formuler une réponse bien fondée. Je crois qu'enfin c'est la conception néoplatonicienne qui l'emporte sur ce point, mais, pour le moment, je terminerai en rappelant une petite remarque très cardanienne, qui se trouve dans le *Dialogus de morte* :

> Quisquam nostrorum [...] redit suo tempore longe felicior, aut si feliciter vixit, aliam subire cogitur sortem : nec hoc immortalitatis genus ullus philosophorum refugere potest — voilà, aucun philosophe ne peut ni se soustraire à ce destin, ni le nier —. Porro tempus hoc quo interim dormimus, felicitati potius quam infelicitati & tranquillitati proculdubio, imo maxime ascribi debet[68]

Cardan, on le sait, a une vision assez dure et assez dramatique de la vie humaine. Face à l'attente de bonheur dont nous sommes harcelés pendant notre séjour mondain, le philosophe se donne de la peine pour multiplier les raisons à même de nous consoler sous les coups de l'adversité. Au fond de ces raisons, on entrevoit l'horizon de la justice divine qui, malgré tout, gouverne le tout. Difficile à atteindre et à comprendre, elle nous attend, selon que nous avons su réaliser le bien. Mais plus proche de nous et de notre condition actuelle, une autre image du bonheur se présente : celle, ni vraiment joyeuse ni sublime, et quelque peu inquiétante, d'un sommeil finalement tranquille, impénétrable aux troubles du monde. Le salut, lui, reste confié à la réminiscence fluctuante d'un monde intelligible.

Notes

1. Cf. J. Cardan, *Dialogus de morte*, « Argumentum dialogi », dans *Opera omnia*, cura C. Sponii, sumptibus I.A. Huguetan & M.A. Ravaud, Lugduni 1663 (Faksimile-Neudruck, mit einer Einleitung von A. Buck, Frommann, Stuttgart-Bad Cannstatt 1966), 10 vol., I, p. 674 ; et *Id.*, *Theonoston*, III, dans *Opera*, *cit.*, II, p. 418a.

2. Voir à ce propos, l'autobiographie de Cardan ; *De propria vita liber*, ch. XLIV, dans *Opera*, *cit.*, I, p.39b-40a.

3. J. Cardan, *Dialogus de morte*, *cit.*, p. 678a.

4. J. Cardan, *Theonoston*, *cit.*, III, p. 407b. Cf. G. Canziani, « L'anima, la mens, la palingenesi. Appunti sul terzo libro del *Theonoston* », in M. Baldi et G. Canziani, *Cardano e la tradizione dei saperi*, p. 209-248. Dans le *Dialogus de morte*, Cardan écrit qu'il ne veut pas répéter ses « demonstrationes » sur ce sujet, car elles ont été « abunde [...] explicatae » dans le *Theonoston* (à vrai dire, les livres du *Theonoston* consacrés à l'immortalité et à la béatitude étaient encore inédits à ce moment là et ne paraîtront que dans l'édition des *Opera omnia* de 1663).

5. J. Cardan, *De animorum immortalitate*, dans *Opera*, *cit.*, II, p. 529.

6. Cf. J. Cardan, *Theonoston*, *cit.*, III, p. 403b-404a ; *Contradicentium medicorum libri*, III, vii, dans *Opera*, *cit.*, VI, p. 659b-660a.

7. J. Cardan, *Theonoston*, *cit.*, III, p. 404a ; et *Contradicentia medicorum*, *cit.*, p. 660a.

8. J. Cardan, *Theonoston*, *cit.*, III, p. 404a.

9. Voir ce commentaire dans *Opera*, *cit.*, IX, en particulier p. 28b-31b ; Cardan y déclare, entre autres, avoir écrit plusieures choses sur ces passages du livre d'Hippocrate dans le quatrième livre de son *Theonoston* (p. 29b).

10. J. Cardan, *Commentarius in Hippocratis De septimestri partu*, *cit.*, p. 30b. Dans le commentaire hippocratique, les raisons cardaniennes se déploient d'une façon bien plus claire et suivie que dans le susdit paragraphe, trop hâtif et syncopé, du *Theonoston* (ouvrage, d'ailleurs, souvent assez confus). La place réservée ici et ailleurs aux maîtres de la médecine grecque, Hippocrate et Galien, n'est pas le signe d'une limitation, disons, professionnelle des sources utilisées par Cardan, le grand médecin. Au contraire, elle représente un enrichissement de l'argumentation, au moins pour trois raisons ; a) dans le cas spécifique, la référence à Hippocrate permet de corriger Aristote ; b) plus généralement, les sources médicales font intervenir dans la discussion le concret de l'*experimentum*, l'expérience, et l'observation des événements naturels selon une attitude typique de la médecine ; c) elles montrent, à la fois, la convergence des opinions à travers les différents domaines du savoir, et l'habile subtilité de Cardan lui-même, qui, maitrisant tous ces domaines, en revèle concrètement l'entrelacement.

11. Voir *Commentarius in Hippocratis de septimestri partu*, *cit.*, p. 29b-30a (en particulier ; « Sed videamus Aristotelem in *Mystica philosophia (lib. 2)...* » (p. 30a).

12. *Sapientissimi Philosophi Aristotelis Stagiritae Theologia sive Mystica Philosophia secundum Aegyptios noviter reperta et in latinum castigatissime redacta* ; traduction latine par Francesco Roseo, revue par Pier Nicolò Castellani. Le texte reprend et synthétise la théorie de l'âme dévéloppée dans les *Ennéades* IV-VI de Plotin. Francesco Patrizi publiera de nouveau cet ouvrage dans sa *Nova de universis philosophia* en 1591 (*Mystica Aegyptiorum a Platone voce tradita, ab Aristotele excerpta et perscripta philosophia*), en en discutant l'authenticité. Cf. M. Muccillo, *Platonismo, ermetismo e « prisca theologia ». Ricerche di storiografia filosofica rinascimentale*, Olschki, Firenze 1996, p. 157 et 268-269, n. 162. Cardan rappelle aussi la *Mystica philosophia* dans le troisième livre du *Theonoston*, à propos de la relation forme-matière, sans plus nommer Aristote ; il semble même faire une distinction entre le Stagirite et l'autre auteur (cf. p. 417a : « [...] anima est omnia in potentia sensilia per sensum et intellecta per intellectum ex Aristotelis sententia, ergo anima est immortalis. Aliter hoc argumentum ab authore libri de Mystica Philosophia inducitur, scilicet [...] »).

13. Cf. J. Cardan, *De animorum immortalitate*, *cit.*, p. 518b.

14. J. Cardan, *Commentarius in Hippocratis De septimestri partu*, *cit.*, p. 32b.

15. Cf. Aristote, *Problemata*, XVII 3, 916 a 28-39. J. Cardan, *Theonoston cit.*, III, p. 406b.

16. J. Cardan, *De animorum immortalitate cit.*, p. 518a.

17. Cf. Aristote, *De anima libri tres, cum Averrois Commentariis*, dans *Aristotelis Opera cum Averrois Commentariis*, apud Junctas, 11 volumes, Venetiis 1562-1574 [reproduction anastatique, Minerva, Frankfurt am Main 1962], tome XX, text. 53, p. 28v.

18. *Ibidem*.

19. J. Cardan, *De animorum immortalitate*, *cit.*, p. 518a.

20. Cf. Némésius d'Émèse, *De natura hominis*. Traduction de Burgundio de Pise, éd. par G. Verbeke et J.R. Moncho, Leiden, Brill 1975, II, p. 46 ; « [Jamblicus] scripsit quod non ab hominibus ad irrationalia animalia neque ab irrationalibus ad homines transcorporationes fiunt, sed ab animalibus ad animalia et ab hominibus ad homines. Et mihi videtur magis hic propter hoc bene coniecturasse non solum Platonis mentem sed et veritatem ipsam », et peu après : « melius igitur existimare est unicuique corpori convenientem animam impactam esse et nihil habere amplius secundum dispositionem animalia quam ea quae apparet in operibus eorum naturalis simplicitas » (p. 47). Némésius s'arrête aussi sur l'opinion de Galien : « Galenus, mirabilis medicus, [...] secundum unamquamque speciem animalis diversam esse opinatur animae speciem » (p. 48). Quant à Cornelius Agrippa de Nettesheim, il écrit ;

« verum Iamblichus & plerique alij cum Trismegisto, non ab hominibus ad rationis expertia animalia, neque ab illis item ad homines, sed ab animalibus ad animalia, & ab hominibus ad homines transmigrationes duntaxat fieri consentiunt » (*De incertitudine et vanitate scientiarum atque artium*, in *Opera*, 2 voll., Lugduni per Beringos fratres s.d. [1600 ?], reproduction anastatique G. Olms, Hildesheim-New York 1970, II, p. 115).

21. Aristote, *De anima libri tres, cum Averrois Commentariis*, *cit.*, text. 53, p. 28v.

22. Thémistius, *Commentaire sur le traité de l'âme d'Aristote*. Traduction de Guillaume de Moerbeke, éd. par G. Verbeke, Leiden, Brill 1973 ; ceux qui ont traité de l'âme avant Aristote, « solum conantur dicere quale quid sit anima, quale quid autem sit corpus suscipiens ipsam non adhuc determinant, tanquam contingat secundum pythagoricas fabulas, quibus ille quidam utitur politice, isti autem naturaliter putant quamcumque animam in quodcumque corpus ingredi. Videmus enim quod animalium unumquodque, magis autem eorum quae in animalibus corporum propriam formam habet et propriam speciem, et multum differt corpus vermis a corpore equi et corpus pulicis a corpore hominis [...] et animabus igitur, siquidem organa sunt corpora, unaquaeque in proprium ingredi convenit, magis autem neque ingredi, sed facere proprium sibi et idoneum ; format enim ipsa corpus et non assumit paratum, sicut citharista citharam [...] », p. 59-60.

23. J. Cardan, *De animorum immortalitate*, *cit.*, p. 517b.

24. Cf. Proclus, *In Platonis Rempublicam*, diss. XV, t. II, p. 91.19 - 92.13 Kroll (éd. du texte grec et trad. italienne par M. Abbate, Bompiani, Milano 2004, p. 304-5).

25. J. Cardan, *Dialogus de morte*, *cit.*, p. 678b.

26. P. Pomponazzi, *Il fato, il libero arbitrio e la predestinazione*, V, Epilogus, éd. par V. Perrone Compagni, 2 vol., Aragno 2004, II, p. 894-5. Pomponazzi, qui avait fait allusion à la question du nombre fini des âmes dans son *De immortalitate* (*Trattato sull'immortalità dell'anima*, cap. VIII, 28, éd. par V. Perrone Compagni, Firenze, Olschki 1999, p. 39), y revient en effet dans le *De fato*, un ouvrage que Cardan connaît très bien et qu'il utilise. Pomponazzi s'interroge sur la possibilité d'affirmer la présence d'un principe de justice dans l'univers, face à la diffusion de l'oppression et de l'esclavage parmi les hommes ; pas de problème si l'âme est mortelle, parce que l'inégalité des hommes ne serait qu'un détail parmi nombre d'autres de la même sorte, dont l'ensemble constitue quand même le *decus universi*. Au cas où l'on assume par contre que l'âme est immortelle, on est également en mesure de surmonter la difficulté, « quoniam — dit Pomponazzi — numerus animarum est finitus ; infinitum enim in actu abhorret natura ; quare animae reiterato unientur [corporibus] [...] Quare verisimiliter videtur quod qui nunc est rex aliquando erit servus, et contra » (tel est le contexte élargi de la citation que nous avons faite dans notre texte). Pour cette raison et comme le cosmos d'Aristote est éternel, il faut avouer que la thèse de l'immortalité des âmes entraîne nécéssairement que le nombre de ces dernières est fini. Dans le contexte du *De*

fato, il est évident d'ailleurs qu'une telle conclusion n'est pas seulement une conséquence obligée de la conception aristotélicienne de l'infini ; si l'on accepte l'hypothèse immortaliste — ce qui n'est pas le cas pour Pomponazzi — ladite conclusion s'impose aussi comme une condition incontournable pour penser positivement la providence divine dans le cadre d'une véritable théodicée (voir aussi, à ce propos, les remarques de Cardan dans *Dialogus de morte*, *cit.*, p. 678b-679a). Par rapport à cette problématique, l'énoncé de Pomponazzi que nous venons de lire ne nous donne que le fragment concernant la destinée de l'homme ; les âmes immortelles subsisteraient en nombre fini et se réuniraient itérativement au corps (sans qu'on sache lequel), de sorte que celui qui a été roi, sera esclave (apparemment, on entrevoit en cela une réponse à la question précédente). Si on laisse entre parenthèses l'aspect moral de la réparation du passé, il reste que selon l'opinion des philosophes cités par Pomponazzi, les âmes immortelles, numériquement finies, sont soumises au *reditus*. Ce sont exactement les deux points que Cardan croit reconnaître sans aucun doute dans la doctrine d'Aristote.

27. J. Cardan, *De animorum immortalitate*, *cit.*, p. 518b-519a. Telle est l'opinion qu'Aristote a choisie, selon Cardan, en la préférant à l'idée plotinienne, que lui aussi avait envisagée comme une alternative possible, et selon laquelle l'âme pourrait s'arrêter dans l'Un, tout en gardant son identité numérique. Le *reditus* conçu de la façon susdite est l'opinion la meilleure, la plus noble et la plus vraisemblable parmi les solutions que la raison philosophique sache proposer. Dans le *De unitate intellectus*, Thomas d'Aquin avait écrit que d'après la *Métaphysique* d'Aristote les formes qui sont dans la matière et les formes séparées appartiennent à des espèces différentes ; par conséquent il n'est pas possible qu'une même forme soit tantôt dans un corps, tantôt sans corps ; d'où les trois thèses soutenues par les philosophes. La première, que Thomas rapporte sur la base du *De anima* de Grégoire de Nysse, affirme que l'âme est corruptible (telle est, suivant le Nysséen, l'idée d'Aristote). La deuxième : l'âme passe d'un corps à l'autre. La troisième, qui relève du néo-platonisme : « elle possède un certain corps incorruptible, duquel elle ne se sépare jamais » (Thomas, *op. cit.* §§ 31-32). Pour sa part, Némésius avait remarqué : « communiter quidem omnes gentiles qui animam immortalem enuntiarunt, transcorporationem dogmatizant [...] » (*De natura hominis*, *cit.*, II, p. 45). La métemsomatose serait donc un dogme partagé par tous les païens qui acceptent l'immortalité (v. Plotin, *Ennéades*, I 1, 12 ; « c'est une croyance universellement admise que l'âme commet des fautes, qu'elle les expie, qu'elle subit des punitions aux enfers et qu'elle passe dans de nouveaux corps »). On retrouve cette idée chez Cornelius Agrippa : « Ethnici omnes, qui animam immortalem asseruerunt, animae transmigrationem communi consensu astruunt », mais il ajoute que cette métempsychose universellement partagée était celle des pythagoriciens (*De incertitudine et vanitate scientiarum*, *cit.*, II, p. 114) . Si Aristote a soutenu que « iidem homines revertuntur » dit Cardan, Pomponazzi, pour sa part, « confitetur hanc opinionem solam immortalitatem animi tueri posse apud philosophos » (*De immortalitate animorum*, *cit.*, p. 518b). En effet, dans le cadre de sa philosophie de la nature,

Pomponazzi a de très bonnes raisons pour prêter une attention particulière à l'idée du *circuitus* des âmes et il remarque combien elle est reçue parmi les philosophes qui acceptent l'immortalité (cf. *Il fato, il libero arbitrio e la predestinazione*, *cit.*, V, 1, p. 772) ; et en soulignant le rythme régulier et constant auquel est soumise la nature, il est loin de se restreindre à une orthodoxie péripatéticienne. Les stoïciens, surtout, l'intéressent ; c'est à eux qu'il réserve les pages conclusives du *De fato*, car ils sont les philosophes qui auraient probablement professé la réincarnation vicissitudinaire des âmes, si jamais ils avaient accepté la thèse immortaliste, car elle réproduit le schéma cyclique que l'on peut observer dans l'histoire des nations aussi bien qu'à travers les vicissitudes de la nature, dont Aristote parle dans les *Météores* (voir *Il fato*, *cit.*, II, [42], vol. I, p. 420-1). Et comme le *mendicus* deviendra *dominus*, il faut penser que la justification morale d'un tel processus parmi les hommes comporte qu'une personne qui a connu la misère, puisse s'attendre à être élévée à la condition seigneuriale.

28. J. Cardan, *Hyperchen*, § 1, dans *Opera*, *cit.*, I, p. 284a. Cet opuscule parut en 1566, dans le volume de l'*Ars curandi parva* (Bâle, Heinrich Petri).

29. J. Cardan, *Dialogus de morte*, *cit.*, p. 681b ; voir aussi *Theonoston*, *cit.*, III, 5, p. 405b-406a.

30. Cf. J. Cardan, *Theonoston*, *cit.*, III, p. 407b-408a ; voir aussi p. 430a-431a.

31. J. Cardan, *Dialogus de morte*, *cit.*, p. 678a.

32. Le *Theonoston* est écrit en forme de dialogue. Dans un passage du troisième livre, Adrianus, le protagoniste, s'adresse ainsi aux autres interlocuteurs : « Utinam in vobis esset quod ego in me sentio siquidem animadverto me esse qui sentiam et semper esse. Stabilemque vitam habere, quod in me est, et incorpoream. Sed mittamus haec quae ab omnibus negari possunt, paucissimi, scio, cognoscunt. Satis nobis esse debet seu credatis, seu non me sentire in me et agnoscere quippiam quod est immortale » (*loc.cit.*, p. 405b).

33. J. Cardan, *Dialogus de morte*, *cit.*, p. 687b.

34. Voir à la p. 681b du *Dialogus* ; « Materia prima in potentia est [...] ad omnes formas, & omnis illius pars quae sub actu non est. Materia igitur Socratis [...] » ; la suite de la discussion sur ce point est entièrement consacrée à la *materia Socratis*.

35. J. Cardan, *De subtilitate*, I, dans *Opera*, *cit.*, III, p. 359a ; mais voir aussi G. Cardano, *De subtilitate*, edizione critica a cura di E. Nenci, Tomo I, Libri I-VII, Milano, Franco Angeli 2004, p. 58.

36. J. Cardan, *Dialogus de morte*, *cit.*, p. 678a.

37. *Ibid.* Dans le *Theonoston* Cardan écrit que la *potentia ad humanam naturam*, la puissance de générer un homme, qui reste après la mort dans la matière dont le corps de Socrate était composé, est une *potentia ad Socratem* ; « cum materia Socratis imbuet formam humanam, redibit ex naturalibus principiis Socrates ».

38. J. Cardan, *Paralipomenorum libri*, II, ii, in *Opera*, *cit.*, X, p. 445b.

39. Hermès Trismégiste, I, *Poimandrès*, dans *Corpus Hermeticum*, éd. par A.D. Nock et A.-J. Festugière, 4 vols., Paris, Les belles Lettres 1972, I, p. 153-4.

40. Proclus, *Commentaire sur le Timée*, éd. A.-J. Festugière, 5 vols., Vrin, Paris 1968, V, p. 107.

41. J. Cardan, *Dialogus de morte*, *cit.*, p. 678a.

42. J. Cardan, *Theonoston*, *cit.*, V, p. 448a.

43. Thomas d'Aquin, *Quaestio disputata de anima*, 6, 11, dans *Opera omnia*, Frommann-Holzboog 1980 (*Supplementum* à ; *Index thomisticus. Sancti Thome Aquinatis Operum omnium Indices et concordantiae*, par R. Busa, S.J.), t. 3, p. 375b. La source de Thomas est probablement la *Summa de homine* (q. 7, a. 3) d'Albert le Grand.

44. Alessandro di Afrodisia, *L'anima*, 83, 24-25, éd. par P. Accattino et P. Donini, Roma-Bari, Laterza 1996, p. 80.

45. Tommaso, *Unità dell'intelletto* (*Tractatus de unitate intellectus*), I, § 24, texte latin et traduction italienne par A. Ghisalberti, Milano, Bompiani 2000, p. 78.

46. *Ibid.*, I, § 22, p. 74 ; voir aussi II, § 49.

47. J. Cardan, *Theonoston*, *cit.*, V, p. 449a.

48. *Ibid.*, p. 448a.

49. *Ibid.*, p. 526a.

50. Cf. Thomas d'Aquin, *Uunità dell'intelletto*, *cit.*, I, § 8 et ss., p. 61 ss.

51. J. Cardan, *Theonoston*, *cit.*, V, p. 526a. Le passage à la première personne du singulier se trouve dans le texte.

52. J. Cardan, *Dialogus de morte*, *cit.*, p. 677b.

53. J. Cardan, *Theonoston*, *cit.*, V, p. 452a. Voir aussi *Hyperchen*, *cit.*, § 19, p. 287b. Le troisième chapitre du premier livre de la *Mystica Aegyptiorum* porte ce titre ; « Intellectus agens numquam separatus ab anima sed cooperatur illi semper, oportune ad omnia. Propterea anima quidem operatur iugiter, quia perpetuo existit » (*op. cit.*, p. 4v).

54. J. Cardan, *Theonoston*, *cit.*, V, p. 453a.

55. *Ibid.*

56. *Ibid.*

57. Cardan écrit : « clarum est quod memoria sit actus quidam specierum in anima contentarum in potentia, neque enim, si non ibi essent in potentia, possent deduci ad actum [...] sed anima recordatur, igitur species illae fuerunt in anima in potentia ; cum vero didicit, sed actu non recordatur, ut in dormiente, tunc sunt in actu primo, cum recordatur actu, in actu secundo. Si igitur post mortem remanet actus primus aut saltem potentia, igitur poterit reduci ad actum per intellectum et per mentes. Si dicas non posse reduci ad

actum nisi per species in actu primo servatas in anima, et hoc est ultimum refugium, dico quod hic actus non indiget auxilio corporis sed solum ut removeatur prohibens, quod videmus, dum recordamur eorum quae iam multis annis oblivioni mandavimus, apparet enim actum primum per se servatum. Sed si servatus est, quoniam iam supponimus demonstratum esse animam immortalem ; sufficit ergo ne impediatur actus primus a corpore ; post mortem ergo remanet actus primus quia non indiget corpore ad conservationem, et non impeditur a corpore quia corpore caremus ; igitur remanet memoria in secundo actu » (*ibi*, p. 452a-b).

58. *Ibid.*, p. 453b.

59. *Ibid.*

60. *Ibid.*, p. 454a.

61. *Ibid.*

62. *Ibid.*

63. Cf. *ibid.*, IV, p. 433a.

64. Voir Proclus, *Elementatio theologica*, § 206. Dans son édition de cette œuvre, E.R. Dodds nous rappelle l'opinion d'Augustin, suivant laquelle Porphyre pensait qu'au moins les philosophes auraient pu se soustraire à l'apocatastase, tandis le néoplatonicien Sallustius (IVe siècle) s'opposait à cette thèse, en se réclamant de Jamblique ; puisque le nombre des âmes est fini, elles ne peuvent aucunement subsister sans leur corps, car, si cela arrivait, conformément à l'hypothèse de Porphyre, la présence des hommes sur la terre serait destinée à s'évanouir. Cette conception sera partagée par Proclus, qui l'intègrera dans sa vision de l'apocatastase, dont les cycles se succèdent exactement semblables l'un à l'autre, à l'infini (cf. Proclus, *Elements of Theology*, éd, par E.R. Dodds, Oxford, 2e éd., Clarendon Press 1963, p. 304-305).

65. J. Cardan, *Hyperchen*, § 16, p. 287a.

66. *Ibid.*, § 36, p. 290b.

67. Je me limite à renvoyer aux trois hypothèses énoncées par Cardan dans le *Dialogus de morte*, *cit.*, p. 688a.

68. *Ibid.*, p. 677b-678a.

Tradition littéraire et éthique médicale dans la pensée de Cardan

Gabriele Marasco

Au début de son *De malo recentiorum medicorum medendi usu libellus*, publié à Venise en 1536[1] et réédité ensuite dans la première section de son *De methodo medendi*, de 1545[2], Cardan stigmatise, en tant que première erreur diffusée parmi les médecins, leurs efforts pour soigner par médicaments des maladies incurables, telles que la phtisie, la sclérose, la *tabes confirmata* : en effet non seulement, puisqu'ils ne peuvent pas les soigner, ils ne peuvent apporter aucun avantage, mais aussi ils aggravent les conditions du malade et tuent ainsi très vite des patients qui, sans cela, pourraient survivre longtemps[3]. Cardan remarque, en effet, que la cause de toute maladie incurable est inséparable du corps, si bien qu'il n'est possible ni de l'éliminer, ni de la réduire. Toute intervention, soit diététique, soit pharmacologique, soit chirurgicale, réduit en effet les forces du malade et trouble ses humeurs ; elle a pour seul effet d'accroître la force de la maladie et de mener plus vite le patient à la mort. À ce propos, Cardan cite à la lettre l'aphorisme bien connu d'Hippocrate, d'après lequel il est préférable de ne pas traiter les patients atteints de cancers occultes, car si on les traite, ils meurent rapidement, tandis que, si on ne les traite pas, leur vie se prolonge[4]. Il souligne qu'Hippocrate voulait inclure dans cette assertion toutes les autres maladies analogues et il ajoute qu'elle est confirmée aussi par sa propre expérience : en effet, il a vu des femmes atteintes de cancers occultes, qui ont survécu quarante ans, tandis que personne n'a jamais survécu plus de vingt ans aux cancers visibles et que bien de gens sont morts dans les deux ans. Cependant, beaucoup de médecins cherchent à soigner ces maladies, quelques-uns parce qu'ils croient pouvoir les guérir, d'autres parce qu'ils pensent être en état tout au moins de les soulager, d'autres encore par désir de gloire ou d'argent, d'autres enfin parce qu'ils jugent qu'il n'y a rien à perdre dans cette tentative. Cardan rappelle également qu'Hippocrate lui-même reconnaissait que l'issue des maladies aigues est souvent incertaine[5]. Il conclut pourtant que, dans ces maladies, il faut appliquer un traitement modéré, recourant à une diète qui n'affaiblit pas le corps, mais qui ne renforce pas la maladie, qui apaise les douleurs et les symptômes. C'est le traitement suggéré par Hippocrate mais il faut ne pas abandonner le traitement rationnel, puisque parfois quelques-uns guérissent merveilleusement contre toute attente.

L'attitude de Cardan à l'égard des maladies incurables pourrait paraître étonnante pour un médecin de la Renaissance, c'est-à-dire une époque marquée par la foi dans les possibilités de l'homme et de la science et dans le progrès ; mais ce n'est pas le cas, si l'on considère la tradition de la médecine antique, dans laquelle la liberté du médecin de ne pas traiter le malade, s'il le jugeait incurable, était très répandue et généralement reconnue[6] ; d'ailleurs, si Cardan se fonde sur les *Aphorismes*, il est évident qu'il connaissait les autres traités hippocratiques, en particulier l'*Art*, où ce principe est défendu avec acharnement[7], de même que les conseils, diffusés dans toute la *Collection hippocratique*, de se conduire de façon très prudente dans les maladies incurables, en se bornant à des thérapies qui émoussent les douleurs du patient et qui cherchent à prolonger sa vie dans la mesure du possible[8]. L'attitude de Cardan doit être pourtant comprise compte tenu de sa formation et de son activité en tant que médecin érudit, éduqué d'après les textes hippocratiques, bien que vus par l'intermédiaire de Galien[9], et constamment engagé dans l'activité clinique, dans l'enseignement et dans l'exégèse des textes classiques, en particulier d'Hippocrate. Ce sont justement cette formation et cette orientation de la médecine de Cardan qui expliquent sa position face à ce problème éthique ; mais l'assertion que nous avons vue est-elle seulement un tribut à la tradition littéraire, où bien influence-t-elle profondément la pensée et la pratique médicale de Cardan ? On peut essayer de donner une réponse à cette question, bien qu'il faille tenir compte du développement de l'activité de Cardan et des contradictions profondes qui marquaient sa personnalité.

Le principe exposé au début du *De methodo medendi* est repris naturellement dans le commentaire que Cardan a dédié au même passage des *Aphorismes* hippocratiques, publié la première fois en 1564[10]. Ici, discutant la prescription hippocratique de ne pas traiter les cancers occultes, Cardan disserte doctement au sujet de leurs différentes catégories et il distingue le carcinome (καρκίνον), auquel il rapporte l'assertion d'Hippocrate, qui est incurable et tire son origine du foie ou de la rate, d'autres catégories de tumeurs et, enfin, de celui que les Grecs appellent κακοήθης, le seul qui peut être éliminé, mais que personne ne peut distinguer du carcinome d'autre façon que par le temps et par l'expérimentation[11]. Pour tous les autres cancers, aucun traitement n'est possible ; quelques-uns ont essayé de les enlever par des remèdes cautérisants, d'autres par le fer ou le bistouri, mais aucun traitement n'est utile, parce que la maladie revient plus forte encore, jusqu'à ce qu'elle tue. Au contraire, la plupart des médecins, recourant à des médicaments légers, mènent leurs patients jusqu'à la vieillesse[12]. Cardan juge en effet inutile de chercher à opérer les cancers dont on ne peut pas atteindre la racine, parce qu'ils se reproduisent très rapidement. Il est d'accord, au contraire, sur la possibilité de soigner les cancers évidents, dont on peut éliminer entièrement la racine, et il rappelle le cas du patricien milanais Antonio Castiglione, qui avait un carcinome à un doigt de pied à la suite du mauvais traitement d'un cor : il avait été guéri par la coupe du doigt. Cardan conclut pourtant qu'il faut traiter par la cautérisation ou par l'excision les seuls carcinomes évidents, qui peuvent être extirpés avec toute leur racine et qui ont été provoqués par de mauvais traitements[13] ; mais il souligne que ces mêmes carcinomes peuvent être aussi soignés par des remèdes et par des emplâtres, dont il rapporte des recettes, en citant Pline et Galien. À ce sujet, il narre aussi le cas qu'un chirurgien de Padoue lui avait rapporté, d'un *peregrinus*, qui soignait les carcinomes par des remèdes populaires ; cependant la maladie revenait, inguérissable, au bout d'un an ou deux[14]. De toute façon, Cardan juge positivement même cette sorte de traitements, qui peuvent prolonger la vie, et il dit qu'Hippocrate aussi aurait approuvé cette conduite : ainsi, en effet, le patient a même le temps d'avoir des fils qui, contrairement à ceux des phtisiques, pourront survivre et être sains. D'ailleurs, conclut-il, que faisons-nous d'autre, nous tous, que de prolonger notre vie ?[15]. En conséquence, il ajoute un certain nombre d'autres conseils concernant des médicaments végétaux utiles dans ces cas.

Comme on le voit, le commentaire hippocratique, bien que composé avec une orientation érudite et non dépourvu d'hésitations et de confusions concernant la nomenclature et la distinction des différentes catégories des carcinomes, est néanmoins enrichi par Cardan de notes sur ses expériences personnelles et sur des cas contemporains. L'adhésion au principe de la médecine classique, qui imposait de ne pas traiter les cancers dont on ne pouvait pas atteindre la racine, n'est donc pas le seul effet de sa déférence à l'égard de l'autorité d'Hippocrate, mais résulte aussi de la conviction de sa nécessité sur le plan éthique aussi bien que scientifique. Au fondement de l'argumentation de Cardan il y a en effet, inexprimé mais toujours présent, le principe *primum non nocere*, lui aussi essentiel dans l'éthique hippocratique et ensuite dans toute la médecine antique[16], d'après lequel il était nécessaire surtout d'éviter toute intervention de nature à aggraver les conditions du malade et à hâter sa mort. Cardan d'ailleurs, à la suite aussi de ses conditions de santé et des infirmités qui l'ont affligé sa vie durant[17], est bien conscient que l'idée de santé est relative. L'essentiel est de vivre sa vie et de le faire dans des conditions physiques acceptables : le malade atteint d'un carcinome, qui pourtant peut prolonger sa vie des années et procréer des fils qui vivront sains, ne peut que se réjouir de tout le temps qu'il réussit à vivre, et il faut protéger son droit. Il convient de souligner enfin, dans le cas d'Antonio Castiglione, que Cardan, tout en reconnaissant le succès de l'intervention chirurgicale qui a extirpé le cancer, exprime sa préférence pour l'utilisation des médicaments et s'avère convaincu que ces cas peuvent être guéris ainsi, sans recourir au chirurgien.

La cohérence de la pensée de Cardan concernant le traitement du cancer est confirmée par l'exemple des soins donnés à Antonio Albergato, enregistrés en détail dans ses *Consilia Medica*[18]. Le malade, âgé de 37 ans, souffrait d'un *tumor durus et glandulosus* dans la partie gauche du cou, qui s'était manifesté la première fois durant des mois, avant d'arriver à la suppuration et de disparaître. Après quelques années, il était revenu à la même place et, malgré toutes les thérapies, on n'avait pu l'éliminer, en vertu soit de sa nature, soit de son emplacement, qui lui permettait de recueillir des sécrétions par lesquelles il s'alimentait et de diffuser dans le corps des humeurs pernicieuses ; il avait provoqué ainsi des troubles très graves, en particulier à l'estomac et au foie, et des étourdissements à la tête. Néanmoins le malade, en vertu de son âge, gardait l'espoir d'une bonne condition de vie, ce que Cardan juge essentiel pour son salut[19]. Le médecin avait pourtant commencé le traitement avec l'intention fondamentale d'arrêter la diffusion des humeurs pernicieuses, qu'il considérait comme la racine principale de la maladie ; s'il ne les supprimait pas, tout son travail serait inutile. Pourtant, il s'était engagé à arrêter ces humeurs par des infusions de quinquina et de salsepareille et par d'autres remèdes de ce genre, et il s'était toujours soucié d'éviter que les conditions du malade puissent s'aggraver. Dans cette intention, il souligne l'importance de la diète, essentielle dans ce genre de traitements, et du recours à une alimentation légère, qui ne donne pas à la maladie matière à se développer[20] ; par conséquent, il s'étend sur la liste des aliments appropriés ou déconseillés. Cardan juge ces thérapies suffisantes jusqu'à ce que des temps meilleurs permettent de disposer de traitements plus convenables, et il prie Dieu qu'elles soient utiles au malade[21].

Dans ce cas aussi, comme on le voit, Cardan exprime sa confiance dans le recours à des thérapies fondées sur des remèdes somme toute légers, qui éliminent ou, tout au moins, réduisent les troubles et les symptômes de la maladie, sans agresser la tumeur. Son but véritable est toujours de permettre au patient de vivre une vie normale dans la mesure du possible, d'apaiser les douleurs et de prolonger la survie ; ces buts sont tout à fait conformes à l'éthique antique[22]. D'autre part, de façon entièrement conforme à la médecine hippocratique[23], il confère une importance essentielle à la volonté du patient de survivre et à sa collaboration dans le traitement.

Il faut souligner néanmoins, même dans ce cas, la confiance de Cardan dans les remèdes ainsi que dans la diète, plus fondamentale encore dans sa médecine[24], et sa méfiance évidente à l'égard de la chirurgie. Cette attitude est la conséquence de l'adhésion au précepte hippocratique d'après lequel l'intervention chirurgicale, dans ce genre de maladies, ne peut qu'aggraver la condition du malade ; mais elle est aussi l'effet, à mon avis, d'une position plus générale de Cardan concernant le rapport entre les trois branches de la médecine. Dans son *De methodo medendi*, en effet, il blâme, c'est vrai, la conduite des médecins qui refusent la chirurgie, en soutenant que la médecine est une et que le médecin doit être aussi un chirurgien[25] ; plus loin, il déplore que les médecins de son époque ignorent désormais plusieurs instruments nécessaires à la chirurgie[26]. Mais dans son autobiographie il affirme ne pas pratiquer la chirurgie, bien qu'elle concerne le domaine de sa profession[27] ; un peu plus loin, en soulignant que le médecin a besoin de beaucoup d'aides pour réussir dans sa profession, il nomme justement les chirurgiens à coté des infirmiers, des assistants, des pharmaciens et même des cuisiniers[28], par une expression qui souligne clairement la distinction, mais aussi la subordination du chirurgien au médecin.

L'attitude de Cardan est confirmée d'ailleurs par un long exposé dans le deuxième livre de ses *Opuscula Medica Senilia*, où il traite des abcès aux dents, à titre d'exemple permettant de tirer des conclusions plus générales sur les thérapies[29]. Il suit la tripartition classique de la médecine, mais il dédie neuf colonnes à la diététique, quatorze à la pharmacopée et un peu plus de trois à la chirurgie. Ici il soutient qu'il faut procéder à une opération chirurgicale seulement lorsque l'abcès est parvenu à la suppuration, ne s'est pas rompu par lui-même et s'il y a danger qu'il s'ouvre à l'intérieur[30] ; dans le cas contraire, il convient de recourir aux médicaments, dont Cardan traite plus abondamment. Il considère ces affections-ci comme des *minima morba*, puisqu'elles n'atteignent pas les organes vitaux. La situation des maladies graves est bien différente, en particulier quand il s'agit de la tumeur du foie, que Cardan tient pour *morbus maximus*, puisqu'elle atteint l'organe vital le plus important[31] ; il donne pourtant tous ses conseils pour la traiter, si elle n'est pas inguérissable, en se fondant là encore sur les médicaments, et non sur la chirurgie.

L'attitude de Cardan au sujet des tumeurs est claire : son adhésion à la tradition hippocratique et au principe *primum non nocere* s'accorde très bien avec sa méfiance à l'égard de la chirurgie, qu'il considère comme *extrema ratio* et qu'il est enclin à laisser aux spécialistes, par prudence, mais aussi par confiance dans l'efficacité bien plus grande de la diététique et de la pharmacologie qui, de toute façon, n'aggravent pas l'état du malade. Il ne nie cependant pas la possibilité de progrès et d'évolutions ; à ce sujet, c'est la conclusion de son récit du cas d'Antonio Albergato qui me paraît essentielle, avec son espoir en la prochaine apparition de thérapies plus efficaces contre les tumeurs.

Ce vœu éclaircit d'ailleurs, à mon avis, la pensée de Cardan aussi au sujet d'un problème discuté dans la médecine hippocratique elle-même : celui de la possibilité de progrès révolutionnaires. Nous savons que l'auteur de l'*Art* envisage la médecine en tant que science désormais achevée et nie la possibilité de quelque progrès que ce soit[32] ; mais une attitude tout à fait différente se manifeste dans l'*Ancienne médecine*, qui exalte au contraire la possibilité de nouvelles découvertes[33]. L'attitude de Cardan me paraît en accord avec la deuxième opinion, que confortaient les progrès de la médecine après Hippocrate, surtout à l'époque hellénistique, ainsi que les découvertes de Galien lui-même, en particulier dans les domaines de l'anatomie et de la pharmacologie[34].

La pensée de Cardan à ce sujet me paraît d'ailleurs confirmée par ses assertions et par sa conduite concernant la phtisie. Nous avons vu en effet que, en accord avec une conception largement acceptée dans la médecine classique, il désignait cette maladie comme la première de celles pour lesquelles on ne devait essayer aucune thérapie ; cette assertion est compréhensible, compte tenu non seulement de la tradition antique, mais aussi de la situation contemporaine, s'il est vrai qu'à Milan les phtisiques étaient relégués dans l'hôpital de San Vincenzo réservé aux incurables[35]. Mais la pratique de Cardan paraît contredire clairement cette assertion. Dans un passage du *De sapientia*, publié en 1544[36], il dit en effet que, pour résoudre ses difficultés économiques à Milan, il avait cherché à faire des découvertes dans le domaine médical, et à trouver un traitement efficace pour la phtisie (dont il rapporte aussi le nom grec, *phthoe)*, qui durant beaucoup de siècles avait été tenue pour incurable, et qu'il avait soigné beaucoup de gens, qui étaient encore vivants ; le traitement n'avait pas été plus difficile que celui du *morbus Gallicus*[37]. Dans les années suivantes, Cardan a toujours insisté sur l'efficacité de son traitement, en produisant avec orgueil des listes de patients qui, selon lui, auraient survécu grâce à sa thérapie[38].

On a pensé que Cardan avait reconnu ensuite l'inefficacité de son traitement de la phtisie, tout en affirmant sa bonne foi[39] ; mais cette conclusion, fondée sur un passage de son *De libris propriis* publié en 1554[40], me paraît contredite par l'insistance de Cardan sur le succès de son traitement de la phtisie, comme nous le verrons dans le même écrit comme aussi dans des œuvres postérieures, et jusque dans l'*Autobiographie* publiée après sa mort. Dans son *De libris propriis*, en effet, Cardan rapporte le cas du marchand Gerolamo Tiboldo, atteint par une phtisie très grave qu'il avait soignée avec succès, si bien que les autres médecins, envieux, avaient nié même qu'il s'agît d'une vraie phtisie. Cardan avait d'ailleurs soigné beaucoup d'autres malades avec le même succès, si bien qu'il avait osé écrire qu'il avait guéri la phtisie.

Mais après cinq ans, Tiboldi, en sortant de l'église, avait été saisi par une averse, qui l'avait trempé. Persuadé d'être guéri, il avait négligé de s'essuyer, en dépit des avis de ses amis, puis il avait passé toute la nuit à jouer et avait été repris par la fièvre. Cardan, appelé à son chevet, l'avait soigné une première fois, mais, appelé chez un autre patient, n'avait pas réussi, à son retour, à le sauver ; Tiboldi était mort tout comme les autres phtisiques. Après sa mort, Cardan avait interrogé sa femme et avait appris que la toux du patient n'avait jamais cessé, ce qui prouvait que son traitement avait différé la mort, mais confirmait aussi qu'il s'agissait d'un cas de phtisie véritable[41].

L'interprétation appropriée de ce cas me paraît imposer une conclusion tout à fait différente de l'acceptation par Cardan de la faillite de son traitement. Tout au contraire, il se sert de l'issue fatale pour démontrer, contre ses adversaires, qu'il s'agissait d'une phtisie véritable et que, malgré cela, ses succès étaient remarquables. D'autre part, il insiste[42] sur les circonstances accidentelles de la mort : la pluie qui a trempé Tiboldi, et l'erreur du malade, qui, par son refus de s'essuyer, a endommagé sa santé de façon irréparable, devenant ainsi l'artisan véritable de sa mort. Si d'ailleurs le traitement n'avait pas eu un succès complet, il avait différé la mort du patient et lui avait permis de vivre dans les meilleures conditions, au point de le faire paraître guéri. Cardan souligne aussi, tout comme nous l'avons vu au sujet des malades de carcinomes, que Tiboldi, en vertu de ses traitements, avait eu aussi la chance de voir naître une fille[43].

Ce cas n'est pas d'ailleurs différent de celui, qui suit aussitôt, du pharmacien Donato Lanza, qui avait abandonné les autres médecins et que Cardan avait aussi soigné avec succès, si bien qu'il se croyait guéri. Il ne l'était pourtant pas du tout : quatre ans plus tard, poursuivi par la police, il était tombé d'une fenêtre dans une piscine, où il s'était caché ; il avait alors été saisi, lui aussi, par la fièvre, qui l'avait mené à la mort[44]. La mort de Lanza avait été la conséquence elle aussi d'un accident et, bien qu'elle prouvât que la maladie n'était pas tout à fait guérie, elle n'amoindrissait néanmoins en rien les effets bienfaisants du traitement. Les échecs que nous venons d'analyser, consécutifs surtout à des accidents, n'avaient pas ébranlé la confiance de Cardan dans son traitement, si bien qu'aussitôt après il rapporte avoir guéri Giulio Gatti, *iam tabe summa confectus*, qui devait être ensuite le précepteur du petit Duc de Mantoue[45].

En effet, l'attitude de Cardan concernant le traitement de la phtisie ne peut se comprendre que si l'on tient compte d'un passage généralement négligé, dans une œuvre publiée en 1562 et reprise ensuite en 1565[46], après les événements que nous venons d'examiner. Cardan dit ici explicitement qu'il se souvient d'avoir sauvé de la phthisie un seul malade, Giulio Gatti, qui était parfaitement guéri ; son traitement avait été long et compliqué, fondé aussi bien sur la diète que sur le recours aux médicaments et à l'eau distillée ; ainsi, grâce à la diligence ou à la chance du médecin (ou du patient), celui-ci s'était sauvé[47]. Comme on le voit, Cardan adopte ici une contenance bien plus modeste que dans tous les autres passages où il parle de son traitement de la phtisie, non seulement en reconnaissant que celui de Gatti a été le seul cas de guérison complète, mais aussi en soulignant la longueur extrême et la difficulté des soins, ainsi que le rôle essentiel de la chance dans la guérison, idée extrêmement répandue dans la littérature médicale antique[48].

Aussitôt après, néanmoins, il affirme que beaucoup d'autres gens n'ont pas été guéris par lui, mais qu'il les a soignés avec succès, de façon que leur vie a été longtemps prolongée. Il rappelle les cas de Donato Lanza et de Gerolamo Tiboldi et insiste sur les causes accidentelles de leurs morts ; enfin il conclut en soulignant qu'il leur a appliqué les mêmes traitements qui ont eu le succès le plus complet avec Giulio Gatti[49]. Cette assertion-ci sert évidemment à disculper Cardan et à réaffirmer l'efficacité de son traitement, s'il est appuyé par la diligence et par la chance du médecin et aussi, surtout, celle du malade.

Les détails des traitements appliqués à Giulio Gatti me paraissent d'ailleurs très intéressants : ils sont fondés entièrement sur l'utilisation de médicaments et d'effluves et trouvent une confirmation dans la suite de la même œuvre, où le traitement de la phtisie est toujours fondé sur le recours aux médicaments. En effet, l'assertion selon laquelle le traitement de Cardan aurait inclus l'incision du thorax[50] se fonde sur une allusion très courte à un cas d'une gravité particulière, dans le *De methodo medendi*[51], suivie d'un exposé très long et détaillé des *ad phthisim remedia auctoris optima*, tous fondés sur le recours aux médicaments les plus divers. La nouveauté du traitement de Cardan doit être recherchée pourtant dans ce domaine, compte tenu des découvertes qui se produisaient alors. Un renseignement précieux à ce sujet me paraît offert par un *responsum* concernant l'utilité de la *ra-*

dix cina, le rhizome de la *Smilax china*, qui était alors une nouveauté en Italie. Cardan affirme, se fondant sur l'autorité d'Hippocrate, que les médicaments expérimentés doivent être préférés aux non expérimentés. Il rappelle ensuite ses succès dans le traitement de la phtisie, en nommant les nombreux patients sauvés, dont plusieurs avaient été abandonnés, comme mourants, par les autres médecins : exception faite pour un seul, ils avaient été soignés ou entièrement ou de telle façon qu'ils avaient pu vivre plusieurs années. Cardan juge pourtant qu'il ne doit pas expérimenter la *radix cina*. Il rappelle, au contraire, que des médecins avaient voulu l'essayer sur un malade qu'ils avaient arraché de ses mains, par une conspiration, dans l'espoir de lui administrer ce nouveau médicament ; mais en moins de quatre mois, celui-ci était mort, tandis que les patients de Cardan étaient encore vivants[52]. Cardan nie ensuite l'utilité de la *radix cina* dans le traitement de la syphilis : il ne l'a jamais utilisée contre cette maladie, que pourtant il a souvent traitée avec beaucoup de succès. Sa description très soignée des propriétés de cette substance et, ensuite, de son utilisation contre la syphilis, prouve cependant qu'il l'a bien étudiée, avant de refuser son usage.

On peut conclure que la nouveauté, dans le traitement par Cardan de la phtisie, devait être fondée surtout sur la recherche dans le domaine de la pharmacologie et sur l'utilisation des produits nouveaux, toujours après les avoir expérimentés et avec la prudence la plus grande. Il vivait, en effet, à une époque de grand essor des études dans le domaine de la botanique et de ses applications à la médecine[53], favorisées aussi par l'afflux de substances nouvelles, venues d'Orient et d'Amérique, qui imposaient des recherches et des expérimentations et qui ouvraient des perspectives nouvelles à la pharmacologie. Cardan est tout à fait sensible à celles-ci et il est disposé à s'engager en personne dans la recherche.

Il se vante, par exemple, d'avoir été le premier à Milan à avoir vu de la salsepareille et il affirme qu'elle est utile dans le traitement de l'arthrite et d'autres maladies. Il n'oserait pas, au contraire, la prescrire pour les obstructions du foie et pour la mauvaise digestion, à moins que, peut-être, la faiblesse de la nourriture n'évite tout danger. Il juge enfin vraisemblable que la salsepareille renforce le foie, qu'elle rapetisse la rate et qu'elle peut aussi soigner l'éléphantiasis à son début[54]. Il convient de toujours souligner la prudence extrême de Cardan concernant l'utilisation de nouvelles substances et sa crainte constante qu'elles n'aggravent la situation du malade ; mais il faut remarquer aussi sa conviction d'avoir découvert une substance qui pourra soigner l'éléphantiasis, tout au moins dans sa phase initiale.

Ce terme désignait en effet, dans les sources de l'antiquité, la lèpre[55]. Cardan distingue cependant, sous le nom de lèpre, plusieurs affections différentes[56], parmi lesquelles il ne tient pour inguérissable que l'éléphantiasis ; toutes les autres, parmi lesquelles la *Graecorum lepra*, sont au contraire curables, par la diète et par les médicaments[57]. L'assertion que l'éléphantiasis pourrait être soigné par la salsepareille confirme pourtant encore que Cardan ne renonçait pas à ses efforts pour guérir jusqu'aux maladies jugées inguérissables, lorsque les progrès de la médecine et la disponibilité de nouvelles substances pharmaceutiques fournissaient des perspectives intéressantes.

La prudence de Cardan à ce propos est confirmée par un cas justement de *Graecorum lepra*, qu'il rapporte avoir soigné à Milan en 1534. Le malade, qui souffrait aussi de mélancolie, s'était adressé sans résultat à des médecins illustres et il était si souffrant qu'il avait exhorté Cardan à recourir même à des remèdes dangereux, puisque les autres n'avaient été d'aucune utilité. Cardan, au contraire, l'avait soigné par l'utilisation assidue de tisanes, par d'autres remèdes très légers et par l'élimination du sel ; il l'avait ainsi guéri dans les six mois des deux maladies, qui n'étaient pas revenues durant les six ans que vécut le patient, mort enfin en prison à la suite de ses crimes[58]. Pourtant, malgré la volonté du malade d'expérimenter jusqu'à des remèdes dangereux, Cardan n'avait pas renoncé à son habitude de faire appel à des thérapies dépourvues de risques..

Un cas plus compliqué est celui d'un patient qui souffrait de plusieurs maladies, parmi lesquelles l'arthrite, un ictère et de l'hydropisie : Cardan ne l'avait pas guéri, mais il avait soulagé ses maux à tel point qu'il paraissait sain à tous. Le malade avait survécu cinq ans et le traitement avait varié, puisqu'il s'agissait de plusieurs maladies : il comprenait, entre autres médicaments, une infusion de *radix cina*. Un autre patient, au contraire, qui avait la vessie perforée, avait pu survivre deux ans, mais jamais dans la condition d'un homme sain. Cardan en conclut qu'à ce dernier faisait défaut la possibilité de guérir, à l'autre la volonté[59].

Ce récit confirme encore que le but essentiel de Cardan dans ces cas était de prolonger le plus possible la vie des malades, en les mettant en état de vivre la vie la plus normale possible. Il me paraît intéressant de remarquer le recours à la *radix cina* dont, comme nous l'avons vu, Cardan avait nié officiellement l'efficacité pour soigner la phtisie et la syphilis : les échecs dans ces cas-là (ou, mieux, la confiance en d'autres remèdes) n'avaient pas interrompu ses expériences et il avait continué a tenir compte de cette substance, jusqu'à ce qu'il ait trouvé des cas où elle pût être utile.

Mais c'est surtout le refus de Cardan de soigner le premier malade qui paraît intéressant, un refus justifié par le manque de *voluntas* du patient, surtout si nous considérons que celui-ci souffrait, entre autres, d'hydropisie. L'auteur du *Prorrhétique II* avait affirmé la nécessité de l'obéissance la plus absolue du malade aux prescriptions du médecin dans le traitement de l'hydropisie[60]. Celse, d'autre part, confirmait ce principe par l'exemple du médecin Chrysippe, qui avait refusé de traiter un malade d'hydropisie, parce qu'il jugeait que le manque de maîtrise de soi l'aurait empêché de suivre le traitement nécessaire : le cours de la maladie lui avait donné raison[61]. Celse, tout comme Hippocrate, était un auteur bien connu de Cardan[62] ; mais il paraît peu croyable que celui-ci ait eu besoin de se réclamer de ces autorités pour refuser de soigner un malade qui n'avait pas la volonté de guérir, tout en restant disposé à soulager ses souffrances et à prolonger sa vie : le refus de soigner était, dans ce cas, la conséquence de la personnalité du malade.

L'attitude de Cardan et ses liens avec la tradition ancienne me paraissent encore confirmés par un exposé, dans ses *Contradicentium medicorum libri*, où il discute, s'appuyant sur de multiples citations d'Hippocrate et de Galien, de la question de savoir si le médecin doit se limiter à prédire leur sort aux malades qui vont mourir. Il l'accepte au début, s'autorisant de l'autorité de Galien[63], mais il souligne ensuite, citant Hippocrate, que l'issue des maladies aiguës est souvent impossible à prévoir, si bien qu'il convient de les soigner, après avoir prédit leur issue la plus probable. Dans tous ces cas, le médecin pourra s'attacher à ses deux missions : faire survivre le patient le plus possible et soulager ses souffrances, en amoindrissant la force de la maladie[64]

Plus avant dans la même œuvre, Cardan reconnaît d'ailleurs la réalité des progrès possibles dans la médecine, surtout du point de vue pharmacologique, et admet leurs conséquences pour la notion même de « curabilité », lorsqu'il discute encore de la nécessité d'une très grande prudence dans le pronostic des maladies aiguës, parce qu'il est impossible d'avoir la certitude de leur issue. Il rappelle à ce propos l'exemple de la syphilis, qui au début était incurable et provoquait la mort, jusqu'à ce que Jean de Vigo ait découvert un onguent qui guérit plusieurs malades réputés auparavant incurables[65]. D'autres malades, que cet onguent ne put guérir, le furent par des fumigations, d'autres encore par des infusions ; enfin, la découverte des vertus de la *radix cina* donna une impulsion décisive au traitement de cette maladie. Cardan rappelle aussi que c'est depuis peu de temps que l'on a découvert la salsepareille, qui soigne l'éléphantiasis, les calculs de la vessie et le squirre de la raie, et il conclut que tous ces progrès doivent suggérer la plus grande prudence au médecin en matière de pronostic[66].

Pourtant, si nous envisageons d'une part les affirmations théoriques de Cardan, de l'autre son activité pratique, nous pourrons conclure que son attitude au sujet des maladies inguérissables était liée largement à son adhésion à la tradition antique, fondée surtout sur le principe *primum non nocere* et sur l'aveu des limites de l'art médical, auquel il n'est pas permis de soigner toutes les maladies ni de prévoir toujours leur issue[67]. Mais l'esprit des temps nouveaux se manifeste surtout dans son espoir de grands progrès qui permettront des traitements plus efficaces, en particulier grâce à l'étude et à l'expérimentation de substances nouvelles, aptes à amener des progrès dans le domaine de la pharmacologie. D'autre part, si l'éthique de Cardan, dans ce domaine, s'enracine dans l'exemple d'Hippocrate, elle se rattache plutôt, d'un autre point de vue, au modèle fourni par la personnalité de Galien : sa tendance constante, dont nous avons vu plusieurs exemples, à mettre l'accent sur la jalousie des autres médecins, sur les envies et les médisances provoquées par ses succès, sur les tentatives pour lui enlever ses malades même au risque de leur vie, aussi bien que son insistance à vanter son œuvre et ses succès, rappellent exactement l'exemple de Galien, tout comme l'âpreté que met Cardan à défendre sa compétence professionnelle et à exalter sa personnalité.

NOTES

1. *Hieronymi Castellionei Cardani... De malo recentiorum medicorum medendi usu libellus, ... Eiusdem libellus de simplicium medicinarum noxa. Cum indice eorum, quae singulis continentur capitibus*, Venetiis : apud Octauianum Scotum, 1536. Concernant la chronologie des écrits de Cardan cf. surtout, récemment, *Girolamo Cardano. De libris propriis*, Ed. with an Introduction and Chronology of Cardano's Works by I. MACLEAN, Milano 2004, p. 43-111.

2. *Opera omnia*, VII, Lugduni 1663, p. 203.

3. Cardan., *loc. cit.* : « Nam non solum quia curare non possunt, in melius traducere nequeunt, sed in longe deterius : ac cito necant, alioquin longo tempore duraturos ».

4. Hippocr. *Aphor.* 6, 38, Littré IV, p. 572.

5. Cardan revient ailleurs aussi, avec insistance, sur cette réalité et sur ses conséquences pour la conduite du médecin : cf. *Contradict. Med.*, Lib. 2, Tract.6, Contradict. 7 ; Lib. 6, Contradict. 49 (*Opera omnia*, VI, p. 618-19 et 801-2).

6. Cf. en particulier G. MARASCO, « Quand doit-on soigner le malade ? Curabilité et incurabilité dans la médecine grecque », dans *La thérapeutique dans l'Antiquité. Pourquoi ? Jusqu'où ?, Actes des Huitièmes Rencontres Scientifiques de Luxembourg (Luxembourg 1997)*, Luxembourg 1999, p. 7-21 avec la bibliographie.

7. Hippocrat. *De arte* 3, 13 et 8, Littré VI, p. 4-6, 26 et 12-14 = J. JOUANNA, *Hippocrate* (CUF), t. V/1, Paris, p. 226-27, 241 et 232-34.

8. Cf. MARASCO, art. cit., p. 11 sqq.

9. Cf. en particulier J. PIGEAUD, « L'hippocratisme de Cardan », *Res publica litterarum* 8, 1975, p. 219-29 ; N.G. SIRAISI, « Cardano, Hippocrates and Criticism of Galen », dans *Gerolamo Cardano : Philosoph, Naturforscher, Arzt*, hrsg. v. E. Kessler, Wiesbaden 1994, p. 131-55 ; EAD., « Cardano and the History of Medicine », dans *Gerolamo Cardano. Le opere, le fonti, la vita*, a cura di M. BALDI e G. CANZIANI, Milano 1999, p. 348 *sqq*.

10. Cardan. *Comm. in Aphor. Hippocr.* 36 (*Opera Omnia*, VIII, p. 504-6).

11. Cardan me paraît se souvenir ici surtout de Celse, qui distinguait lui aussi toutes les autres variétés de cancers de celui que les Grecs appellent *cacoethes* et concluait : « Tolli nihil nisi cacoethes potest : reliqua curationibus inritantur ; et quo maior uis adibita est, eo magis » (Cels. *Med.* V 28, 2c).

12. Cardan. *Comm. in Aphor. Hippocr.* 36 (*Opera Omnia*, VIII, p. 505).

13. Cardan., *loc. cit.* : « Respondeo, nulla carcinomata deberi curari per ignem vel per ferrum, nisi quae iam ulcerata sunt, et abscindi omnino cum sua radice possunt, et advenerunt per mala cura : et talia si curentur, sic celerius sanantur ».

14. Cardan. *Comm. in Aphor. Hippocr.* 36 (*Opera Omnia*, VIII, p. 505) : « Unde Dominicus Senus, chirurgus Patavinus, amicus meus, narravit quendam fuisse peregrinum, qui circuiret urbes, et carcinomata curabat, praescindendo olivae furculo in aciem formato, oleoque chalcanti illito, qui convaluerunt : omnibus tamen post annum uel biennium rediit morbus, qui sanari non potuit ».

15. Cardan. *Comm. in Aphor. Hippocr.* 36 (*Opera Omnia*, VIII, p. 506) : « ... at nos omnes quid aliud agimus quam vitam trahere ? »

16. Hippocr. *Iusj.*, Littré IV, p. 630 ; *Epid.* 1, 5, Littré II, p. 634-36 ; *Affect.* 13, Littré VI, p. 220 ; cf. p. ex. C. SANDULESCU, « *Primum non nocere.* Philological Commentaries on a Medical Aphorism », *Acta Ant. Acad. Scient. Hung.* 13, 1965, p. 359-68 ; Ph. MUDRY, « La déontologie médicale dans l'Antiquité grecque et romaine : mythe et réalité », *Revue Médicale de Suisse Romande* 106, 1986, p. 4.

17. À ce sujet, cf. en particulier N.G. SIRAISI, *The Clock and the Mirror. Girolamo Cardano and Renaissance Medicine*, Princeton, New Jersey 1997, p. 214-24.

18. Cardan. *Cons. med.* 18 (*Opera omnia*, IX, p. 90-1).

19. Cardan. *Cons. med.* 18 (*Opera omnia*, IX, p. 90) : « ... spem tamen salutis non adimit iuvenilis aetas et invictus animus servandi optimam vivendi rationem in qua maior spes salutis reposita est ».

20. Cardan. *Cons. med.* 18 (*Opera omnia*, IX, p. 91) : « Et in primis seruet optimam uiuendi rationem quae in hoc casu locum habet causae sine qua non. Tenui igitur uictu uti poterit quo calor natiuus per alimenti penuriam in tumoris materialem causam conuersus ipsam absumat ».

21. Cardan. *Cons. med.* 18 (*Opera omnia*, IX, p. 91) : « Et haec breviter pro nunc dicta sufficiant, donec aptiora assenserint tempora quibus longe praestantiora poterit experiri praesidia. Faxit Deus ut sicuti proposita et proponenda usui futura sunt, sint quoque illustri viro futura utilitati ». Concernant la foi de Cardan dans l'intervention de Dieu pour les guérisons et son adhésion à l'idéal du *Christus medicus* cf. surtout N. SIRAISI, « Cardano and the History of Medicine » cit., p. 359 *sqq*.

22. Cf. G. MARASCO, art. cit., p. 13 *sqq*.

23. Cf. p. ex. Hippocr. *Prorrh.* II 9, Littré IX, p. 28 ; *De arte* 4, Littré VI, p. 6 ; *Epid.* I 5, Littré II, p. 636 ; J. JOUANNA, *Hippocrate*, Paris 1992, p. 194 *sqq*.

24. À ce sujet cf. en particulier SIRAISI, *The Clock and the Mirror..., cit.*, p. 70 sqq. Concernant l'importance essentielle de la diète dans la médecine de cette époque cf. aussi, en général, J. CÉARD, « La diététique dans la médecine de la Renaissance", dans *Pratiques et discours alimentaires à la Renaissance*, éd. par J.-C. MARGOLIN et R. SAUZET, Paris 1982, p. 21-36.

25. Cardan. *De method. Med.*, Sect. I, cap. 23 (*Opera omnia*, VII, p. 210-11) : « Ad medicum igitur pertinere arbitror perfectum, omne morbi genus

scire curare, non solum per dietam, medicinas, et unguenta, sed etiam per manus operationem, incisionem, videlicet, ustionem, terebrationem ».

26. Cardan. *De method. Med.*, Sect. I, cap. 79 (*Opera omnia*, VII, p. 232-33). L'attitude et le jugement de Cardan a ce sujet doivent être soulignés, si l'on considère le dévéloppement de la chirurgie à son époque : cf. en particulier V. NUTTON, « Humanist Surgery », dans A. WEAR, R.K. FRENCH, I.M. LORRIE (eds.), *The Medical Renaissance of the Sixteenth Century*, Cambridge 1985, p. 75-99 ; N.G. SIRAISI, *Medieval and Early Renaissance Medicine. An Introduction to Knowledge and Practice*, Chicago and London 1990, p. 153 *sqq.*

27. Cardan. *De vita propria* 39 (*Opera omnia*, I, p. 30) : « In proprio agro destituor chirurgiae usu ».

28. Cardan. *De vita propria* 40 (*Opera omnia*, I, p. 33) : « ... praeterea opus habet medicus medicamentis, ministris, astantibus, pharmacopolis, chirurgis, coquis, et ut externa etiam sine errore procedant. »

29. Concernant l'intérêt particulier de Cardan pour l'odontologie cf. surtout G. BELLAGARDA, « Quattro studi su Girolamo Cardano. II. Il 'De dentibus' di Girolamo Cardano », *Minerva stomatologica* 14, 1965, p. 563-67 ; IV. « Girolamo Cardano e l'odontoiatria », *ibid.*, 15, 1966, p. 695-99.

30. Cardan. *Opusc. Medic. Senil.* Liber II, *De rationali curandi ratione*, Pars Tertia, Cap. VI, Sect. 5 (*Opera omnia*, IX, p. 312) : « Pro cura vero chirurgica, seu quae per manuum administrationem fit, cum ad suppurationem res deuenerit, nec rumpitur, oportet ferro scindere, atque inde purgare ac siccare. Sed quia non perfecte suppurant, non sunt secanda, nisi periculum sit ne intus rumpantur. »

31. Cardan, *loc. cit.* : « ergo maximus erit, scirrhus iecoris confirmatus, nam est in principe particula, et principali quoad vitam, intelligendo vitam simpliciter, qualis est in plantis ; fundamentum enim totius vitae, et omnium operationum eius, est iecur : et est maximus ratione affectus et qualitatis eius, scilicet abscessus durus. »

32. Hippocr. *De arte* = Jouanna, *Hippocrate*, (CUF), t. V 1, p. ; cf. aussi *Lieux dans l'homme* 46, Littré VI, p. 342 = Joly, *Hippocrate*, (CUF), t. XIII, Paris, p. 76.

33. Hippocrate, *Vet. Med.* 2 et 8, Littré I, p. 572 et 586 = JOUANNA, *Hippocrate*, (CUF), t. II 1, Paris 1990, p. 119 et 127.

34. Concernant ces découvertes cf. p. ex. V. NUTTON, *Ancient Medicine*, London 2004, p. 230 *sqq.* avec la bibliographie.

35. Cf. en particulier S. SPINELLI, *La Ca' Granda, 1456-1956*, Milano 1956, p. 97-109, 116-29 et 161-64 ; ID., *La Ca' Granda. Cinque secoli di storia e d'arte dell'Ospedale Maggiore di Milano*, Milano 1981, p. 100-102.

36. Concernant la datation cf. *Index aureliensis. Catalogus librorum sexto decimo speculo impressorum*, I 6, Orléans 1976, *132. 049 ; SIRAISI, *The Clock and the Mirror...*, p. 24 et 235, n. 1.

37. Cardan. *De sapientia libri* V 5 (*Opera omnia*, I, p. 578) : « Cum in hac urbe, invidia laboraremus, nec lucrum suppeditaret impensis, multa ut nova inveniremus, tentavimus in arte : nam extra artem nihil non cessit. Tandem phthisis (quam phthoem uocant) multis seculis curam deploratam excogitavi, sanavique multos, qui nunc supervivunt : nec difficilius quam Gallicum morbum. » Dans ce même passage Cardan se vante aussi d'avoir trouvé, par ses expériences, le traitement de l'hydropisie.

38. Cf. SIRAISI, *The Clock and the Mirror...*, p. 235-36, n. 2 ; on peut ajouter Cardan. *De radice Cina* (*Opera omnia*, VII, p. 265) = *Consilia medica* 27 (*Opera omnia*, IX, p. 168).

39. SIRAISI, *The Clock and the Mirror...*, p. 35.

40. Concernant la datation cf. SIRAISI, *The Clock and the Mirror...*, p. 237, n. 5 ; MACLEAN, *Girolamo Cardano. De libris propriis...* cit., p. 20 *sqq.* (et 13 *sqq.* sur l'orientation et les modèles).

41. Cardan. *De libris propriis* (*Opera omnia*, I, p. 83) : « Cum uero interrogarem post obitum uxorem, reperi tussim numquam ex toto sublatam ; ex eo quo apparet siccatum ulcus distulisse interitum, non quod uerus phthisicus non esset. »

42. Cf. aussi le récit parallèle, que nous allons examiner, dans *Meth. Med.*, Sect. III, Cur. V (*Opera Omnia*, VII, p. 254).

43. Cardan. *De libr. propr.* (*Opera omnia*, I, p. 83) ; cf. *Meth. Med.*, Sectio III, Cur. V (*Opera omnia*, VII, p. 254).

44. Cardan. *De libris propriis* (*Opera omnia*, I, p. 83).

45. Cardan, *loc. cit.*

46. Cardan. *De curationibus et praedictionibus admirandis*, Basel 1562, p. 119, repris dans *Meth. Med.*, Sect. III, Paris 1565, p. 212 (= *Opera omnia*, VII, p. 254).

47. Cardan, *loc. cit.* : « At uero ex phthoe exquisita non nisi unum seruasse me memini, Iulium Catium... ; is perfecte sanatus est. Fuit autem cura longa et artificiosa... Ita seu diligentia, seu bona fortuna quadam et sua et mea usus, sanatus est. »

48. Cf. p. ex. Th. GOMPERZ, *Die Apologie der Heilkunst*, Lipsia, 1910^2, p. 109 ; F. HEINIMANN, « Eine vorplatonische Theorie der τέχνη », *Museum Helveticum* 18, 1961, p. 123 ss. ; J. JOUANNA, *Hippocrate* (CUF), V/1, Paris, 1988, p. 187-88.

49. Cardan, *loc. cit.* : « Verum dices : quibusnam remediis leuati sunt ? Iisdem, quibus Catius sanatus est. »

50. SIRAISI, *The Clock and the Mirror*, *cit.*, p. 33.

51. Cardan. *De methodo medendi* Sect. I, 65 (*Opera omnia*, VII 226) : « Sexagesimus quintus error est, quia in empticis et phthisicis perdiderunt curam ueram : et est, quod si sanies sit alba, iuuat incidere ac exurere secundum pectus in loco in quo velocius petia exiccatur. »

52. Cardan. *De radice Cina* (*Opera omnia*, VII, p. 265) = *Consilia medica* 27 (*Opera omnia*, IX, p. 168).

53. Concernant ce phénomène, ses conséquences sur l'enseignement et sur la vie des Universités et l'établissement de jardins botaniques dans plusieurs de celles-ci cf. surtout A. ARBER, *Herbals : their Origin and Evolution. A Chapter in the History of Botany, 1470-1670*, ed. by W.T. STEARN, Cambridge 1986 ; C. CRISCIANI, « History, Novelty, and Progress in Scholastic Medicine », *Osiris*, 2nd Series 6, 1990, p. 120-25 ; SIRAISI, *Medieval and Early Renaissance Medicine..., cit.*, p. 191-92 ; K. M. REEDS, *Botany in Medieval and Renaissance Universities*, New York- London 1991 ; I. MACLEAN, *Logic, Signs and Nature in the Renaissance : the Case of Learned Medicine*, Cambridge 2002, p. 22 *sqq.*

54. Cardan. *De sarsa parilia* (*Opera omnia*, VII, p. 271) = *Consilia medica* 34 (*Opera omnia*, IX, p. 177-78) : « In obstructionibus autem concause partis iecoris, et ventriculi mala coctione, non auderem hoc tentare, nisi forsan victus tenuitas nos a periculo tutos redderet. Quod etiam iecur confirmet, quodque lienem extenuet, quod incipientem elephantiasim curare possit, et hoc verisimile est. »

55. Cf. en particulier M.D. GRMEK, *Les maladies à l'aube de la civilisation occidentale*, Paris 1983, p. ; ID., « La dénomination latine des maladies considérées comme nouvelles par les auteurs antiques », dans : G. SABBAH (éd.), *Le latin médical : la constitution d'un langage scientifique : réalités et langage de la médecine dans le monde romain. Actes du IIIe Colloque International « Textes médicaux latins antiques » (Saint-Étienne, 11-13 septembre 1989)*, St.-Étienne 1991, p. 206 ; F. SKODA, *Médecine ancienne et métaphore*, Paris 1988, p. 232-34.

56. Cf. aussi Cardan. *Contradict. Med.*, Lib. 7, Contradict. 54 (*Opera omnia*, VI, p. 839).

57. Cardan. *Consilia medica* 35 (*Opera omnia*, IX, p. 178).

58. Cardan. *De Methodo medendi*, Sectio III, Cur. 1 (*Opera omnia*, VII, p. 253) : « ... hortabaturque me, ut etiam periculosa tentarem remedia, quandoquidem secura nihil profecissent. Verum felicior fui ego, quam illi expediret. Namque ptisanae usu assiduo, et cardium testudinum, leuissimis alioqui medicamentis, salis interdicta consuetudine, eum sex mensium spatio ita ab utraque affectione curavi, ut numquam postea nec atra bilis ex moerore animi, nec scabies ex mora sex annorum, quibus in Diomedea insula captivus supervixit, redierint... » Cf. aussi *De libris propriis* (*Opera omnia*, I, p. 82).

59. Cardan. *De Metodo medendi*, Sectio III, Cur. 29 (*Opera omnia*, VII, p. 260) : « Post haec uocatus ad... Nicolaum Siccum, hecticum, arthriticum, tabefactum morbo regio, aqua intercute, et resolutione laborantem, non curavi : sed ita levavi, ut iam omnibus, praeterquam mihi ipsi, sanus videretur. Si voluisset de uita curare, vivere potuisset. Supervixit quinque annis. Fuit mixtum curandi genus, in multiplici morbo. Iuvit decoctum Cynae radicis, plus aliis auxiliis. Sed et Caesarem Barbavaram... duobus annis in vita retinuimus,

quanquam ulcere vesicam perforatam haberet. Hic tamen numquam sani viri munia obire interim potuit : sed ei facultas, alteri voluntas, ad recuperandam integram valetudinem defuit. »

60. Hippocrat. *Prorrh.* II 6, Littré IX, p. 2

61. Cels. *Med.* III 21, 2-3, *CML*, I, p. 130-31.

62. Cf. p. ex. SIRAISI, *The Clock and the Mirror...*, *cit.*, p. 53 et 57.

63. Cardan. *Contradict. Med.*, Lib. 1, Tract. 1, Contradict. 9 (*Opera omnia*, VI, p. 387) : « Morituros solis praedictionibus scilicet expositis relinquendos, consulti Galenus... recordantibus nobis, quod deploratos non oportet curare, sed delinquere, et morbi finem solum praenuntiare. »

64. Cardan., *loc. cit.* : « Ergo duo necessaria videntur ad hoc, ut recte medicus manum morbo letali admovisse uideatur : primum, ut diu ille superfuere possit. Secundum, ut formam aliam mitioris morbi auxilio medici adipiscatur. »

65. Cardan. *Contradic. Med.*, Lib. 2, Tract. 6, Contradict. 7 (*Opera omnia*, VI, p. 619) : « Et do tibi exemplum in gallico morbo : ab initio omnes peribant, post venit Ioannes de Vigo, et ratione deducta a scabie unguentum fecit cum argento vivo, et innumeros curauit, qui antea pro desperatis habebantur. »

66. Cardan., *loc. cit.* (*Opera omnia*, VII, p. 620).

67. Cf. Cardan. *De methodo medendi*, Sectio I, Cap. 1 (*Opera omnia*, VII, p. 203) : « Diuini enim res consilii esset, omnem morbum genere sanabilem intelligere, an curationem recipiat, an non. Unde Hippocrates, acutorum morborum non omnino sunt certae pronuntiationes salutis, aut mortis. »

Rencontres mathématiques entre Cardan et Jacques Peletier du Mans : l'influence de Cardan sur un mathématicien français

Myriam Papin

La plupart des rencontres mathématiques, des rencontres intellectuelles entre Cardan et Jacques Peletier du Mans se feront par le biais de leurs publications respectives. Que ce soit pour l'arithmétique, l'algèbre ou la géométrie, l'œuvre de Cardan est antérieure de quelques années à celle de Peletier. Les rencontres se feront donc bien souvent à sens unique, Peletier lisant et commentant parfois Cardan, mais Cardan ne mentionnant pas Peletier. Une rencontre cependant se différenciera des autres, une rencontre physique cette fois-ci : alors que Cardan est à Lyon, en route vers l'Écosse, Peletier et lui vont se rencontrer et avoir l'occasion, à plusieurs reprises, de confronter leurs idées mathématiques. Pendant cette période Cardan est en train de réviser et d'augmenter son *De Subtilitate*[1], ce qui intéresse vivement Peletier et lui inspirera par la suite toute une série de commentaires (dans ses *Éléments* d'Euclide[2]), ainsi qu'une lettre qu'il écrira à Cardan. C'est autour de cette lettre et des commentaires de Peletier aux *Éléments* d'Euclide que prendra place la partie principale de mon intervention, avec comme point d'ancrage l'un des paralogismes que Cardan a ajoutés et étudiés dans la réédition de 1554 du *De Subtilitate*. Je parlerai alors non seulement de la pensée scientifique de Cardan, mais surtout d'une partie de la pensée géométrique de Jacques Peletier du Mans, née de sa rencontre avec Cardan. Mais avant, parce que l'œuvre mathématique de Peletier forme un tout et parce que Cardan a aussi influencé Peletier en arithmétique et en algèbre, je vais commencer par faire un bref état des lieux concernant la place de Cardan dans les autres ouvrages mathématiques de Pelctier, que sont son *Aritmetique*[3] et son *Algebre*[4].

Jacques Peletier est né au Mans le 25 juillet 1517, dans une famille d'hommes de loi[5]. Mais après avoir lui-même, « erré cinq ans dans les méandres du droit » (sous l'impulsion de son frère Victor), il quittera la voie familiale pour lui préférer le double univers de la poésie et des mathématiques. Tout au long de sa vie il publiera des traités et ouvrages mathématiques (en arithmétique, algèbre et géométrie) mais aussi des ouvrages de médecine. Parallèlement, il s'intéressera à la langue française et à l'éventuelle réforme de son orthographe[6] ainsi qu'à des questions de poétique, et publiera aussi bien des ouvrages théoriques que des recueils de poèmes[7]. Il pense que n'importe quelle connaissance, n'importe quel art ou quelle science lui est accessible, pour peu qu'il s'en donne la peine. Ainsi, il a une très forte volonté d'apprendre, de connaître, de comprendre, mais aussi, et surtout, de transmettre ses connaissances. Il s'attachera à offrir au lecteur des traités clairs et précis, succincts mais suffisants, et non redondants entre eux. Les ouvrages qui vont nous intéresser aujourd'hui ont été rédigés dans cet état d'esprit : il s'agit de son *Aritmetique* (1549) et de son *Algebre* (1554) ainsi que de ses commentaires latins aux *Éléments* d'Euclide (1557), publiés et traduits en français en 1611 par Jean II de Tournes[8].

Lorsque l'on cherche à comparer, à relier, à étudier conjointement Cardan et Jacques Peletier du Mans, le chemin le plus fréquemment choisi est celui de l'algèbre. Il va de Cardan à Peletier, souvent par le biais de Stifel, comme le rapporte Giovanna Cifoletti[9]. Étudier les liens algébriques (ou arithmétiques) entre Cardan et Peletier nécessite forcément d'inclure à ce travail une étude de Stifel (et de Gemma Frisius pour l'arithmétique), ce que nous ne pouvons faire ici. Mais parce que Cardan a vraiment influencé Peletier en algèbre, et surtout parce que je considère que l'œuvre mathématique de Peletier forme un tout, nous ferons quand même un bref état des lieux concernant la place de Cardan dans *L'Aritmetique* et dans *L'Algebre* de Jacques Peletier du Mans.

L'*Aritmetique* de Peletier est publiée pour la première fois en 1549. Auparavant, le nom de Peletier a déjà été associé à un ouvrage mathématique puisqu'il a annoté, en 1545, *L'Arithmeticae practicae methodus facilis* de Gemma Frisius[10]. En annotant l'ouvrage de Frisius, Peletier le modifie de façon à pouvoir le reprendre plus facilement et à pouvoir le traduire en français pour en faire sa propre *Aritmetique* (celle publiée en 1549). *L'Aritmeticae practicae* de Frisius et *L'Aritmetique* de Peletier vont alors être de contenus très proches, et ce qui est différent dans *L'Aritmetique* est souvent déjà mentionné par Peletier dans ses annotations de 1545. La place laissée pour une quelconque autre influence est donc assez minime. Pourtant, quelques renvois à Cardan seront faits par Peletier dans son *Aritmetique*, et ce à chaque fois que Peletier anticipera sur sa future *Algebre*[11]. Chaque référence à Cardan fait donc sortir Peletier du sujet de son *Aritmetique* pour le faire dévier vers des considérations algébriques. On s'attend par conséquent à sentir assez fortement, par la suite, la présence de Cardan dans *L'Algebre*.

L'*Algebre* de Jacques Peletier du Mans parait en 1554 à Poitiers. Pour l'écrire, il s'est entièrement inspiré à la fois de Stifel et de Cardan. L'*Arithmetica integra* de Stifel[12] est publiée en 1544 et regroupe ensemble arithmétique et algèbre. Quant à Cardan, on lui doit plusieurs ouvrages, deux principalement : la *Practica arithmeticae*[13] et l'*Ars magna*[14]. Le premier est une arithmétique pratique dans laquelle Cardan traite des nombres entiers, des fractions mais également des nombres de l'algèbre (c'est-à-dire, pour parler en langage moderne, des inconnues) ; dans l'*Ars magna*, Cardan ordonne les différents types d'équations obtenues avec ces inconnues, afin de les résoudre. Pour écrire *L'Algebre* Peletier s'est fondé principalement sur l'ouvrage de Stifel dont il reprend une partie de la trame et du contenu : structure des chapitres, notations, grande règle de l'algèbre, etc. Mais Peletier s'appuie aussi beaucoup sur Cardan, au fil du texte, par exemple lorsqu'il essaie de simplifier ses équations et d'en donner des méthodes générales de résolution, ou bien notamment dans toute une série d'exercices que Peletier a trouvés dans l'*Ars Magna* et qu'il adapte à son *Algebre*. D'autres exemples pourraient encore être énoncés[15], mais déterminer ce que Peletier doit à Cardan nécessiterait d'étudier les interactions entre Cardan, Peletier et Stifel et non pas entre Cardan et Peletier seulement. En effet, Stifel a lui aussi lu Cardan et pour mieux comprendre et analyser ce que Peletier doit à Cardan en algèbre, il est alors primordial de cerner d'une part ce que Stifel a repris de Cardan, puis ce qu'il a transmis à Peletier de cet héritage, d'autre part ce que Peletier a lui-même directement repris de Cardan, sans passer par l'*Arithmetica integra* de Stifel. Le détail de cette étude n'a pas sa place ici et seules quelques conclusions vont nous importer : en arithmétique et en algèbre, Peletier a été un lecteur de Cardan attentif et intéressé. Fidèle à ses grandes idées, Peletier s'est comporté avec Cardan comme avec tous les mathématiciens dont il estime les travaux : il a lu assidûment Cardan, lui a emprunté ce qu'il jugeait bon et a ajouté ses propres réflexions, afin de contribuer lui-même à l'avancement de la science. Le comportement de Peletier sera similaire en géométrie.

Dans les commentaires de Peletier aux *Éléments* d'Euclide (1557), le nom de Cardan revient quelquefois, d'une part dans le long discours de Peletier suite à la proposition 16 du livre III des *Éléments* d'Euclide (Peletier se réfère alors à quelques pages du livre XVI du *De Subtilitate*, ajoutées par Cardan entre 1551 et 1554), d'autre part dans une lettre de Peletier à Cardan, insérée avec sept autres à la suite du commentaire de Peletier sur les *Éléments* d'Euclide. Dans cette lettre, écrite entre le 25 mai 1555 (date de la mort de Gemma Frisius[16]) et 1557, Peletier rappelle sa rencontre avec Cardan au début de l'année 1552, à Lyon, alors que ce dernier se rendait en Écosse pour soigner de ses difficultés respiratoires l'archevêque John Hamilton[17]. Nos deux mathématiciens ont alors eu l'occasion de converser, à plusieurs reprises, et même de passer ensemble « de nombreux jours familiers »[18]. C'est l'époque où Peletier travaille sur ses commentaires aux *Éléments* d'Euclide. Cardan, lui, profite de son voyage et de son séjour à Lyon pour réviser son *De Subtilitate*[19], qui, entre les éditions de 1551 et 1554, sera largement augmenté[20]. Le contenu mathématique de la lettre de Peletier à Cardan (ainsi que les renvois à Cardan dans les commentaires de Peletier) se réfère précisément aux modifications apportées par Cardan dans son *De Subtilitate*, puisque la lettre de Peletier renvoie à deux des paralogismes que Cardan a repris et qu'il développe dans ses ajouts de 1554, au livre XVI. Le premier paralogisme (P_1) nous dit qu'« il n'existe pas d'angle de segment égal à un droit[21] ». Le second est quant à lui tout d'abord énoncé de façon générale par Cardan[22], avant d'être démontré, sous la formé (P_2) que nous retiendrons pour la suite : « un angle de contact intérieur de deux cercles[23] ne sera jamais plus grand qu'un angle rectiligne »[24]. Les paralogismes étant des raisonnements faux, mais faits de bonne foi, il est important de trouver quelles sont les raisons qui font que l'on aboutit à un faux résultat, ou tout au moins à un résultat en contradiction avec des principes déjà profondément établis.

Dans le *De Subtilitate*, Cardan expose donc ces deux paralogismes et proposera une explication pour le premier ; dans ses commentaires aux *Éléments* d'Euclide ainsi que dans sa lettre à Cardan, Peletier resitue tout d'abord les deux paralogismes de Cardan dans le contexte des *Éléments* d'Euclide (ce que ne fait pas Cardan), puis les dénoue en les considérant comme des conséquences de la proposition 16 du livre III, proposition que Peletier désapprouve[25]. Au XVIe siècle, Euclide est encore la référence en matière de géométrie et de nombreuses rééditions commentées ou non des *Éléments* sont alors imprimées[26]. En s'opposant au grand géomètre, Peletier sait qu'il risque d'être critiqué. En choisissant d'écrire une lettre et qui plus est de l'adresser à Cardan, il se place alors sous l'autorité de ce dernier pour exposer l'argument fort de sa démonstration, le reste de son développement étant donné dans ses commentaires à la proposition I, 16, au fil du texte. Comme il s'y attendait, et bien plus encore, l'explication que Peletier donne pour dénouer le paralogisme sera fortement contestée par la suite. Elle engendrera même une querelle, « la querelle de l'angle de contact », qui durera toute la fin du XVIe siècle, mais aussi pendant une bonne partie du XVIIe siècle[27].

La définition usuelle d'angle, celle « que les anciens ont donnée », nous dit Peletier, est la suivante : « *Un* angle plan *est l'inclinaison, l'une sur l'autre, dans un plan, de deux lignes qui se touchent l'une l'autre et ne sont pas placées en ligne droite.* »[28] (définition 8, livre I). « 9. *Et quand les lignes contenant l'angle sont droites, l'angle est appelé* rectiligne. 10. *Et quand une droite, ayant été élevée sur une droite, fait les angles adjacents égaux entre eux, chacun de ces angles égaux est* droit*, et la droite qui a été élevée est appelée* perpendiculaire *à celle sur laquelle elle a été élevée.* 11. *Un angle* obtus *est celui qui est plus grand qu'un droit.* 12. *Un angle* aigu *celui qui est plus petit qu'un droit* »[29]. D'autres types d'angles, pas forcément définis dans les *Éléments*, seront utilisés par Peletier et ses contemporains. La nomenclature n'est pas encore fixée et les noms retenus ici sont ceux donnés par Peletier.

Nous allons nous intéresser maintenant à un seul des deux paralogismes, le second, et tout d'abord exposer la proposition III, 16 grâce à laquelle, selon Peletier, il pourra être démontré :

> La droite menée à angles droits avec le diamètre du cercle à partir d'une extrémité tombera à l'extérieur du cercle, et dans le lieu compris entre la droite et la circonférence, une autre droite ne sera pas intercalée ;

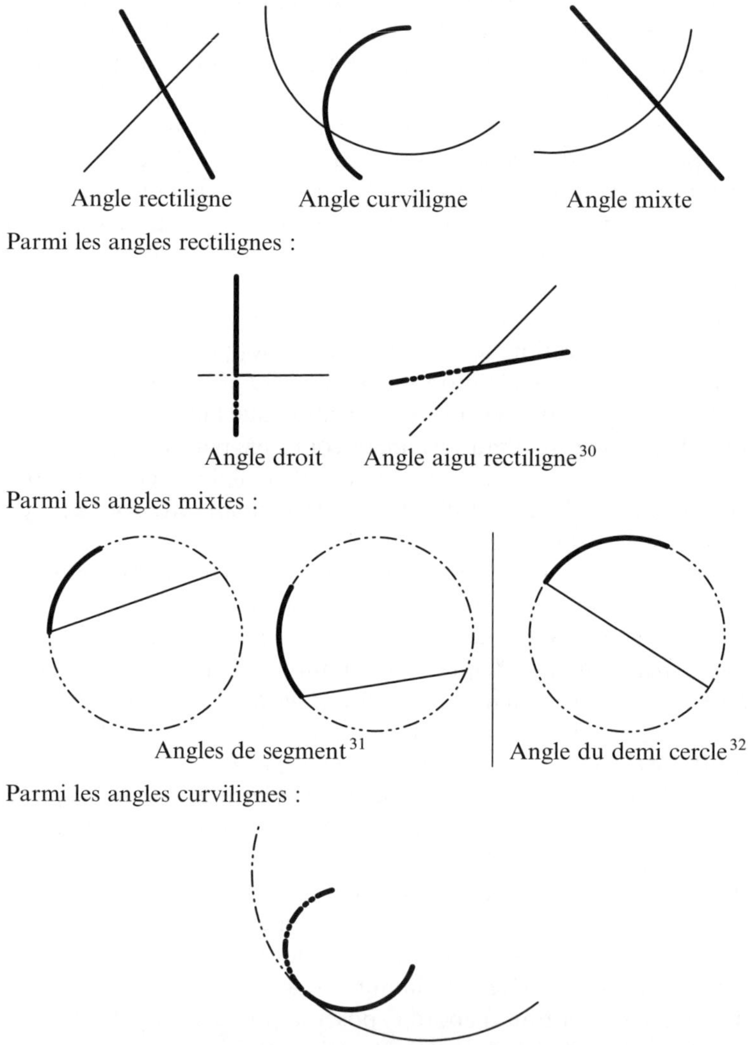
Angle rectiligne
Angle curviligne
Angle mixte
Parmi les angles rectilignes :
Angle droit
Angle aigu rectiligne[30]
Parmi les angles mixtes :
Angles de segment[31]
Angle du demi cercle[32]
Parmi les angles curvilignes :
Contact intérieur de deux cercles[33]

FIGURE 1.

en outre, d'une part l'angle du demi-cercle est plus grand, d'autre part l'angle restant[34] plus petit, que tout angle rectiligne aigu[35].

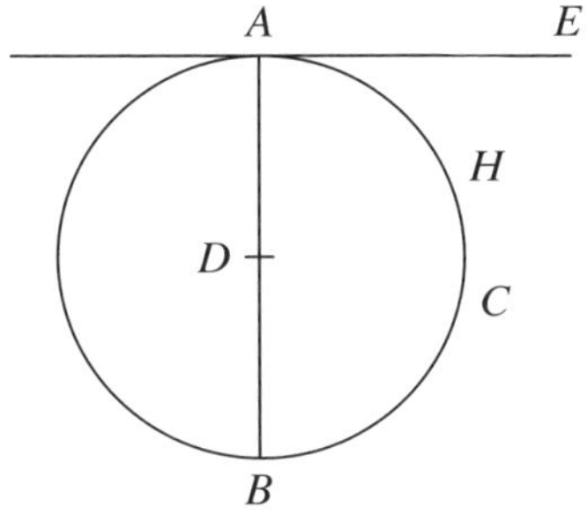

FIGURE 2.

Cette proposition peut être partagée en trois parties et reformulée de la façon suivante :

> Soit le cercle ABC autour du centre D et de diamètre AB. Je dis que la [droite] menée à angles droits avec AB à partir de l'extrémité A tombera à l'extérieur du cercle. [...] Qu'elle tombe comme AE. Je dis alors qu'une autre droite ne sera pas intercalée dans le lieu compris entre la droite AE et la circonférence CHA[36]. [...] Je dis aussi que d'une part l'angle du demi-cercle, celui contenu par la droite BA et la circonférence CHA est plus grand que tout angle rectiligne aigu, et que d'autre part l'angle restant contenu par la circonférence CHA et la droite AE est plus petit que tout angle rectiligne aigu[37].

C'est la troisième partie de cette proposition qui va être sollicitée pour démontrer P_2. À partir de maintenant nous considérerons P_2 comme une simple proposition. Nous l'appellerons à nouveau paralogisme P_2 lorsque nous aurons montré qu'il s'agit bien d'un paralogisme, c'estàdire que d'une part P_2 est démontrable, et que d'autre part P_2 est en contradiction avec une proposition fondée et déjà établie. Pour commencer, voyons la démonstration de P_2. Pour ce faire nous allons reformuler P_2, d'après ce que fait Peletier dans ses commentaires à la proposition III, 16 des *Éléments* d'Euclide[38]. Les étapes et arguments de la démonstration seront ceux de Peletier qu'il dit reprendre lui-même de Cardan.

En s'appuyant sur la figure 3, P_2 va donc pouvoir être reformulée de la façon suivante : « On aura beau augmenter l'angle circulaire[39] EDG

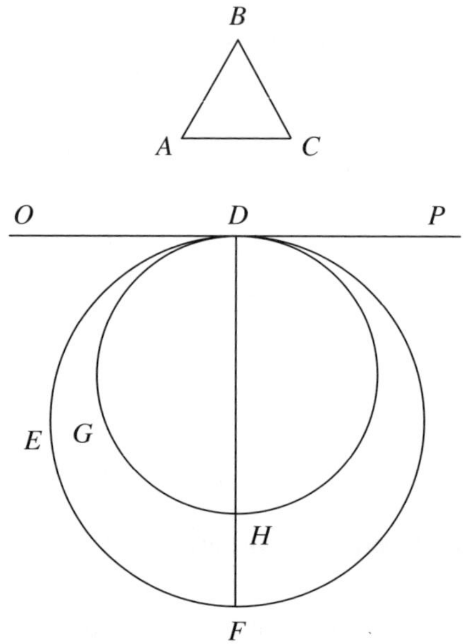

FIGURE 3.

et diminuer l'angle rectiligne ABC, l'angle circulaire ne sera jamais plus grand que le rectiligne. » Pour la démonstration quatre prérequis vont être nécessaires :

(i) « l'angle circulaire EDG, pourra infiniment estre accreu, sçavoir est en tirant sans fin des moindres cercles par D, point de l'attouchement, desquels les centres soyent au diametre DF »[40] (cf. figure 4). Par exemple en considérant le cercle DKL, plus petit que le cercle DGH, on obtient un nouvel angle circulaire EDK. EDK est formé à la fois de EDG et de GDK. Le tout étant plus grand que la partie (axiome 8, livre I), EDK est plus grand que EDG. Donc en diminuant le cercle DGH (et en le faisant devenir, par exemple, le cercle DKL) on augmente l'angle EDG (qui devient l'angle EDK). Ainsi l'angle circulaire EDG pourra être accru.

(ii) « l'angle rectiligne ABC pourra estre infiniment amoindri » : « par les divisions que nous apprend la neuvième du premier[41] : comme icy en ABN, & puis en ABM »[42], *et cetera*.

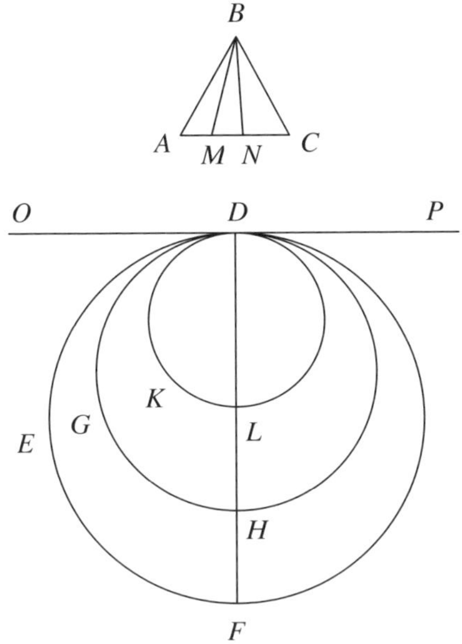

FIGURE 4.

(iii) l'angle ODK est plus grand que l'angle EDK (car le tout est plus grand que sa partie).

(iv) l'angle ODK est plus petit que tout angle aigu rectiligne. (proposition 16, livre III)

Démontrer que l'« on aura beau augmenter l'angle circulaire EDG et diminuer l'angle rectiligne ABC, l'angle curviligne ne sera jamais plus grand que le rectiligne », revient, dans notre cas, à démontrer que « l'angle circulaire EDK ne peut pas être plus grand que l'angle rectiligne ABM », EDK représentant ici toute augmentation de l'angle EDG et ABM toute diminution de l'angle ABC. Des prérequis (iii) et (iv) on obtient que l'angle EDK est plus petit que tout angle aigu rectiligne. ABM étant un angle aigu rectiligne, l'angle EDK est donc plus petit que l'angle ABM[43]. Voila donc démontré qu'un angle de contact intérieur de deux cercles ne sera jamais plus grand qu'un angle rectiligne. Le raisonnement semble logique et à priori sans faille. Pourtant, le résultat démontré est en contradiction avec la proposition 1 du livre X des *Éléments* d'Euclide. Il y a donc paralogisme, parce que le raisonnement, fait de bonne foi, aboutit à un résultat en contradiction avec une proposition déjà ancrée et établie :

> Si de la plus grande de deux quantités vous en ôtez plus que la moitié, & derechef du restant vous en ôtez encore plus que la moitié, & fassiez ceci continuellement : en fin restera une quantité moindre que la quantité moindre posée[44]

Dans la démonstration de P_2 se trouvaient deux quantités : l'angle ABC et l'angle EDG, avec ABC plus grand que EDG. Nous venons de démontrer que l'on aura beau diminuer l'angle ABC, il ne deviendra jamais plus petit que l'angle EDG. Ceci va donc à l'encontre de la proposition 1 du livre X, puisqu'il aurait fallu qu'après divisions l'angle ABC finisse par devenir plus petit que l'angle EDG. Les propositions X_1 et P_2 sont alors incompatibles et nous sommes par conséquent en situation de paralogisme. Le problème est maintenant de le dénouer. C'est ici que vont se séparer les chemins de Cardan et de Peletier. Pourquoi ? Parce que Cardan ne dénouera pas le paralogisme et se contentera de préciser qu'« il y a beaucoup de modes de démonstrations »[45], mais sans en détailler ni énoncer aucune. Peletier, lui, va dénouer le paralogisme en allant même jusqu'à placer ses écrits en partie sous l'autorité de Cardan.

La réponse de Peletier au paralogisme P_2 est très rapide à énoncer et tient en une petite phrase : « le contact intérieur de deux cercles n'est pas une quantité ». Ainsi, le paralogisme est dissous puisque si l'angle EDG n'est plus une quantité, il n'est alors plus question d'appliquer aux angles EDG et ABC la proposition 1 du livre X, car cette dernière est valable pour des quantités. Les propositions X_1 et P_2 étant maintenant énoncées pour des objets de nature différente, elles ne peuvent par conséquent pas être en contradiction. Il n'y a donc plus paralogisme.

Mais la réponse de Peletier au paralogisme P_2 n'est pas une solution de circonstance, se contentant d'ôter une incompatibilité entre deux propositions en les plaçant dans des domaines d'application différents. Affirmer que « le contact intérieur de deux cercles n'est pas une quantité » est le résultat d'une longue argumentation et permettra également à Peletier de faire tomber (entre autres) le premier prérequis en démontrant que « EDK ne peut pas être plus grand que EDG »[46]. Peletier a pris le temps de réfléchir aux questions qu'engendrent P_2 et de construire une réponse argumentée et développée au fil de ses commentaires sur les *Éléments* d'Euclide. Déjà, Peletier trouve un lieu au paralogisme en le reliant clairement aux *Éléments* d'Euclide, ce que Cardan ne fait pas. Ensuite, dans ces mêmes *Éléments*, Peletier va préparer le terrain dès le premier livre, en y discutant de la définition d'un angle. Ainsi, suite à l'énoncé de cette définition, Peletier ajoute :

> Ceste cy est la vulgaire definition de l'angle[47], que les anciens ont donnee : laquelle nous declarerons mieux sur la quinzieme Proposition du troisieme : car elle est assez claire & tolerable, jusqu'à ce que nous soyons arriués là. Cependant toutesfois nous definirons ainsi simplement l'angle plan :
>
> *L'angle plan c'est la section de deux lignes en un plan.*
>
> Car n'y ayant point de section, il n'y a point d'angle, comme nous prouverons lors que nous serons là arrivés[48].

Suite à la proposition III, 15, Peletier précisera encore : « [...] car tout angle consiste en la section, & non pas à l'attouchement. Et où cesse la section, cesse aussi la forme de l'angle. Et, pour le dire en un mot, en croisant, toutes les espèces d'angles se forment »[49]. Peletier distingue donc angle et attouchement (cf. figure 5) : un angle naît forcément d'un croisement, et quand il n'y a pas croisement, il n'y a pas angle. Au mieux, il y a juste attouchement ou contact[50].

Par suite Peletier démontrera (a) que l'attouchement intérieur de deux cercles n'est pas quantité[51], puis (b) que l'attouchement d'une ligne droite avec le cercle et (c) l'attouchement extérieur de deux cercles ne sont pas non plus quantités[52]. Nous avons vu que pour dénouer P_2 Peletier avait avancé que « le contact intérieur de deux cercles, n'est pas quantité ». Peletier dénoue donc le paralogisme en s'appuyant sur un argument fondé, car démontré[53]. Les trois propositions ci-dessus (a, b et c) sont extrêmement importantes et Peletier sait bien qu'en osant les affirmer il va à la rencontre de critiques de la part de ses contemporains. Mais il croit en ce qu'il dit et continuera à défendre son opinion lors des attaques futures qu'il subira. Dès les pièces annexes à ses commentaires Peletier commence à se protéger. En effet, la lettre qu'il écrit à Cardan est complètement concernée et introduite dans le futur débat de la nature de l'angle de contact, puisque, dans cette lettre, Peletier va redémontrer son argument le plus important, à savoir : le contact intérieur de deux cercles, n'est pas quantité. Peletier est conscient qu'il s'avance vers des critiques et que ses démonstrations vont être décortiquées pour en trouver les éventuelles failles. Par sa lettre, d'une part il se place sous l'autorité de Cardan, d'autre part,

L'angle est une quantité :

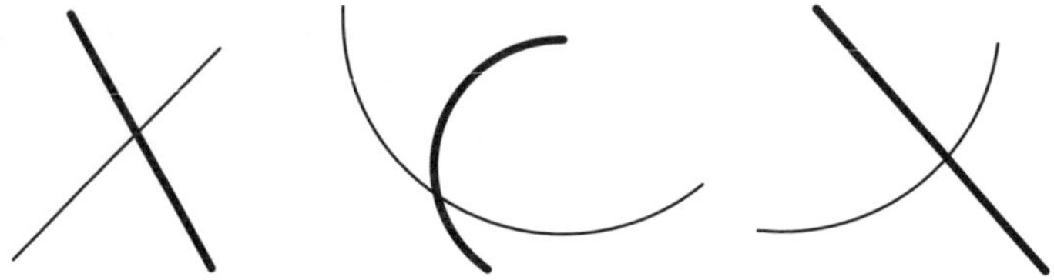

Angle rectiligne (P *P*) Angle curviligne (*P*) Angle mixte (*P*)

L'angle est une quantité :

attouchement (ou contact) intérieur de deux cercles — attouchement d'une ligne droite avec le cercle — attouchement extérieur de deux cercles

FIGURE 5.

il donne à son argument-clé une chance de plus. En effet, si la démonstration qu'il fournit dans ses *Éléments* est amenée à être démontée, il restera celle de la lettre à Cardan, différente, et dans laquelle Peletier a été encore plus rigoureux. La lettre à Cardan est donc un moyen pour Peletier d'asseoir un peu plus solidement sa thèse.

En commentant aussi abondamment la proposition III, 16 des *Éléments* d'Euclide, Peletier s'engage donc dans les prémices de la très longue querelle de l'angle de contact. Si c'est à Peletier et non à Cardan que nous devons d'avoir dénoué nos deux paralogismes, la pensée scientifique de Cardan n'est pas pour autant absente de l'argumentation de Peletier, ne serait-ce que parce que c'est lui qui donne à Peletier l'occasion de réfléchir sur ces paralogismes. Et, en regroupant dans une même lettre une partie de la démonstration de son argument clé et un rappel de sa rencontre avec Cardan, Peletier tend à relier ces deux faits, comme si le développement mathématique de la lettre n'était que le prolongement d'une discussion que les deux hommes auraient déjà eue, quelques années plus tôt.

Notes

1. *Hieronymi Cardani medici mediolanensis, De Subtilitate Libri XXI* Ad illustriss. Principem Ferrandum Gonzagam, Mediolanensis prouinciæ Præfectum. Parisiis, Ex officina Michaelis Fezandat, & Roberti Granjon, in monte D. Hylarii sub Iuncis. 1550.

2. *In Euclidis Elementa Geometrica Demonstrationum Libri sex*. Ad Carolum Lotharingum, Principem, Cardinalemque amplissimum. Ludguni, apud Ioan. Tornaesium et Gul. Gazeium, 1557.

3. *L'Aritmetique de Iacques Peletier du Mans, departie en quatre Liures*, Poitiers, Ian & Enguilbert de Marnef, 1549.

4. *L'Algebre de Iaques Peletier du Mans, departie an deus Livres*, Lyon, Jean de Tournes, 1554.

5. Son père, Pierre Le Peletier, est sieur de Launay et avocat en la Sénéchaussée du Maine. De nombreux parrains des frères et sœurs de Jacques seront eux aussi de ce milieu, tout comme Victor, un des frères aînés de Jacques. (d'après Esnault, G., « Les livres de famille dans le Maine. II. Pierre et Victeur Le Peletier, avocats en la sénéchaussée du Maine. 1499-1556 », *Revue historique et archéologique du Maine* 28, 1890 (Pellechat, Le Mans), p. 532).

6. Peletier s'est engagé dans une réforme de l'orthographe de la langue française et, suite à la parution en 1550 d'un *Dialogue De l'Ortografe e Prononciation Françoese* dans lequel il présente ses arguments en faveur d'une réforme, il fera longtemps imprimer ses ouvrages avec son propre système orthographique.

7. Peletier commence par une traduction de l'art poétique d'Horace en 1541 et continue avec son propre art poétique en 1555 (L'*Art poëtique de Iaques Peletier du Mans, Departi an deus Livres*. A Lyon Par Ian de Tournes, e Guil. Gazeau. 1555). La même année paraîtra ce qui fut considéré comme l'un des tous premiers ouvrages de poésie scientifique en langue française ; *L'Amour des amours. vers liriques. Par Iaques Peletier du Mans.* À Lyon Par Ian de Tournes (à ce sujet voir Schmidt, Albert-Marie, *La poésie scientifique en France au seizième siècle*, Albin Michel, Paris, 1938 et Pantin, Isabelle, *La poésie du ciel en France dans la seconde moitié du seizième siècle*, Droz, Genève, 1995).

8. Jean II de Tournes est le fils de Jean I de Tournes, imprimeur de l'original latin de 1557 et chez qui Peletier se serait installé quelques temps lors de son séjour lyonnais (de 1552 à 1557). Jean II de Tournes fait imprimer successivement une réédition latine des *Éléments* de 1557 (en 1610) et une traduction française en 1611 (rééditée en 1628). Dans l'introduction qu'il donne en 1611, Jean II de Tournes nous rappelle ses liens passés avec Peletier et se justifie

de traduire en français ses commentaires aux *Éléments* d'Euclide ; « Au demeurant je sçay que Forcadel & Errard ont faict voir aux François l'Euclide, ou partie d'iceluy ; mais cela ne m'a pas empesché de traduire & imprimer Peletier, pour la singuliere methode & merueilleuse facilité qui luy est familiere. Ce que ie ne commence pas maintenant à cognoistre, l'ayant appris & remarqué dés l'aage de quatorze ans, lors que ledit Peletier me lisoit, en la maison de mon pere, les Demonstrations de Theon & de Champagne sur ces six premiers liures. » (PELETIER, *Éléments*, 1628, « À la noblesse françoise », non paginée).

9. CIFOLETTI Giovanna, « Cardano's algebra in the manual of Peletier and Gosselin », in *Girolamo Cardano. Philosoph, Naturforscher, Arzt*, herausgegeben von Eckhard Kessler, Harrassowitz Verlag, Wiesbaden, 1994, p. 243264.

10. *Arithmeticae practicae methodus facilis, per Gemmam Frisium Medicum ac Mathematicum*, Cum privilegio. Væneunt Antuerpiæ Gregorio Bontio. sub insigni Basiliensi. 1540. La première édition de l'ouvrage de Frisius, annoté par Peletier, a pour titre ; *Arithmeticae practicae methodus facilis per Gemmam Frisium, Medicum ac Mathematicum. Huc accesserunt Iacobi Peletarii Cenomani annotationes ; Eiusdem item de Fractionibus Astronomicis Compendium ; Et de cognoscendis per memoriam Calendis, Idib. Nonis, Festis mobilibus, & loco Solis & Lunæ in zodiaco*. Apud Gulielmum Richardum, in pingui Gallina, ex aduerso Collegij Cameracensis. 1545.

11. Par exemple, après avoir expliqué comment extraire la racine carrée et la racine cubique d'un nombre entier. Peletier, alors tenté par une généralisation, se retient et annonce réserver à son *Algebre* l'exposition des plus nécessaires de ces extractions. À cette occasion Peletier mentionne une petite liste de mathématiciens, dont Cardan, grâce auxquels l'Algèbre a été « traittee & augmentee fort richement » (*L'Aritmetique*, 1549, fol. LVIII v°).

12. STIFEL, *Arithmetica integra*. Authore Michaele Stifelio. Cum præfatione Philippi Melanchthonis. Norimbergæ apud Iohan. Petreium. Anno Christi M. D. XLIIII.

13. CARDAN, *Practica arithmeticæ Generalis omnium copiosissima & utilissima*, 1539.

14. CARDAN, *Hieronymi Cardani, Artis Magnæ, sive de regulis algebraicis, liber unus*, 1545.

15. Voir par exemple CIFOLETTI, Giovanna, art. cit.

16. Dans la lettre à Cardan, Peletier déplore la mort récente de Frisius.

17. Au cours de son voyage, Cardan passe par la ville de Lyon, y arrive le 3e jour des ides de mars de l'année 1552 et y restera au moins 46 jours avant de reprendre son périple, pour arriver en Écosse le 29 juin 1552. (*De Vita propria*, in *Hieronymi Cardani mediolanensis opera omnia. In decem Tomos Digesta*, Lyon, 1663. Tome 1, p. 18).

18. PELETIER, *Éléments*, 1557, « Lettre à Cardan », non paginée.

19. PELETIER, *Éléments*, 1557, « Lettre à Cardan », non paginée.

20. On passe d'une quinzaine à une quarantaine de pages.

21. Pour une explication de ce que sont les angles mis en jeu dans les deux paralogismes, cf. ci-dessous figure 1.

22. « Voilà un plus grand paralogisme, dans les genres différents, et qui est tel ; une certaine quantité est augmentée, de manière continue, de plus du double ou tout au moins du double, jusqu'à ce qu'elle parvienne à une quantité beaucoup plus grande, par exemple cent fois plus grande. Et pourtant avant de parvenir à cette quantité extrême, elle ne deviendra jamais égale, ou plus grande, que telle plus petite quantité ». Traduction de CARDAN, *De Subtilitate*, Lyon, 1558, p. 551 : « Major hæc fit paralogismus in diverso genere, & talis est. Aliqua quantitas continue augetur plus quam ad duplum, vel saltem ad duplum, donec perveniat ad longe majorem quantitatem alia, utpote centuplo majorem, & tamen antequam perveniat ad illam extremam quantitatem, nunquam fit æqualis aut major illa minore quantitate. ».

23. Nous empruntons ici le vocabulaire de Peletier. Cardan parle lui d'angle de contact (« angulus contactuum ») ou d'angle au contact des cercles (« angulus contactus circulorum »).

24. Les mots exacts de Cardan sont : « ergo [...] erit angulus contactuum quantumcunque magnus minor angulo rectilineo quantumcunque parvo » (« Un angle de contact si grand soit-il sera plus petit qu'un angle rectiligne si petit soit-il »), Cardan, *De Subtilitate*, Lyon, 1558, p. 553.

25. Peletier a certes un grand respect du travail des Anciens, mais conformément à l'idée qu'il se fait de l'évolution des arts (dont fait partie la géométrie), il n'hésite pas à critiquer les travaux de ces prédécesseurs, lorsqu'il le juge nécessaire, dans l'optique de faire avancer la construction de la science.

26. Cardan lui-même a écrit des commentaires aux *Éléments*, restés manuscrits.

27. À ce sujet, voir LOGET (François), *La querelle de l'angle de contact (1554-1685). Constitution et autonomie de la communauté mathématique entre Renaissance et Âge baroque*, thèse pour l'obtention du grade de Docteur de l'EHESS en Histoire des sciences et des techniques présentée et soutenue publiquement le 7 juin 2000.

28. EUCLIDE, *Les Éléments*. Traduction et commentaires par Bernard Vitrac, *cit.*, p. 158.

29. EUCLIDE, *Les Éléments*. Traduction et commentaires par Bernard Vitrac, *cit.*, p. 158-160.

30. Un angle aigu rectiligne est un angle rectiligne moindre qu'un angle droit.

31. Soit donné un cercle. L'angle formé par un segment de ce cercle et la circonférence est appelé « angle de segment » (définition modernisée).

32. Soient donnés un cercle et l'un de ses diamètres. L'angle formé par ce diamètre et la circonférence est appelé « angle du demi-cercle » (définition modernisée).

33. Soient deux cercles tangents, le centre du plus petit étant sur le diamètre de l'autre. L'« angle » formé par la circonférence de l'un et l'autre des cercles est appelé « contact intérieur de deux cercles » (définition modernisée).

34. L'angle restant est l'angle formé par la circonférence AHC et la droite AE.

35. EUCLIDE, *Les Éléments*. Traduction et commentaires par Bernard Vitrac, volume 1 ; *Introduction générale* et *Livres V à IX*, Presses Universitaires de France, Paris, 1990, p. 423-424.

36. Autrement dit ; aucune droite, contenant A, ne peut être intercalée entre AE et la circonférence CHA.

37. EUCLIDE, *Les Éléments*. Traduction et commentaires par Bernard Vitrac, *cit.*, p. 424-425.

38. PELETIER, *Éléments*, 1628, p. 1823.

39. Conformément au premier énoncé de P_2, l'angle curviligne EDG est bien un angle de contact intérieur de deux cercles.

40. PELETIER, *Éléments*, 1628, p. 183.

41. Proposition 9, livre I ; « Couper un angle rectiligne donné en deux parties égales » (VITRAC, tr. cit., p. 214).

42. PELETIER, *Éléments*, 1628, p. 183.

43. L'angle EDK est plus petit que l'angle ABM et ce quelle que soit bien sûr la taille du cercle DKL (et donc de l'angle EDK) et quelle que soit également la taille de l'angle ABM.

44. Proposition X_1, d'après PELETIER, *Éléments*, 1628, p. 175.

45. « verum multi sunt modi demonstrationum » (Cardan, *De Subtilitate*, Lyon, 1558, p. 553).

46. PELETIER, *Éléments*, 1628, p. 1834.

47. Nous avons donné cette définition p. 209.

48. PELETIER, *Éléments*, 1628, p. 8.

49. PELETIER, *Éléments*, 1628, p. 176.

50. Nous trouvons différents noms dans la littérature pour désigner le contact. Certains l'appelleront angle de contingence, angle de contact ou d'attouchement. Peletier, lui, prendra soin de ne pas utiliser le mot « angle » dans la dénomination de ce que justement il considère comme n'étant pas un angle.

51. PELETIER, *Éléments*, 1628, p. 178.

52. PELETIER, *Éléments*, 1628, p. 179.

53. Les démonstrations se trouvent aux pages 178 à 181 (PELETIER, *Éléments*, 1628).

Cardan et le syncrétisme pagano-chrétien

Pierre Maréchaux

On cite rarement le nom de Cardan lorsqu'on esquisse une histoire de l'herméneutique à la Renaissance. Pourtant Cardan n'a cessé de s'intéresser au cryptage. Dans le *Proxeneta* il a fait de la dissimulation un des atouts majeurs de la *prudentia ciuilis.* Il a dans le *De secretis* entrepris de développer une histoire théorique des arcanes. Il a dans le *De rerum uarietate* montré comment des analogies dissimulées entretenaient l'unité du Tout et comment on pouvait remonter pour ainsi dire la chaîne des signatures afin de parvenir à une perception correcte d'objets cachés. Il y a une profonde cohésion entre les parties les plus distantes ; c'est ce qu'affirme un long passage du traité de la *Variété naturelle* : « la sympathie existe dans le monde comme dans le corps humain et il y a dans l'un et dans l'autre un accord des parties. Le cœur joue le rôle de l'air ; le cerveau de l'élément aqueux ; le foie de la terre ; les membres, de la génération, de la lumière[1] ».

Notre rôle n'est pas ici de revenir sur une notion qui, concernant la physique ou la médecine, a été amplement traitée mais plutôt d'envisager cryptage et exégèse sur des terrains où l'on attend moins Cardan : la pensée mythique et la pensée civique. Il est même curieux de voir avec quelle labilité on passe de l'une à l'autre. Or, les instruments qui permettent de coder un texte sacré ou d'opacifier une conduite sociale sont-ils les mêmes ? Le principe du secret est-il un invariant ? Y a-t-il chez Cardan selon la dichotomie de Proclus des symboles qui montrent du doigt leur couture allégorique ou qui masquent sans équivoque sous une triple couche de fard leur propre dissimulation.

Commençons par l'exégèse et par le vivier des fables. Cardan n'est pas reconnu comme un théoricien de l'interprétation des mythes.

Comme Lipse, Muret ou Aneau, il est pourtant l'enfant de son temps, un temps où la question du syncrétisme a fait coulé beaucoup d'encre[2]. Disons d'abord que son rapport au mythe est comme tout entier enraciné dans le principe de la concordance. Un passage du *De libris propris* regarde la mythographie comme une discipline suspecte : « viennent les fables et les jeux dont l'invention est délectable, dont la connaissance exerce le jugement. Et même s'il existe une infinité de jeux, nous avons traité seulement celui qui ne donne pas le mauvais exemple[3] ». En quoi l'exercice mythologique est-il au temps de Cardan un jeu dangereux ? Il faut relire les *Epistulae virorum obscurorum* attribuées à Von Hutten pour comprendre comment des générations ont pu regarder avec prudence le systématisme des interprétations mythographiques et la volonté anachronique de christianiser la Fable. Dans ce recueil subversif, une lettre datée de 1516 du frère Conrad Dollenkopf d'Heidelberg à son directeur de conscience Martin Gratius, montre comment le jeune novice féru d'interprétations et d'équations pagano-chrétiennes se satisfait en tout point des méthodes d'allégorisation en vogue deux siècles plus tôt et croit réaliser au mépris de la vraie théologie de parfaites concordances[4]. Tout le texte est une antiphrase déguisée : « Je sais déjà par cœur toutes les *Métamorphoses* d'Ovide et je suis capable d'en donner une quadruple exégèse : naturelle, littérale, historique et spirituelle[5] ». S'ensuit l'éloge d'un certain Thomas Walleys[6], prête-nom de l'initiateur de ces fameuses équations, Pierre Bersuire, l'auteur de l'*Ovidius Moralizatus.* Les *Epistulae* de Hutten à l'instar de certains écrits de Luther prennent violemment à parti ces *ludi fabulosi* qui font des ravages dans les esprits et qui sont le fruit d'exercices pratiqués en chaire par des auteurs de sermons habitués à mêler Ovide et l'Ecriture et à croire en la fusion de la poésie et de la théologie, en un mot à substituer à l'exégèse puriste une *théologie poétique.* Cardan n'est pas opposé au principe élevé de la théologie poétique : dans ses *Praecepta ad filios*, il dresse la liste des auteurs nécessaires à une éducation accomplie : « en poésie, Homère, Virgile, Horace » ; parmi les polygraphes « la *Mythologie* de Conti, Cœlius Rhodiginus, Coelius Calcagninus, les *Fables* de Boccace, etc[7]. ». Nul doute. Il faut voir derrière ces *Fabulae* de Boccace la *Genealogia deorum* dans la mesure où le titre — hyginesque — se rapporte à un dictionnaire de fables. Tout ce choix d'auteurs nécessite d'être compris : d'abord Cardan répudie Ovide auquel il préfère des mythographes. Ceci n'est pas indifférent.

Conti, Rhodiginus ou Boccace travaillent essentiellement par substitution. Ils ne citent que passagèrement le texte d'Ovide préférant lui substituer un résumé. La fable en résumé, voilà qui n'est pas neuf. Bersuire en avait été le promoteur dès 1348, faisant école[8]. La fable en résumé : manière commode d'exclure du texte la *lasciuia*, l'*obscoenitas,* les *stupra* dont un certain ovidianisme rigide, dans la première moitié du XVIe siècle, avait coutume de créditer le texte[9]. Dernière remarque : tous les mythographes cités par Cardan sont des « antiquisants », entendons qu'ils ne se livrent par au transhistoricisme anti-archéologique de ces baptêmes chrétiens des mythes (Bersuire). Conti, Rhodiginus et Boccace ont en cela de commun qu'ils répudient la scrupuleuse lecture des fables à l'aune des quatre sens de la lecture biblique, et qu'ils reviennent indéfectiblement aux trois sens à l'œuvre dans les mythographies stoïciennes (Paléphate, Cornutus, le Cicéron du *De natura deorum*, Héraclite d'Ephèse), je veux parler du sens littéral ou historique, du sens physique et du sens moral ou tropologique. Point de typologie (i.e. de sens typique), point d'eschatologie (i.e. de sens spirituel ou anagogique). Privilégiant ces noms, il semble bien que Cardan, sans qu'on veuille lui prêter d'intention autre que bibliographique, réunisse là les porte-parole d'un allégorisme stoïcien plus rigoureux qui s'épanouit en même temps que les interprétations sauvages des moralisateurs. Mais continuons notre lecture du *De libris propriis* : s'ensuit une définition de la lecture quadruple des fables : si Cardan privilégie dans ses conseils bibliographiques des auteurs qui ont prôné une triple lecture, lorsqu'il en vient à définir le *fabularum quadruplex genus*, n'hésite pas à recourir à des catégories différentes : « le quadruple genre des fables : simple, mystique, parabolique et historique[10] ». Cette liste étonnerait plus d'un herméneute si elle n'était accompagnée d'un développement explicatif. En effet, il est d'usage dans l'exégèse classique de considérer le *sensus simplex* comme un doublet du *sensus historicus* par opposition au *sensus multiplex*. L'*historia* peut être définie comme *prima significatio* ; au niveau de la lecture, elle constitue le *primus intellectus* ; à celui du commentaire elle est *prima expositio*. L'*historia* est donc *simplex*, simple pour ne pas dire simpliste car elle induit une hystérie sémantique en ce qu'elle suppose la gesticulation (comprendre l'excès et le spectacle hystérique). Car le récit n'est affaire de choses purement vues ou agies. De fait, il va jusqu'à délivrer les gesticulations du sens et l'on sait qu'au Moyen Age, le mot « gesticulation » n'a cessé d'être violemment pris à partie ; il signifie le geste en tant que désordonné, mauvais, démoniaque ; il est associé aux désirs pervertis, à la *libido* peccamineuse et à l'activité des histrions. Que l'*historia* délivre donc le spectacle, moins édifiant de l'Ecriture, elle n'en restera pas moins livrée à un soupçon préjudiciel ; c'est le soupçon classique depuis Tertullien et Augustin, qui s'attache à la visibilité théâtrale, et à son risque d'excès, d'hystérie, d'idolâtrie. C'est par crainte de voir réduire la lecture du texte des *Métamorphoses* à son *historia* que l'on préfère lui substituer du XIIIe au XVIe siècle des résumés plus neutres telles les *argumenta* de Lactance Placide ou que Bersuire, à l'imitation de Jean de Garlande, a systématisé le principe de l'allégorisation. Venons-en maintenant à la définition des quatre sens sous la plume de Cardan : « une fable est *simple* lorsqu'à travers des faits qui ne peuvent exister ou qui sont absurdes, nous signifions quelque chose : faire parler une statue, ou faire dialoguer un homme avec la statue. La fable historique diffère de la parabole en ceci : elle n'est pas rehaussée d'ornements, et elle est entièrement tournée vers la signification. Mais le fable historique s'efforce de rendre le récit semblable à de l'Histoire. La fable mystique quant à elle contient des arcanes, soit présentes, soit futures. Mais nous avons traités de ces dernière questions dans un livre particulier[11] ». Cardan dissocie donc littéralisme aberrant et littéralisme plausible, un littéralisme dégagé de toute figuration, de toute métaphorisation, un littéralisme qui n'a de souci que la restitution du réel. Il ne concilie pas les *mirabilia* et l'Histoire, il n'entend même pas évhémériser le mythe, il instaure une cassure dans une *épistémè* pourtant accoutumée à ne pas distinguer la lettre du fictif de la lettre du réel. De surcroît, en opposant l'Histoire à la parabole, qui n'est séparée d'elle que par une faculté d'adorner du factuel, il laisse entendre que la fable n'est qu'une réalité déguisée, opacifiée par les figures. Une telle thèse suppose donc un processus de fabulation conçu comme l'étape ultime de l'écriture du mythe. Si l'invention a un pied dans l'existant, c'est à partir de l'*elocutio* que se crée la Fable et que s'invente la pensée mythique. Dans la *Genealogia deorum*, cette pensée mythique était originelle, située d'emblée dans la logique même du processus rhétorique et de sa canalisation bien connue[12] : invention, disposition, élocution. Cardan raisonne en fait comme les néo-platoniciens de son temps, Symphorien Champier, Hubert Fournier, Pierre Lavin[13] qui reprennent à leur compte la pensée de Macrobe, et notamment le thème du voile de la fable. La vérité factuelle anticipe toute forme de figuration ; jamais la figuration n'est enclose dans la vérité, ni la vérité enclose — en vertu d'un syncrétisme têtu — dans la figuration. Dernier point : le sens mystique. Il semble là que Cardan ait fait d'une pierre deux coups : en effet il voit dans la signification spirituelle de la Fable tantôt des *arcana praesentia*, tantôt des *arcana futura*. Il faut éviter sur ce point de commettre un contresens : les *arcana praesentia* ne désignent pas le trésor présent d'une sagesse révolue, (ce serait la un point de vue admis par les pythagoriciens de la Renaissance, Philippe Béroalde l'ancien ou Gyraldi, et plus tard par Bacon dans son *De sapientia ueterum* à savoir que la Fable est le point d'ancrage ou le réceptacle de la sagesse des nations) ; ils relèvent dans un contexte d'exégèse purement scripturaire de l'anagogie, ce principe ultime de toutes les conversions, qui n'est autre que l'acte même de s'élever vers la lumière et la face divines. Toutes les métaphores anagogiques sont des métaphores du vol et de la lumière ; aussi est-elle définie comme une *penna contemplationis*, la « plume de la contemplation » que réserve, si on sait la saisir, chaque passage de l'Ecriture. Aussi, est-elle nommée *sursumductio* ou *subleuatio*. Elle vise depuis le bas — depuis chaque particule physique du texte sacré — l'invisible lumière du divin ; elle vise le futur (*arcana futura*) au sens eschatologique. Elle constitue comme l'a montré Guillaume de Saint-Thierry l'aire théologique et téléologique par excellence de la signification. Nul autre sens plus que l'anagogique ne possède ce caractère d'imminence — qui se dit *praesens* — de la présence divine. De fait, la dichotomie cardanienne *praesentia/futura* dessine le même intervalle, génère la même tension temporelle que celle qui sépare le *nunc* de la terre du *tunc* de l'éternité. Mais ceci est valable pour l'Ecriture et concernant la Fable l'assertion résonne comme un coup de tonnerre dans l'histoire des mythographies humanistes. L'anagogie mythique en effet est un terrain miné car elle suppose une prescience que depuis Boccace les théologiens ont toujours déniée aux anciens mythographes. De fait lorsque Boccace présente l'anagogie comme une de ses futures clés de lecture dans le chapitre 3 du premier livre de la *Généalogie* (c'est la lecture de la fable de Persée où il est montré qu'anagogiquement Persée s'envolant victorieux de la Gorgone dans l'éther représente le Christ montant vers son père, après avoir vaincu le prince du Monde, c'est-à-dire Satan), il se garde bien de l'abandonner et il lui préfère la routine de l'allégorie tropologique[14]. Le seul à établir des équations anagogiques entre les mythes et les significations christiques est Pierre Bersuire. On sait à quel point l'anagogie est gênante dans l'exégèse car elle pose à la Renaissance un problème de concordance dogmatique. Si la parabole est regardée avec confiance, c'est qu'elle réactive une des données de la sempiternelle théologie poétique : le principe de l'imagerie hiéroglyphique ne montrant comme l'écrit Pic de la Mirandole « au vulgaire que l'écorce des mystères et réservant la moelle du sens véritable aux esprit supérieurs » (*Commento*, III, 8, 11, 9). Au contraire, l'anagogie est constamment éradiquée des grands commentaires mythographiques (Cartari, Conti, Gyraldi, Pictor) car elle suppose moins une mise en parallèle (sens propre/sens figuré), comme c'est le cas des concordances, qu'une conflation entre la formulation et la présence spirituelle qui l'habite. Déjà dans la parabole, on retrouvait l'image de la vêture narrative du spirituel (et l'on ne cesse au XVIe de clamer que le Christ s'est exprimé par paraboles), mais le vêtement était mis comme après coup. Ce qui fait problème ici dans les arcanes de l'anagogie, c'est que le voile est consubstantiel à la présence. Déjà Bersuire inquiétait par la profusion des anagogies à l'aune desquelles il lisait et relisait Ovide ; tout l'Europe humaniste s'en plaignait jusqu'à sa mise à l'Index lors du Concile de Trente. Mais Bersuire réduisait l'anagogie à une concordance de même type que tous les autres sens mis en lumière dans sa moralisation : le typologique, le tropologique, l'historique. Bersuire ne parlait jamais en terme de syncrétisme. *Arcana praesentia* est une expression syncrétique. Elle mérite que l'on regarde de plus près le *De secretis* que Cardan nous invite à lire à la suite de ce texte.

Dans ce texte, Cardan nous livre plusieurs moyens de vivre ce passage de la formulation à la notion, de l'écorce au noyau, comme disait Augustin : 1) « ce n'est pas le nom qu'il faut investir, c'est l'objet même » (*nam non nomen... quaeritur, sed res ipsa*)[15] 2) les secrets se divisent en *cognita* et en *occulta* : les *secreta cognita* sont connus à la base mais obscurcis à dessein d'en éviter une sorte de galvaudage universel ; les *secreta occulta* n'ont pas encore été découverts (*necdum inuenta*) ; ils n'offrent à l'investigateur qu'un champ séminal à l'état latent (*extant seminaria quaedam inueniendi*) et comme les potentialités intermittentes et casuelles de leur découverte (*casu detegi*). Cette dichotomie correspond à l'usuelle bipartition des fables dans toute la tradition mythographique :

— la conception philonienne selon laquelle le myste ne parle pas de la révélation au non initié, mais la garde en lui comme un trésor (*De Cherubim*, 12, 42) : μηδενὶ τῶν ἀμυήτων ἐκλαλήσετε, ταμιευσάμενοι δὲ παρ' ἑαυτοῖς φυλάττετε θησαυρόν. Au mieux, égarer l'ignorant en faisant en sorte d'enclore le secret sous une enveloppe mesquine de formules et de mots (Philon parle de la γλισχρότης ῥημάτων καὶ ὀνομάτων) à laquelle les superstitieux, incapables d'investir le langage (pour reprendre les mots de Cardan) ramènent en littéralistes exclusifs tout le sacré.

— la conception proclienne en vertu de laquelle la vérité transparaît à travers de minuscules rais de lumières mouchetant la surface opaque de l'écorce, Proclus d'ailleurs parlant moins d'écorce que d'écrans criblés d'interstices. Ce procédé accuse la fonction protreptique d'une allégorie qui valoriserait indirectement une vérité encore méconnue, et comme enclose de l'intérieur, et qui exciterait le désir et exercerait à la recherche[16].

Dans les deux cas, il est question d'une discrimination par l'allégorie, tantôt culturelle et *a posteriori*, tantôt naturelle et innée. Comme illustration de ce refus de l'avilissement commun ou de la dépréciation (c'est le *ne uilescant* d'Augustin dans sa *Lettre 120*), Cardan cite son *Hymne* et en justifie le cryptage par un *ne prophanentur diuina* (*De secretis*, I, 9, f° 542). Il est difficile de considérer à première vue cette courte invocation à Dieu comme une œuvre cryptée. Si cryptage il y a, c'est par un renversement des habitudes exégétiques : ce n'est pas au physicien dont le discours est chétif et déparé (*oratio exilis & inornata*) de prétendre dépasser le simple réalisme descriptif du témoignage de l'immensité divine, c'est à Dieu de crypter la Nature et de dépasser de cent coudées le plus ingénieux des investigateurs : « À quoi bon des ornements quand ce que tu veux nous dire surpasse d'un abîme infini toute la capacité de notre âme, toute fiction (*omne figmentum*) [17] ».

Naturellement, ce déni impuissant ne fait qu'accuser le paradoxe : d'une part, selon Cardan, « un secret mérite d'être dissimulé » (f° 545 col. 1 : *secretum occultari meretur*) ; d'autre part, il y a des investigateurs patentés *apti ad secreta inuenienda* (ch. 18 f° 547). On retrouve sur un plan profane ici la bipartition initiés/ignorants développée par

Philon, Origène, Porphyre et leurs épigones. Cette dichotomie sera le fer-de-lance du *Proxeneta*, immense traité sur la notion de prudence civile et où triomphe la notion de *dissimulatio.* Il serait assez tentant de relier ce texte à toute une tradition pré-gracianesque de l'honnête dissimulation et de trouver des similitudes : éloge du silence, brièveté, affabilité, prudence dans la décision, faculté de déchiffrer la faille d'autrui, d'être en un mot un pénétrant impénétrable. Que je sache, on n'a toujours érigé comme modèles de l'*oraculo manual* (de l'oracle portatif) de Gracián les œuvres de Torquato Acetto, Castiglione évidemment et Paleotti. Cardan semble être le grand oublié de la liste. Mais je ferme là cette parenthèse pour revenir à l'herméneutique et à la pensée mythique. L'extrait du *De libris propriis* où Cardan souligne la primauté spirituelle du sens anagogique concerne l'interprétation des fables. Je me suis étonné qu'en un temps où elle était farouchement déconseillée pour n'être réservée qu'aux Ecritures, Cardan lui eût donné ses lettres de noblesse. En fait ce transfert dangereux a été historiquement fondé : un passage du *De prouidentia* de Philon assimilait à l'initiation mystérique non seulement le déchiffrement des Ecritures mais également celui des mythes païens. Il semble, comme l'a montré Edgar Wind à propos de Pic de la Mirandole, que parallèlement à un durcissement de l'opinion des contemporains de Cardan sur ce point (Rabelais par exemple n'y est pas favorable), il y ait eu quelques embardées à l'encontre de la doctrine : à Wittenberg, vers 1550, un élève de Melanchthon, Jean Spreng, un paraphraste d'Ovide, n'a pas hésité à braver les interdits de la Réforme, les règles édictées par Sturm dans les Gymnases contre l'usage de l'anagogie mythologique[18] : faut-il voir chez lui comme chez Cardan un exemple de ces pulsations du goût qui traduisent une nostalgie des anciennes moralisations ou plus banalement un traditionalisme entêté ou un aveuglement ténu ?

Cela dit, Cardan n'est pas un mythographe. À la différence de Lipse dont l'œuvre regorge d'interprétations éparses de la Fable, Cardan préfère l'*exemplum* historique[19] à l'*exemplum* mythique. Les index sont lumineusement vides du nom des dieux. Au mieux dans un passage du *De utilitate ex aduersis capienda* ramène-t-il à un *topos* d'école sur la surdité aux flagorneurs le mythe homérique des Sirènes : « Que signifie d'autre dans l'œuvre d'Homère la courte fable des Sirènes, d'Ulysse et de ses compagnons se bouchant les oreilles, si ce n'est de s'évertuer à ne point prêter l'oreille à la multitude[20] ? » S'ensuit une longue liste de Sirènes humaines : les flatteurs insidieux, sans morale, impies, niais, amoureux, et tous ceux qui sont victimes d'affects tels que la colère, la jalousie, le chagrin ou la cupidité. Cette lecture tropologique des Sirènes comme incarnations des *motus animi* et des *adulatores* a une source bien connue : le dixième livre des *Mythologies* de Natale Conti. Dans ces équations du type « Sirenes id est adulatores », on reconnaît là un principe de lecture à l'œuvre dans la allégorisations du Moyen Age et exploité dans un genre tel celui du commentaire, à la Renaissance. Le problème de la copule *id est* est pluriel : d'abord, il faut se demander selon quelle pertinence logique je peux mettre sur le même plan du fictif et du concret ; ensuite, il faut s'assurer que la réversibilité de l'égalité n'est pas impie : dire que les Sirènes sont des adulateurs séculaires ou que les adulateurs du temps sont les fameuses Sirènes d'Homère, cela ne constitue pas un danger. Dire comme Bersuire qu'Actéon dévoré par ses chiens, c'est le Christ molesté par les Juifs est en revanche plus tendancieux car la réversibilité de l'affirmation pose un problème d'antériorité de la fable par rapport à l'Evangile. La Fable est bien sûr antérieure à l'Evangile mais chacun sait qu'elle ne l'annonce ni ne l'induit, qu'elle n'en a pas la prescience, bref, que malgré le privilège de l'âge, elle ne lui est pas consubstantielle. Il s'avère que Cardan s'est intéressé aux copules tout autant pour leurs vertus syncrétiques que pour leur fonctionnement analogique. C'est en ce sens que Cardan comme l'ont montré beaucoup de chercheurs dont Foucault puis Jean Céard a été le théoricien de la sympathie. Ainsi dans le *De varietate rerum*, Cardan s'intéresse au principe de la liaison unitaire. Pas question de faire de la sympathie le siège d'un décentrement systématique, le carrefour de liaisons lointaines, mais plutôt le théâtre parfait d'une continuité indissoluble entre les notions. « Réunir en faisceaux sans cohésions évidentes les multiples éléments qui signent la variété de l'univers[21] », telle est la justification par les propres mots de Cardan de l'analogie comme principe central à l'œuvre dans le *De rerum varietate.* Les exemples mythographiques (fable de Polyphème, passages empruntés à l'*Iliade* dans le *De sapientia*) font toujours preuve d'une analogie molle : il s'agit de trouver dans les récits des anciens une sagesse immémoriale qui est restée somme toute un invariant philosophique. Quand Cardan dit que le sang d'Ulysse coule dans les veines d'un prince aguerri et prudent, personne ne s'offusque, car ce genre de tropologie civile est à la mode lorsqu'il rédige le *De sapientia*. Il faut citer les *enarrationes ouidianae* de Schuler alias Sabinus[22], le gendre de Melanchthon, pour se convaincre de toutes les possibilité d'une lecture « civico-morale » de la Fable : Ovide devenu maître à penser des manuels de civilité en forme de commentaire allégorique, voilà la résultante des moralisations à la Bersuire ; voilà également une des lignes de la pensée mythographique de Cardan. Plus dangereuse est l'analogie dure, celle qui croit dans le sens d'Agostino Steuco en la transfusion du profane dans le sacré, et au providentialisme du sens anagogique de la Fable païenne. C'est là un des mérites de Cardan d'avoir retenu la part la plus polémique d'une tradition sur son déclin. Cela s'explique sans doute en ceci : que les nombreuses préoccupations de Cardan ont convergé vers le problème de la divination. Chez lui tout était affaire de divination : l'agriculture, la navigation, la physiognomonie, la justice, l'astronomie, la médecine. L'herméneutique des mythes a donc été un champ particulier de cette divination reconnue comme discipline canonique : et le mythologue à l'instar de l'haruspice moderne qu'est le physicien spiritualiste n'avait plus qu'à pénétrer, en qualité de médiateur, la raison mythique et à ramener invariablement la diversité de ses figurations à ce principe divin, unique et indivisible, qui se diffusait en elles.

Notes

1. Cardan, *De rerum uarietate*, Paris, Vascosan, 1557, f° 5.

2. Je renvoie à mon article « Les fantômes de la raison : le paganisme allégorique de Juste Lipse ». *Juste Lipse (1547-1606) en son temps. Actes du colloque de Strasbourg, 1994*, Paris, Champion, p. 71-99.

3. Voir *De libris propriis*, éditions de 1544, 1550, 1557, 1562 (éd. Ian Maclean), Milan, 2004 ; je respecte la pagination de l'édition lyonnaise de 1663 (f° 146) — « Et quamuis ludorum essent multa genera, de illo solum egimus quod malum exemplum non praebet ».

4. *Epistolae obscurorum uirorum*, éd. A. Bömer, Heidelberg, 1924, lettre 28, p. 49-51.

5. « Et iam scio mente tenus omnes fabulas Ovidii in Metamorphoseos, et scio eas exponere quadrupliciter, scilicet naturaliter, litteraliter, historialiter et spiritualiter » (p. 48).

6. Sur l'histoire des commentaires latins d'Ovide entre 800 et 1700, voir Ann Moss, *Ovid in Renaissance France, A survey of the Latin editions of Ovid and commentaries printed in France before 1600*, Londres, The Warburg Insti-

tute, University of London, 1982, p.23-53; Don Cameron Allen, *Mysteriously Meant, The Rediscovery of Pagan Symbolism and Allegorical Interpretation in the Renaissance*, Baltimore, 1970, p. 163-199; Pierre Maréchaux, *Le poème et ses marges, Herméneutique, rhétorique et didactique dans les commentaires latins des Métamorphoses d'Ovide de la fin du Moyen-Age à l'aube de l'époque classique*, 3 tomes, Thèse de Paris IV-Collège de France, 1991, 1063p, *passim.* Sur les Ovides moralisés je renvoie aux ouvrages suivants : l'*Ovide moralizé* en vers français (1291-1328) édité par C. de Boer (5 vol., Amsterdam, 1915-1938); de l'*Ovide moralizé* en prose (1466-1467) édité par le même philologue (Amsterdam, 1954); de l'*Ovidius Moralizatus* de Bersuire. Sur cette moralisation, voir J. Engels, *Etudes sur Ovide moralizé*, Groningen, 1945 et « Berchoriana I; notice bibliographique sur Pierre Bersuire », *Vivarium*, II, 1964, p. 62-114; voir également F. Ghisalberti, « L'*Ovidius moralizatus* de Pierre Bersuire. » *Studi romanzi*, XXIII, 1933, p. 6-136.

7. *Praeceptorum ad filios libellus*, Lyon, 1663, f° 479.

8. L'*Ovidius Moralizatus* n'avait pas pour objet de juxtaposer au texte d'Ovide les explications de ses propres allégories, mais il faisait fi de l'original au point de lui substituer entièrement une gigantesque construction à trois ou quatre facettes, entièrement soumise aux principes de l'exégèse chrétienne. Cette somme était donc une négation absolue d'Ovide puisqu'elle s'articulait autour d'un poème absent. Pourtant elle ne tarda pas à tenir lieu de *corpus* ovidien. Le premier intérêt de l'œuvre de Bersuire était sans doute d'avoir regroupé autour de la fable ovidienne les interprétations issues de la mythographie médiévale. Mais cette moralisation, antérieure de vingt ans à la *Généalogie des dieux païens* de Boccace, était, par son vœu encyclopédique même, aux antipodes de cette dernière. La lecture de Boccace, si l'on excepte certaines références aux apologistes, n'était pas une moralisation chrétienne ; Bersuire souscrivait, lui, à une méthode radicalement opposée : si, en lecteur d'Ovide par le truchement des mythographes médiévaux, il faisait usage de Servius, de Fulgence ou de Macrobe (à l'instar de Boccace), il entendait donner à l'ensemble de son texte une coloration éthique et sacrée qui n'était pas dans Boccace.

9. On trouvera des invectives contre l'immoralisme d'Ovide dans la préface de Josse Bade à la *Metamorphosis Ouidiana Moraliter a Magistro Thoma Walleys Anglico de professione praedicatorum sub sanctissimo patre Dominico : explanata*, Paris, Josse Bade, 1509.

10. « Fabularum autem quadruplex genus : simplex, & mystica, & parabola, & historica » f° 146.

11. « Simplex est, cum per ea quae esse non possunt, aut absurda sunt, aliquid significamus : ut si statua loquatur, aut homo statuam alloquatur. Historica differt a parabola : non adornatur, & tota in significatum conuersa est : historica uero, fabulam historiae similem efficere nititur. Mystica autem, arcana continet, aut praesentia, aut etiam futura. Sed et de omnibus his egimus peculiari libro ». *Op. cit.* p. 146.

12. Je renvoie à Boccace, *Genealogia deorum gentilium*, XIV, 7.

13. Voir Ann Moss, *op. cit.*

14. « D'après la fiction poétique, Persée, le fils de Jupiter, tua la Gorgone et vainqueur s'envola dans les airs. Ceci, lu au pied de la lettre, se révèle être le sens historique ; si à partir de cette acception littérale, on cherche une signification morale, apparaît la victoire du sage contre le péché et son accession à la Vertu; mais si nous voulons prendre la fiction dans un sens allégorique, elle se présente comme l'élévation vers le ciel de l'âme pieuse, contemptrice des plaisirs du monde ; en outre on pourrait également affirmer dans un sens anagogique que par le biais de la fable on représente le Christ montant vers son père après avoir triomphé du prince de ce monde » (*Perseus Iovis filius figmento poetico occidit Gorgonem, et victor evolavit in ethera. Hoc dum legitur per licteram hystorialis sensus prestatur. Si moralis ex hac lictera queritur intellectus, victoria ostenditur pruuudentis in vicium, et ad virtutem accessio. Allegorice. autem si velimus assummere, pie mentis spretis mundanis deliciis ad celestia elevatio designatur. Preterea posset et anagogice dici per fabulam Christi ascensum ad patrem mundi principe superato figurari* — I, 3, 8). Qu'on lise parallèlement la longue analyse du mythe de Persée au livre 13 (ch. 25) de la *Généalogie*, on trouvera d'autres interprétations qui relèvent d'une lecture plus rationalisante et débarrassée de ces tentatives d'annexion totale du mythe par les Chrétiens. Boccace a emprunté certaines lectures christianisantes à ses devanciers de l'*Aetas ovidiana* pour prévenir la censure doctrinale, bien qu'il insufflât à son entreprise théogonique un esprit nouveau.

15. *De secretis*, I, f° 537 col. 2.

16. *Commentaire sur la République de Platon*, trad. A. J. Festugière, Paris, 1970, p. 92sq.

17. *Hymnus*, I, Lyon, Huguetan, 1663, f° 696 : « Quid ornamento opus est ubi quod narrare uelis, omnem mentis nostrae capacitatem, omne figmentum infinito exuperat interuallo ».

18. Johannes Sprengius, poète allemand est l'auteur de *Metamorphoses Ouidii argumentis quidem soluta oratione, enarrationibus autem et allegoriis elegiaco uersu accuratissime expositae*, Paris, Marnef et Cavellat, 1570 (rééditées en 1583, mais parues pour la première fois à Francfort en 1563).

19. Cf. le début du livre II du *De sapientia*. Cardan y développe plusieurs axiomes :

Un historien est par nature supérieur à un poète.

Un poète est digne de foi et d'éloge lorsque le héros qu'il chante est grand. Même chose pour l'historien.

L'anonymat d'une fable ne prouve rien ; ce qui compte c'est son contenu, les vertus qu'elle défend, le héros dont elle chante les exploits. Une fois encore, éloge des *res* et non des *uerba*.

20. « Quid aliud nobis per Homerciam illam fabellam Syrenum et Ulyssis sociorumque aures obturantium significatur, quam praestare, ut multis aures non praebeamus » (Edition Huguetan, 16-« , f° 74).

21. Cité par Jean Céard, *La nature et les prodiges*, Genève, 1977, p. 230.

22. Georgius Sabinus laissa une *Fabularum Ouidii interpretatio,* rédigée spécialement à l'intention de ses étudiants de Königsberg et publiée également par les soins de Marnef et Cavellat en 1575.

Bibliographie

Isabelle Dumont

Les « Œuvres complètes » de Cardan ont été réunies en dix volumes par Charles Spon, en 1663, sous le titre : *Hieronymi Cardani mediolensis Philosophi ac Medici celeberrimi Opera Omnia ; iam hactenus excusa ; hic tamen aucta et emendata ; quam numquam alias visa, ac primum ex Auctoris ipsius Autographis eruta*, cura Caroli Sponii, Lugduni, sumptibus I.A. Huguetan & M. A. Ravaud. Elles ont fait l'objet d'un « *reprint* » en 1966 : G. Cardano, *Opera Omnia*, Faksimile-Neudruck der Ausgabe Lyon 1663, F. Frommann, Stuttgart-Bad Cannstatt. Elles sont également consultables sur le site web du *Progetto Cardano.*

Œuvres de Cardan actuellement disponibles

Aforismi astrologici, a cura di G. Bezza, Milano, Xenia Edizioni, 1998.

Ars Magna Liber I, or the rules of Algebra, translated and edited by T. Richard Witmer ; with a foreword by Oystein Ore. Cambridge, Mass., M.I.T. Press ; New York, Dover, 1993.

Artis magnae, sive De regulis algebraicis liber unus, a cura di Massimo Tamborini, Milano, FrancoAngeli, 2011.

Consejos de provecho y opiniones impertinentes. Edición y traducción di Francisco Socas, Barcelona, Edhasa, 2005.

De consolatione. Amsterdam, Theatrum Orbis Terrarum ; New York, Da capo Press, 1969.

I contradicentium medicorum libri, DVD, a cura di M. Baldi, A. Bozzi, G. Canziani, 2004.

Elogio di Nerone, commento di Marcello dell'Utri, nota al testo e traduzione Piero Cigada, Milano, Claudio Gallone, 1998.

Cardanos Encomium Neronis, ed. Nikolaus Eberl, Frankfurt am Main, 1994.

De immortalitate animorum, Edicion critica de José Manuel Garcia Valverde, Milano, FrancoAngeli, 2006.

Liber de ludo aleae, a cura di Massimo Tamborini, Milano, FrancoAngeli, 2011.

De libris propriis. The editions of 1544, 1550, 1557, 1562, with Supplementary Material. Edited with an Introduction and Chronology of Cardano's works by Ian Maclean, Milano, FrancoAngeli, 2004.

Mis libros, ed F. Socas, Madrid, Akal, 2002.

The Book on games of chance (*Liber de ludo aleae*), translated by Sydney Henry Gould; Foreword by Samuel S. Wilks. New York, Holt, Rinehart and Winston, 1961.

La métoposcopie de H. Cardan medecin milanois, comprise en treize livres, et huit cens figures de la face humaine. [...] Le tout Traduit en François, par le Sieur C.M. DE LAVRENDIÈRE Docteur en Medecine, Paris, Thomas Jolly, 1658 (reprint Paris, Aux Amateurs de Livres, 1987).

Metoposcopia. Manuale di lettura della fronte, Milano, Mimesis, 1989, 2003.

Come si interpretano gli oroscopi, introduzione e note di Pompeo Faracovi, *Bruniana e Campanelliana, Supplementi-Testi*, 3, Istituti editoriale e poligrafici internazionali, Pisa-Roma, 2005.

Praeceptorum ad filios libellus, a cura di D. Magnino, dans *Gerolamo Cardano nel quinto centenario della nascità*, Pavie, 2001, p. 98-145 (texte latin et traduction italienne).

Il prosseneta ovvero della prudenza politica. Testo italiano e latino, trad. P. Cigada, intr. A. Grafton, note L. Guerini, Milano, Berlusconi, 2002.

Sul sonno e sul sognare, Venezia, Marsilio, a cura di Mauro Mancia, Agnese Grieco, Silvia Montiglio, L. I, 1989 ; *Sogni*, L.II-IV, 1993.

El Libro de los sueños, a cura di M. Villanueva Salas, intr. M. Jalón, Madrid, Asociación Española de Neuropsiquiatría, 1999.

Somniorum Synesiorum libri quatuor. Les quatre livres des songes de Synésios. Édités, traduits et annotés par J.-Y. Boriaud, 2 vol., Leo S. Olschki, Firenze, 2008

De subtilitate, edizione critica a cura di Nenci (Elio), tomo I, libri I-VII, Milano, FrancoAngeli, 2004.

De uno. Sobre lo uno, edición, traducción y notas de José Manuel Garcia Verde, Leo S. Olschki, Firenze, 2009.

De utilitate ex adversis capienda, secunda editio (1561). Con introduzione et note, a cura di Marialuisa Baldi e Guido Canziani. Riproduzione dell'esemplare conservato nella Öffentliche Bibliothek der Univerität Basel in formato Adobe Acrobat (PDF), Varese, Insubria University Press, 2004.

——, edizione critica a cura di Raffaele Passarella, Milano, FrancoAngeli, 2008.

Gerolamo Cardano. Della mia vita, trad. Alfonso Ingegno, Serra e Riva, Milano, 1982.

The Book of my Life. De vita propria liber, translated from the Latin by Jean Stoner. Introduction by A. Crafton, New York Review of Books, 2002.

Writings on music. Translated and edited, with an introduction by Clement A. Miller. Rome, American Institute of Musicology, 1973.

Orientation bibliographique

Ne sont détaillés ici ni les articles figurant dans les actes des colloques milanais de 1997 et de 2002 (voir *infra*) ni ceux du volume *Girolamo Cardano : Philosoph, Naturforscher, Arzt*, herausg. von E. Kessler, Wiesbaden, 1994.

Allen (Don Cameron), *Doubt's Boundless Sea, Scepticism and Faith in the Renaissance*, John Hopkins Press, Baltimore Maryland, 1964, p. 45-58.

Baldi (Marialuisa), Canziani (Guido) (a cura di), *Girolamo Cardano. Le opere, le Fonti, la Vita. Atti del Convegno internazionale di Studi, Milano (11-13 dicembre 1997)*, FrancoAngeli, Milano, 1999.

——, *Cardano e la Tradizione dei Saperi* (23-25 mai 2002), Franco Angeli, Milano, 2003.

——, *Girolamo Cardano. Un enciclopedista del Rinascimento* (catalogo della mostra), Milano, Biblioteca di via Senato 2002.

Baldi (Marialuisa), Canziani (Guido), « Una quarta redazione del *De libris propriis* », *Rivista di storia della filosofia*, L, 1998, p. 767-798.

Baldini (Ugo), « Cardano negli archivi dell'Inquisizione e dell'Indice : Note su una ricerca », *Rivista di storia della filosofia*, 53, 1998, p. 761-766.

Bellini (Angelo), *Girolamo Cardano e il suo tempo*, Milano, 1947.

Bertolotti (Antonino), « I testamenti di Gerolamo Cardano », *Archivio Storico Lombardo*, IX, 1882, p. 615-660.

Bianchi (Massimo Luigi), « Motivi scolastici nel primo e secondo libro del *De subtilitate* di Gerolamo Cardano », *Lexicon Philosophicum*, VI, 1993, p. 7-20.

Bidwell (James K.), Lange (B.K.), « Girolamo Cardano : a Defense of his character », *Maths Teacher*, LXIV, 1971, p. 25-31.

Bilancioni (Guglielmo), « Leonardo e Cardano », *Rivista di Storia delle Scienze med. E nat.*, XXI, 1930, p. 302-29.

Bortolotti (Ettore), « Italiani Scopritori e Promotori di Teori algebriche », *Ann. di Univ. di Modena*, 1918-1919, p. 51-148.

——, « L'Algebra nella Scuola bolognese del sec. XVI », *Periodico di Matematiche*, s. 4, V, 1925, p. 147-84.

——, « I Contributi del Tartaglia, del Cardano, del Ferrari, e della Scuola matem. bolognese alla Teoria algebrica delle equazione cubiche », *Studi e Mem. Per la Storia dell'Università di Bologna*, IX, 1926, p. 57-108.

——, « I Cartelli di Matematica disfida e la personalità psichica e morale di Cardano », *Studi e Mem. per la Storia dell'Univ. di Bologna*, XII, 1935, p. 3-79.

BROWNE (Alice), « Girolamo Cardano's *Somniorum Synesiorum libri III* », *Bibliothèque d'Humanisme et Renaissance*, 40, 1979, p. 123-135.

BUCK (August), « Das Lebensgefühl der Renaissance im Spiegel der Selbstdarstellungen Petrarcas und Cardanas », *Formen der Selbstdarstellung, Analekten zu einer Gesch. des literar. Selbstportraits, Festgabe für F. Neubert*, Berlin, 1956, p. 35-52.

BUSSON (Henri), *Le Rationalisme dans la littérature française de la Renaissance (1533-1601)*, nouvelle édition, revue et augmentée, Vrin, Paris, 1957, p. 212-220.

BUTT (C.W.), « Jerome Cardan, as seen by an Alienist », *University of Pennsylvania public Lectures*, IV, 1927, p. 255-74.

BUTTRINI (Francesco), *Saggio psico-biogr. Su G. Cardano*, Savona, 1884.

CANTOR (Moritz), *Vorlesungen über Gesch. der Mathematik*, II, Leipzig, 1913, p. 541.

CANZIANI (Guido), « Sapientia e prudentia nella filosofia morale di Cardano », *Rivista di storia della filosifia*, 47, 1992, p. 295-335.

CAPPARONI (Pietro), *Profili bio-bibliogr. Di Medici e Naturalisti italiani*, II, Roma, 1928, p.24-28.

CÉARD (Jean) « La notion de *miraculum* dans la pensée de Jérôme Cardan », *Acta conventus neolatini Turonensis*, Paris, Vrin, 1980.

CHARBONNEL (Jean-Roger), *La Pensée italienne au* XVIe *siècle et le courant libertin*, Honoré Champion, Paris, 1917-1919, p. 274-99.

CHINARELLI (Athos), « Il Cinquecento e il Pensiero filosofico e matematico di Gerolamo Cardano », Industrie grafiche italiane, Ferrare, 1922.

CORSANO (Antonio), « Liber de Ludo aleae di Gerolamo Cardano : Ragione e Fortuna », *Giorn. Crit. della filos. Ital.*, XL, 1961, p. 87-91.

——, « La dialectica di G. Cardano », *Giornale critico della filosofia italiana*, 40, 1961, p. 175-180.

——, « La psicologia di Cardano. Il *De animi immortalitate* », *Giornale critico della filosofia italiana*, XLI, 1962, p. 59-64.

COSENZA (Mario Emilio), *Biographical and bibliographical Dictionary of the italian Humanists and of the World of classical Scholarship in Italy 1300-1800*, I, Boston, 1962, p. 868-72.

COSTA (E.), « Gerolamo Cardano, allo Studio di Bologna », *Archivo Storico Italiano*, s. 5, XXXV, 1905, p. 425-436.

CROSSLEY (James), *The Life and Times of Cardan*, London, 1836.

CUMSTON (Charles Greene), « Notes on the Life and Writings of Geronimo Cardan », *Boston medical and surgical Journal*, CXLVI, 1902, p. 77-81.

CUNHA (Felix), « Hieronymus Cardanus », *American Journal of Surgery*, XXX, 1935, p. 191-202.

DANA (Charles D.), « The Story of a great Consultation : Jerome Cardan to Edimburgh », *Annals of medical History*, III, 1921, p. 122-35.

DAYRE (Jean), « Jerome Cardan (1501-1576). Esquisse biographique », *Annales de l'Université de Grenoble*, n.s., IV, 1927, p. 245-355.

DUBRETON (Jean-Lucas), *Le Monde enchanté de la Renaissance, Jérome Cardan l'Halluciné*, Paris, 1954.

ECKMAN (James Russel), « Jerome Cardan », *Suppl. to the Bulletin of the History of Medecine*, n. 7, John Hopkins Press, Baltimore, 1946.

FIERZ (Markus), *Girolamo Cardano (1501-1576). Artz, Naturphilosoph, Mathematiker, Astronom und Traumdeuter*, 24, Birkhäuser, Basel-Stuttgart, 1977.

——, *Girolamo Cardano (1501-1576) : Physican, natural Philosopher, Mathematican, astrologer and interpreter of dreams.* Translated from the german by Helga Niman, 22, Birkhäuser, Boston, 1983.

Fimiani (Salvatore), *Note e App. Su la Cultura filosofica del Rinascimento : Gerolamo Cardano, la Vita e le Opere*, Angelo Trani, Napoli, 1904.

Firpo (Luigi), « I Praecepta ad Philosophiam di Gerolamo Cardano », *Da Studia oliveriana*, Pesaro, 1956.

Garin (Eugenio), *Storia della Filosofia italiana*, II, Torino, 1966, p. 620-27.

Gerolamo Cardano nel quinto centenario della nascita (1501-2001), Emilio Gahha e Riccardo Galetto, edizioni Cardano, Pavia, 2001.

Giordani (Enrico), *I sei Cartelli di Matematica, disfida di L. Ferrari*, Milano, 1876.

Gliozzi (Giuliano), « Cardano Gerolamo », *Dizionario biografico degli italiani*, XIX, Istituto della Enciclopedia italiana, Roma, 1976, p. 758-763.

Gliozzi (Mario), « Cardano Gerolamo », *Dictionary of scientific Biography*, III, Charles Scribner's Sons, New York, 1971, p. 64-67.

Grafton (Anthony), *Cardan's cosmos. The word and works of a Renaissance Astrologer*, Harvard University Press, Cambridge, Massachusetts, 1989, trad. italienne Laterza, 2002.

——, « Cardano's *Proxeneta* : prudence for professors », *Bruniana et Campanelliana*, 7, 2000, p. 363-80.

Grafton (Anthony), Siraisi (Nancy), « Between the election and my hopes : Girolamo Cardano and medical astrology », *Secrets of nature : astrology and alchemy in Early Modern Europe*, William R. Newman and Anthony Grafton, MIT Press, Cambridge and London, 2001, p. 69-131.

Ingegno (Alfonso), *Saggio sulla filosofia di Cardano*, La Nuova Italia, Firenze, 1980.

Kessler (Edkhord), (a cura di) *Girolamo Cardano : Philosoph, Naturforscher, Arzt.* Vorträge gehalten anlässlich eines Arbeitsgespräches vom 8. oktober 1989 in der Herzog August Bibliothek Wolfenbüttel Harrassowitz, Wiesbaden, 1994.

LARDER (David F.), *The Editions of Cardano's « De Rerum Varietate »*, Isis, LIX, 1968, p. 74-77.

LEY (Hermann), *Geschichte der Aufklärung und des Atheismus*, DVW, Berlin, 1966-1980, vol. 3/1, p. 228-263.

LINDSAY (Richert Bruce), « Jerome Cardan, 1501-1576 », *American Journal of Physics*, XVI, 1948, p. 311-317.

LOMBROSO (Cesare), *Genio e Follia*, Milano, 1877, p. 33.

MAC LEAN (Ian), « The interpretation of Natural Signs : Cardano's *De subltilitate* versus Scaliger's *Exercitationes* », B. Vickers (éd.), *Occult and Scientific Mentalities in the Renaissance*, Cambridge 1984, p. 231-252.

MARGOLIN (Jean-Claude), « Science et cosmos dans la pensée de Jérôme Cardan », *Actes du 11e colloque international d'histoire des Sciences*, dir. Jerzy Lanowsky, Ossolineum, 1967.

——, « Jérôme Cardan, Colomb et Aristote », *La Bibliothèque de l'Humanisme et de la Renaissance*, XXVII, 1965, p. 665-668.

——, « Rationalisme et irrationalisme dans la pensée de Jérôme Cardan », *Revue de l'Université de Bruxelles*, XXI, 1969, p. 89-128.

MILANI (Mino), *Gerolamo Cardano, mistero e scienza nel Cinquecento*, Milano, Camunia 1990.

MONDINI (Alberto), *Gerolamo Cardano Matematico, Medico et Filosofo naturale. Nuovamente e brevemente ristudiato*, Edindustria, Roma, 1962.

MORLEY (Henry), *Jerome Cardan : The Life of Girolamo Cardano of Milan, Physician*, 2 voll. London, 1854.

MUONI (G.), *La Mente e la Fama di Gerolamo Cardano*, Bologna, 1908.

OBINU (Giovanni Maria), *Un medico pazzo, ma geniale : Gerolamo Cardano (secolo XVI)*, Pisa, Giardini, 1970.

OCHMAN, (Jerzy), « Il determinismo astrologico di Girolamo Cardano », *Magia, astrologia e religione nel Rinascimento. Convegno polacco-italiano*, Varsavia, 25-27 settembre 1972, Wroklaw, Warszawa, Krakow, Gdansk, Ossolineum, 1974, p. 123-129.

ORE (Oystein), *Cardan, the gambling Scholar. With a translation from the Latin of Cardano's Book on games of chance, by Sydney Henry Gould*, Princeton University Press 1956.

PFEIFFER (Helmut) « Girolamo Cardano and the Melancholy of Writing », H.U. Gumbrecht, K.L. Pfeiffer (a cura di) *Materialities of Communication*, trad. ing., Stanford 1994, p. 227-241 (ed. or. *Materialität der Kommunikation*, Frankfurt 1988).

PROCACCI (Giulio), *Studi sulla Fortuna del Machiavelli*, Roma, 1965, p. 80-94.

RIENZO (Eugenio), « La religione di Cardano. Libertinismo e eresia nell'Italia della contre riforma », *Archivia di storia della Cultura*, 6, 1993, p. 35-60.

——, « Dal Principato civile alla Tirannide : il « Neronis Enconium » di G. Cardano », *L'aquila e lo scarabeo. Culture e confliti nella francia del rinascimento e del baroccco*, Balzoni, Roma, 1988, p. 25-60.

——, « Cardaniana : su alcuni manoscritti inediti di Cardano conservati alla Biblioteca Vaticana », *Rivista di Storia e Letteratura religiosa*, 25, 1989, p. 102-10.

RIVARI (Enrico), *La Mente di Gerolamo Cardano*, Bologna, 1906.

——, *I Concetti morali del Cardano*, Bologna, 1914.

——, « Un testamento inedito del Cardano », *Studi e Memorie per la storia dell'università di Bologna*, IV, 1920, p. 19-20.

RIXNER (Thaddäus Anton Dominik), SIBER (Thaddäus), « Leben und Lehrmeinungen berühmter Physiker », *Hieronimus C.*, II, Sulzbach, 1820.

SAITTA (Giuseppe), *Il Pensiero ital. Nell'Umanesimo e nel Rinascimento*, II, Bologna, 1950, p. 202-26.

SCHÜTZE (Ingo), « Bibliografia degli Studi su Girolamo Cardano dal 1850 al 1995 », *Bruniana e Campanelliana*, 1998, p. 449-467.

——, *Die Naturphilosophie in Gerolamo Cardanos* De subtilitate, München, Wilhelm Fink, 2000.

——, « Cardano und die Affektenlehre der Musik », *Bruniana e Campanelliana*, 2002, p. 453-467.

SCOLARI (Francesco), *Gerolamo Cardano*, Milano, Messagerie Pontremolesi, 1989.

SECRET, (François), « Filippo Archinto, Cardano et Guillaume Postel », *Studi Francese* 29, 1965, p. 173-176.

—, « Jerôme Cardan en France », *Studi Francese*, 30, 1966, p. 480-485.

SIMILI (Alessandro), *Gerolamo Cardano nella Luce e nell'Ombra del suo Tempo*, Milano, 1941.

—, « Gerolamo Cardano Lettore e Medico a Bologna », *Atti et memorie dell'Academia della Storia dell'Arte Sanitaria*, serie II, 6, 1940, p. 145-58, 205-50 ; 7, 1941, 309-318 ; « nota II », *L'Archiginnasio. Bollettino della Biblioteca comunale di Bologna*, LXI, 1966, p.384-507, ristampa del n° 17.

—, « La Figura e l'Opera di Gerolamo Cardano », *Rivista di Storia della Medicina*, XIV, 1970, p. 3-18.

SIRAISI (Nancy), *The Clock and the Mirror : Girolamo Cardano and Renaissance Medecine*, Princeton Univerity Press, Princeton, 1997.

—, « L'Insegnamento della medicina ippocratica di Girolamo Cardano a Bologna », *Sapere e Potere : discipline, dispute e professioni nell'università medievale e moderna, il caso bolognese a confronto*. Atti del 40 convegno, Bologna 13-15 aprile 1989, II, Andrea Cristiani, Bologna, 1990, p. 153-71.

—, « Girolamo Cardano and the Art of Medicinal Narrative », *Journal of the History of Ideas*, 52, 1991, p. 581-602.

SORIGA (Renato), « I testamenti di Girolamo Cardano durante i tre ultimi anni di suo soggiorno in Pavia », *Bolletino della Società pavese di storia patria*, 15, 1915, p. 148-154.

TREVISANI (Francesco), « Symbolisme et interprétation chez Descartes et Cardan », *Rivista critica di storia della filosofia*, XXX, 1975, p. 27-47.

VACCA (Giovanni), « L'Opera matematica di G. Cardano nel quarto Centenario del suo Insegnamento in Milano », *Rendic. del Seminario matematico e fisico di Milano*, XI, 1937, p. 22 s.

VAN DER VELDE (Albert Jacques Joseph), « Hieronymus Cardanus (1501-1576) herdacht vier en half euuwen ha zijn geboorte », *Me-*

dedelingen Vlaamse Academie Wetenschappen, Letteren en schone Kunsten van Belgie, Klasse der Wetenschappen, XIII, n. 9, 1951, p. 1-24.

VIDARI (G.), « Saggio storico-filosofico su Gerolamo Cardano », *Rivista italiana di filosofia*, VIII, 1893, p. 300-347.

—, « Gerolamo Cardano », *Bollettino della Società Pavese di Storia Patria*, IV, 1904, p. 568-594.

—, « Un testamento inedito del Cardano », *Studi e Memorie per la storia dell'università di Bologna*, IV, 1920, p. 3-25.

WATERS (William George), *Jerome Cardan, a biographical Study*, London, 1898.

ZANIER, Giancarlo, « Cardano e la critica delle religioni », *Giornale critico della filosofia italiana*, LIV, 1975, p. 89-98.

Index

Antiquiores

Recentiores

Table des matières

Cet ouvrage,
le trente-septième
de la collection « L'Âne d'or »
publié aux Éditions Les Belles Lettres
a été achevé d'imprimer
en mars 2012
par l'imprimerie SEPEC
01960 Peronnas

Impression & brochage sepec - France
Numéro d'impression : 05425120320 - Dépôt légal : avril 2012
Numéro d'édition : 7403

IMPRIM'VERT®